와! 할렐루야

김양재 목사의 큐티강해
요한계시록 4

와! 할렐루야

지은이 **김양재**

Q.T_M

이 책을 펴내며

정말 기쁘고 감사한 일에는 "할렐루야"가 절로 터져 나옵니다. 반면 기가 막힌 환난을 당하면 "아버지"라는 탄식밖에 나오지 않습니다. 대부분은 이 둘 사이를 왔다 갔다 합니다. 우리가 어떤 때에도 "할렐루야"를 외칠 수 있다면 얼마나 좋을까요.

'할렐루야'는 '너희는 여호와를 찬양하라'는 뜻입니다. 구약성경에서는 '할렐루야'가 시편에 여러 번 나오지만, 신약성경에서는 마지막 책인 계시록에 딱 네 번, 그것도 19장에만 등장합니다. 심판 이야기가 많이 나와서 읽기조차 무섭다고 하는 계시록에 승리의 외침이자 기쁨의 환성인 '할렐루야'가 나온다는 것이 하나님의 놀라운 메시지라고 생각합니다. 할렐루야 하려면 반드시 먼저 바벨론의 심판을 지나가야 하기 때문입니다.

그런데도 우리는 자꾸 '망하지 않는다, 안전하다, 내가 못할 일이 무엇인가' 외칩니다. 그래서 심판이 오면 감당하지 못합니다. 심판에 관한 말씀이 창세기부터 계시록까지 이어지는데도 '예수 믿으면 잘 돼야지, 왜 내게 이런 일이 오지?', '하나님이 계시다면 이럴 수 없어' 부르짖다가 끝내 무너집니다. 이건 정말 성경적인 태도가 아닙니다. 긍정의 이야기를 들으면 그때는 좋겠지요. 그러나 이 세상이 심판 받을 나라라는 건 명명백백한 사실입니다.

　제 남편도 육의 무너짐을 통해 구원을 받았습니다. 남편이 주님을 영접하고 떠난 그날, 제 큐티 노트에 "남편이 구원되었다, 할렐루야!!!" 쓰고서 느낌표를 몇 개나 붙였는지 모릅니다. 남편을 하루 만에 떠나보냈지만 할렐루야 외칠 수 있었습니다. 저는 "남편이 하루아침에 간 것은 100% 옳으신 하나님이 행하신 일"이라고 날마다 고백했습니다. 이것이 찬양입니다. 저는 신자든 불신자든 가리지 않고 하늘과 땅의 모든 사람 앞에서 이 찬양을 하면서 여기까지 왔습니다.

　그러나 한편으로 초라한 과부로 남겨진 저를 보면서 어떻게 하나님께 영광을 돌려야 할지 막막했습니다. 성도들의 인생이 그렇습니다. 암이라는 질병을 통해서 예수님을 만나 기쁘지만, 육체적인 고통은 견디기가 힘듭니다. 자녀 고난을 통해 말씀이 들려서 기쁘지만, 여전히 속 썩이는 자녀를 보면 인생이 슬픕니다. 그러나 인생이 그리 대단하지 않아도 성도는 새 노래를 부를 수 있어야 합니다. 제가 "초라한 과부가 어떻게 하나님께 영광을 돌리지요?" 했더니, 하나님은 그야말로 카리스마 넘치는 리더십으로 저를 통치해 가셨습니다. 말씀으로 교훈하고 위로해 주셨습니다. 남편의 죽음 앞에서 에스겔 말씀으로 제게 사명을 주셨고(겔 24장), 이후 베드로전서 말씀으로 저를 칭찬하고 위로해 주셨습니다(벧전 3:1~7). 계시록 말씀을 통해 "네가 옳은 행실을 행했다" 해 주시며, 음녀의 영광과는 비교할 수 없는 빛나고 깨끗한 세마포 옷을 제게 입히셨습니다(계 19:7~8). 제가 잘나서 입히셨겠습니까? 그저 하나님이 허락해 주신 겁니다. 옳은 행실은 오직 예수 그리스도의 은혜로만 가능합니다. 저는 넘어질 수밖에 없지만 하나님이 그런 저를 안아 주시고 업어 가시면서 저보고 옳은 행실이라고 해 주시니까 저는 하나님밖에 의지할 자가 없는 것입니다.

어떤 경우에도 할렐루야 하기 원합니까? 의롭고 참되신 하나님의 심판으로 인해 구원이 이루어졌기 때문에 우리는 할렐루야 할 수 있습니다. 전능하신 하나님이 통치하시기 때문에 할렐루야 할 수 있습니다. 자랑도, 절망도 말고 오직 하나님을 의지하면서 힘든 한 사람을 하나님의 집으로 데려와야 합니다. 그때 내 옆에 있는 자들이 "와! 할렐루야"를 외칠 것입니다. 어떤 환경에서도 "와! 할렐루야"를 보여 주고 노래하는 여러분이 되기를 축원합니다.

2022년 8월

우리들교회 담임목사 김양재

CONTENTS

심판을 합당히 여기라

마지막 찬송

요한계시록 15장 1~8절

01

하나님 아버지, 한계상황의 고난 가운데서도
마지막 찬송을 부르는 인생 되기를 원합니다.
말씀해 주시옵소서, 듣겠습니다.

◇◆◇

요한계시록 15장에 들어서자 짐승과 그의 우상과 그의 이름의 수를 이기고 벗어난 자들이 마지막 찬송을 부릅니다(계 15:2~4). '마지막 찬송'이라고 하면 여러분은 무엇이 떠오릅니까? 모든 생을 마치고 숨지기 직전에 부르는 찬송일까요? 그것도 맞겠지요. 그러나 계시록은 미래의 어느 날만이 아니라 오늘의 현실을 위해 쓰인 책이기에 단순히 시간적 순서로 이해해서는 안 됩니다. 마지막 찬송이란 마지막 시간을 향해 가는 오늘의 찬송이라고 할 수 있습니다. 본문을 묵상하면서 이 마지막 찬송에 대해 생각해 보겠습니다.

마지막 재앙이 마지막 찬송입니다

또 하늘에 크고 이상한 다른 이적을 보매 일곱 천사가 일곱 재앙을 가졌으니 곧 마지막 재앙이라 하나님의 진노가 이것으로 마치리로다_계 15:1

지난 14장에서 알곡과 포도송이 추수, 즉 마지막 수확에 대해 이야기했습니다. 그런데 15장에 오자 마지막 재앙이 또 있다고 합니다.

순서대로 보면 15장이 14장보다 앞에 위치해야 맞을 것 같습니다. 그러나 다시 말하지만 계시록을 무조건 연대기적으로 이해해서는 안 됩니다. '마지막 때'란 예수님의 초림과 재림 사이의 기간을 말합니다. 계시록은 이 마지막 때에 펼쳐질 하나님의 심판 계획을 인 재앙, 나팔 재앙, 대접 재앙이라는 세 가지 시각으로 보여 주고 있습니다. 주님은 마지막 때에 심판의 인을 떼시고, 나팔로 경고하시며, 진노의 대접을 쏟아부으실 것입니다. 이 재앙들은 세 가지이지만 한 가지이기도 합니다. 다른 이야기 같지만 같은 초점과 관점으로 예언하신 것입니다.

그런데 누군가에게는 계시록이 연대기로 읽히기도 합니다. "주님이 인을 떼셔도 정신을 못 차리고 나팔로 경고하셔도 회개하지 않다가 대접이 쏟아지고 나서야 내가 주님을 만났다." 이런 간증이 있는 사람에게는 계시록이 내 인생의 연대기가 되는 겁니다.

요한이 하늘에 크고 이상한 다른 이적을 봅니다. 요한은 지금까지 세 가지 이적을 보았습니다. 첫째로 교회를 상징하는 한 여자의 이적을 보았습니다. 해를 옷 입고 발아래 달을 두고 머리에 열두 별의 관을 쓴 여자의 모습을 통해 주님은 요한에게 교회의 영광을 보여 주셨습니다(계 12:1~2). 둘째로 사탄을 의미하는 붉은 용의 이적을 보았습니다(계 12:3). 이를 통해 주님은 이 세상이 사탄의 조종을 받아 움직이며, 모든 사람은 아비 마귀에게서 난 자라는 것을 알려 주셨습니다(요 8:44).

그리고 세 번째 이적이 본문의 마지막 재앙입니다. 이 마지막 대접 재앙 말씀에는 진노를 부어서라도 우리를 마귀에게서 구원하시려는 주님의 사랑이 잘 나타나 있습니다. 하나님은 죄를 싫어하시고 죄에 진노하십니다. 주 안에서 죄 사함을 받지 못하면 우리는 세상 끝 날 천국 밖에서 슬피 울며 이를 가는 인생이 될 것입니다. 그러므로 주님은 이 땅에서 먼저 진노를 맛보게 하십니다. 그렇게라도 우리를 죄에서 돌이키게 하시려는 것입니다. "내가 진노를 마치는 때가 너희에게 구원의 때가 되어야지 심판의 날이 되어서는 안 된다!" 주님은 끊임없이 말씀하십니다.

'이적'은 헬라어로 '세메이온(σημεῖον)'입니다. '표시'라는 뜻의 '세마(σῆμα)'에서 파생한 명사로 증거나 상징, 신호, 징조, 기적이라는 의미로도 쓰입니다. 즉, 어떤 사건을 이해하고 통찰하게 하는 표지를 의미합니다. 계시록의 '이적'도 나를 향한 하나님의 계획이 무엇인지 미리 알려 주시는 표지입니다. 교회인 나를 알고, 사탄의 정체를 알고, 재앙과 고난을 주시는 하나님의 뜻을 알고 가는 것이 이적입니다. 다시 말하면 고난을 통해 말씀을 보며 내가 얼마나 대단한 신분인지 깨닫고, 마귀의 계략과 나를 향한 하나님의 계획까지 통찰하게 되는 것이 이적 중의 이적입니다. 내 고난을 말씀으로 해석하게 되는 것이 최고의 이적이라고 성경은 분명히 이야기합니다.

마지막 재앙의 이적을 본 요한은 "하나님의 진노가 이것으로 마치리로다"라고 합니다. 이것은 진노가 끝난다는 의미가 아닙니다. '마치리로다'라는 말씀에는 '충만하다'라는 뜻이 있습니다. 즉, 진노가 완전하고 충만하여 카이로스의 시간 속에서 하나님의 섭리가 완성되었다는 의미입니다. 심판과 구원은 동전의 양면과도 같습니다. 진노가 충만하다는 것은 심판이 완전히 이루어졌다는 뜻이고, 동시에 구원도 완전히 이루어졌다는 의미입니다. 그러므로 성도에게는 심판도 기쁜 소식입니다. 돈이 모이고 건강해지고 인기나 명예를 얻는 게 이적이 아닙니다. 자식이 돌아오고 배우자가 돌아오는 것이 이적이 아닙니다. 어떤 일에도 하나님의 표지를 보고 걸어가는 것, 곧 성경을 구속사적으로 묵상하는 것이 이적 중의 이적입니다.

　말씀을 다시 보면 "일곱 천사가 일곱 재앙을 가졌다"고 합니다. 주님의 충성된 천사는 좋은 말만 하지 않습니다. "고난 받아도 우리는 해를 옷 입은 영광된 신분이다!", "고난을 통해 하나님의 뜻과 마귀의 계략을 깨닫는 것이 이적 중의 이적이다!", "고난이 축복이다!" 이런 말을 해 주는 사람이 천사입니다. 그러니 목장(구역예배)에서 말씀으로 나를 찔러 주는 목자들도 천사 아닙니까? 그런데 목자가 "고난을 통해 하나님의 뜻을 알라", "왜 이런 일이 왔는지 생각해 보라", "남편이 왜 바람을 피우는지 자신을 좀 돌아보라"고 하면 듣기 싫다면서 교회를 나가 버리는 사람이 있습니다. 그러면 이적의 주인공이 될 수 없습니다.

　구원의 의미를 확실히 아는 사람만이 마지막 찬송을 부를 수 있습니다. 지금 구원의 찬송을 부른다고 마지막까지 찬송을 부르는 것도 아닙니다. 내가 육을 떠나는 날 어떤 노래를 부를지 누가 압니까? 하나님을 찬송하며 떠날지, 부인하며 떠날지 어떻게 알겠습니까. 제 남편은 죽기 직전에 구원의 찬송을 불렀지만, 한 장로님은 평생 교회를 다녔어도 죽을 때 예수를 부인하고 떠났다고 합니다. 하나님은 속지 않으십니다.

지난 8장을 보면 넷째 천사가 나팔을 분 후 공중에 날아가는 독수리가 큰 소리로 "화, 화, 화가 있으리라"고 외칩니다(계 8:13). 첫째 화는 다섯째 나팔로 황충의 공격을 받아 다섯 달 동안 괴롭힘을 당하는 재앙입니다(계 9:1~11). 둘째 화는 여섯째 나팔로 유브라데에 결박당한 네 천사가 놓이며 이억 마병대가 쳐들어오는 재앙입니다(계 9:12~19). 그런데 이런 재앙에도 죽지 않고 남아서 회개하지 않는 자들이 있다고 합니다. 그들의 가장 큰 악(惡)은 기가 막힌 재앙을 겪고도 회개를 거부하면서 오히려 여러 귀신과 금, 은, 동, 목석의 우상에게 절하는 것이라고 합니다(계 9:20~21). 즉, 하나님을 예배하기를 거절하는 것입니다. 그렇다면 가장 큰 선(善)은 하나님만 예배하기로 결단하는 것 아니겠습니까. 더 늦기 전에 하나님께로 돌아가야 합니다. 그래서 일곱 대접 재앙이 중요합니다. 이 재앙이 끝나면 진짜 끝이기 때문입니다. 15장은 16장 대접 재앙에 들어가기 전 서론이라고 할 수 있습니다. 대접 재앙이 정말 중요해서 이렇게 서론이 깁니다.

　　이적에는 표지라는 뜻 외에 기적이라는 의미도 있다고 했습니다. 그런데 왜 "크고 이상한 다른 이적"이라고 할까요? 진노의 완성인 대접 재앙이 끝나기까지 인내하며 하나님의 표지를 믿고 따르면, 어느 날 세상과 하나님 백성의 운명이 송두리째 바뀌는 것을 보리라는 겁니다. 그러니 크고 이상한 다른 이적, 놀라운 이적이 아니고 무엇이겠습니까.

　　제 남편도 그런 이적을 보이고자 그렇게 떠난 것 아닐까요? 남편의 마지막 재앙에서 그토록 믿고 기다리던 구원이 제 눈앞에 펼쳐졌잖아요. 죽음의 사건이 남편의 운명을 송두리째 바꾸어 남편이 마지막 찬송을 부르게 될 줄 그 누가 알았겠습니까. 아무리 생각해 보아도 크고 이상한 이적이라고밖에 할 수 없습니다. 남편의 죽음은 지금까지도 하나님을 증거하는 이적이 되어 또 다른 사람에게 표지와 사인이 되고 있습니다.

- 하나님의 사인, 하나님의 표지를 따라가는 것이 이적이라고 생각합니까? 배우자가 돌아오고 자녀가 성공하고 세상에서 잘되는 것이 이적이라고 생각합니까?
- 하나님의 표지를 따라가려면 큐티를 제대로 해야 합니다. 날마다 큐티를 통해 교회인 나를 돌아보고 마귀의 정체를 파악하며, 재앙도 균형 있는 시각으로 바라봅니까? 말씀을 통해 내 고난의 의미를 깨닫는 것이 이적 중의 이적이라고 믿습니까?

마지막 찬송은 불바다를 지나야 부를 수 있습니다

2 또 내가 보니 불이 섞인 유리 바다 같은 것이 있고 짐승과 그의 우상과 그의 이름의 수를 이기고 벗어난 자들이 유리 바다 가에 서서 하나님의 거문고를 가지고 3 하나님의 종 모세의 노래, 어린 양의 노래를 불러 이르되 주 하나님 곧 전능하신 이시여 하시는 일이 크고 놀라우시도다 만국의 왕이시여 주의 길이 의롭고 참되시도다_계 15:2~3

18

2절에 유리 바다가 무엇입니까? '바다'는 제사장들이 성소에 들어가기 전 몸을 정결하게 할 때 사용되는 큰 물두멍을 말합니다(왕상 7:23~26). 따라서 성경에서 바다는 세례와 회개를 상징하는 말로 쓰이기도 합니다.

또한 짐승과 그의 우상과 그의 이름의 수를 이기고 벗어난 자들이 유리 바다 가에 서서 '모세의 노래'를 부른다고 합니다. 이 말씀은 출애굽기의 홍해 기사를 상기시킵니다. 애굽을 떠나온 이스라엘 백성 앞을 홍해가 가로막았습니다. 뒤로는 애굽 군대가 쫓아오고, 나아갈 수도 물러설 수도 없는 그때 하나님이 홍해를 가르셔서 자신의 백성을 구원해 내셨습니다. 이스라엘 백성이 간절히 기도하여 홍해가 갈라졌습니까? 오히려 그들은 "우리를 애굽에서 이끌어 내어 이 광야에서 죽게 하느냐"며 모세를 원망했습니다. 그러면 하나님이 고통스러워하는 백성을 불쌍히 여기셔서 홍해를 가르셨을까요? 천만의 말씀입니다. 오직 아브라함과 이삭, 야곱에게 세우신 언약을 기억하시므로 백성을 구원해 주신 것입니다. 그래서 하나님의 언약, 하나님의 말씀이 너무너무 중요합니다.

그런데 말씀을 자세히 보면 짐승과 그 우상을 이기고 벗어난 자들이 '불이 섞인' 유리 바다를 지나 유리 바다 가에 서서 찬송을 부른다고 합니다. 아무리 유리 바다라도 불이 섞여 있으면 혼탁하여 잘 보이지 않습니다. 그런데 그곳을 지나 유리 바다로 옮겨졌다는 것은 투명해졌다는 의미입니다. 이렇게 모든 것이 투명해져서 부르는 찬송이 마지막 찬송입니다.

우리는 모두 죄인입니다. 죄를 감추고 사는 것이 인생의 특징입니다. 만물보다 더 부패한 게 인생인데, 그런 우리가 회개함으로 유리바다처럼 투명해집니다. 불이 섞인 유리 바다를 건너 유리 바다에 섰다는 것은 자기 죄를 보며 죄에 민감해졌다는 의미입니다. 유리 바다에 도달한 성도들은 누구보다 자기의 흠 때문에 아파하는 사람들입니다. 나의 부족함, 나의 죄를 보게 되니까 불이 섞인 유리 바다를 내 힘으로는 건너갈 수 없습니다. 그러다 보니 저절로 겸손해지고 하나님만 부르짖게 됩니다. 그때 주께서 나의 손을 붙잡고 불이 섞인 바다를 건너가게 해 주십니다. 그렇게 활활 불타는 바다에서 나도 모르게 유리 바다로 건너오면서 평온해지고, 일관성이 생깁니다. 그리고 마침내 나의 소리가 아닌 '하나님의 거문고', 즉 하나님이 원하시는 방법으로 주님을 찬양하게 됩니다.

우리는 늘 내 방법이 많습니다. 찬양도 내 방법대로 하려고 합니다. 전쟁도 내 방법대로 총칼을 들고 싸웁니다. 그러나 성도의 씨름은 혈과 육으로 치르는 것이 아닙니다(엡 6:12). 하나님의 약속을 붙들며, 온유하고 부드러운 거문고를 가지고 찬양해야 어떤 찬송도 구원의 찬송이 되는 겁니다. 하나님이 언약을 기억하시므로 홍해를 가르셨다고 하지 않았습니까? 우리도 하나님의 말씀을 붙들고 약속을 믿으면서 가야 합니다.

이단이 우리들교회를 그렇게 공략한답니다. 그런데도 성도들이 쉬이 미혹되지 않는 것은 우리들교회가 날마다 말씀을 묵상하고, 오직 말씀으로 양육하기 때문입니다. 특별히 자기 죄를 보는 성도가 많기 때문이라고 생각합니다. 자기 죄를 보는 것이 흉내 낸다고 됩니까? 그러니 아무리 이단이 신분을 감추고 우리들교회 교인인 척 성도를 미혹하려 해도 금세 들통나는 것이죠. 교회에 오랜 시간 숨어들어 성도들을 꼬이는 게 이단의 공략법이라는데, 우리들교회에 숨어든 이단 교인이 있다면 그냥 여기서 죄 보며 예수님 만나면 안 될까요? 뭘 그렇게 이단으로 가려고 하십니까. 결국 하나님이 아니라 교주를 숭배하는 것인데 말입니다.

유리 바다로 옮겨지지 못한 사람은 심판의 바다, 불바다 속에서 살아가고 있는 겁니다. 불바다에서 열불이 끓어오르는 지옥을 경험하고 있는 겁니다. 이 땅은 오직 혈과 육으로 씨름하기에 "너는 틀리고 나는 맞다"가 주제가입니다. 만약 예수님을 믿는데도 그런 분이 있다면 말씀과 예배에 더욱 집중하기를 권합니다. 옳고 그름에서 벗어나 말씀 속에 담긴 하나님의 약속을 찾기 바랍니다.

저는 정신병 환자와 그리스도인들이 어떤 면에서는 비슷하다고 생각합니다. 둘 다 자기 죄에 민감하기 때문입니다. 차이점은 죄를 바라보는 태도입니다. 정신병 환자는 자기가 죄를 책임지려 하기에 늘 괴롭습니다. 그 괴로움을 견디다 못해 결국 다른 사람까지 괴롭게 합니다. 반면에 그리스도인들은 죄의 권세 앞에 아무것도 할 수 없는 자신을 보고 겸손히 하나님만 의지합니다. 죄의 문제를 해결해 주실 분은 오직 하나님밖에 없다는 걸 압니다.

다윗을 보세요. 그에게 믿음의 용장이라고 할 구석이 어디 있습니까. 그러나 다윗은 인생의 불바다를 지나며 하나님만 의지하고 찬송하게 되었습니다. 반면에 사울은 매사 자신이 책임지려 하면서 괴로워합니다. 그 괴로움을 이기지 못해 다윗을 탓하고 미워합니다. 사울에게 다윗은 눈에 넣어도 안 아픈 딸 미갈의 남편이요, 사위이지 않습니까. 그런데도 사울은 오직 다윗 죽이는 것만 인생의 목적이었습니다. 잘난 다윗을 보는 게 너무 힘든 겁니다. 그러면서 겉모습은 얼마나 경건했는지 모릅니다. 다윗과 달리 사울은 여색을 탐했다는 말도 없습니다. 예배 중독자라고 할 만큼 누구보다 열심히 예배드렸습니다. 심지어 직접 제단을 쌓아 제사를 집전하기까지 하지 않았습니까?

이스라엘 초대 왕으로 뽑혔으니 얼마나 감사한 환경입니까. 그런데도 사울은 도무지 감사하지 못합니다. 왕으로서 40년이나 권세를 누렸어도 다윗에 대한 미움이 좀체 고쳐지지 않는 겁니다. 내 마음이 내 마음대로 안 됩니다. 우리라고 사울과 다르겠습니까? 그런 내가 하나님을 의지하며 그분의 표지를 따라가는 것이 얼마나 이적 중의 이적입니까! 내 죄를 보고 회개하는 것이야말로 가장 기가 막힌 이적입니다. 저 또한 일생 불바다를 건너면서 미워할 일, 죽을 일이 많았습니다. 그러나 하나님을 의지하며 누구도 미워하지 않고 지금까지 오게 하신 것이 이적 중 이적이라고 생각합니다. 나를 힘들게 하는 사람을 다 미워했다면 제가 진작 정신줄을 놓지 않았겠습니까.

• 자기 죄를 스스로 책임지려고 합니까? 내가 넘어질 수밖에 없는 존재인 것을 인정하면서 하나님께 맡깁니까? 더 쉽게 말하면 나는 편한 사람입니까, 불편한 사람입니까?

마지막 찬송은 모세의 노래, 어린 양의 노래입니다

3 하나님의 종 모세의 노래, 어린 양의 노래를 불러 이르되 주 하나님 곧 전능하신 이시여 하시는 일이 크고 놀라우시도다 만국의 왕이시여 주의 길이 의롭고 참되시도다 4 주여 누가 주의 이름을 두려워하지 아니하며 영화롭게 하지 아니하오리이까 오직 주만 거룩하시니이다 주의 의로우신 일이 나타났으매 만국이 와서 주께 경배하리이다 하더라_계 15:3~4

짐승과 그 우상을 이긴 자들이 "모세의 노래, 어린 양의 노래"를 부른다고 합니다. 이 노래는 자신을 높이는 노래가 아닙니다. 세상적인 가치관으로는 결코 부를 수 없는 노래입니다.

출애굽기 14장에 보면, 애굽 군대가 홍해를 건너는 이스라엘 백성을 쫓다가 바닷물에 덮여 전멸합니다(출 14:26~28). 이 광경을 눈앞에서 본 이스라엘 백성은 얼마나 기가 막혔겠습니까. '우리보다 훨씬 잘난 애굽이 어찌 이리도 무력하게 죽을 수 있는가, 내가 받은 구원이 얼마나 놀라운가!' 하며 전율하지 않았겠습니까. 그 구원자 하나님을 향하여 감격의 찬송을 지어 부르는 것이 출애굽기 15장의 내용입니다.

제 남편도 마지막 재앙에서 주님이 만나 주셔서 구원의 찬송을 부르며 떠났습니다. 여러분도 마지막을 향해 가는 이 시간에 오늘의 찬송을 부르기 바랍니다.

그러면 계시록의 모세의 노래, 어린 양의 노래는 무슨 내용일까요?

첫째로 "주 하나님 곧 전능하신 이시여 하시는 일이 크고 놀라우시도다" 찬양합니다. 이 3, 4절에 음만 붙이면 하나의 훌륭한 찬송가가 될 만큼 대단한 찬송입니다.

성경을 보면 이스라엘은 때마다 출애굽 간증을 합니다. 출애굽기부터 시작된 이스라엘의 구원이 계시록까지 흘러 퍼지고 있습니다. 이스라엘의 출애굽은 예수님의 구원 이야기입니다. 그러므로 날마다 이 간증을 해야 합니다. 저도 남편이 구원 받은 간증을 날마다 합니다. 그러면 "아유, 저 이야기 또 하네" 하시는 분도 있습니다. 이해는 됩니다. 제 간증을 그저 인간의 일로만 듣는다면 어떻게 두 번, 세 번 듣겠습니까. 아무리 재밌는 예능 프로그램도 두 번은 보기 싫습니다. 그래도 남편의 구원을 크고 놀라우신 하나님의 일로 여기며 한결같이 전했더니, 30년 넘게 같은 이야기를 해도 많은 사람이 듣고 예수님을 영접하는 역사가 끊임없이 일어납니다.

큐티엠(QTM, Quiet Time Movement)을 창립했을 때도 그랬습니다. 2000년 7월 17일, 고(故) 옥한흠 목사님의 배려로 사랑의교회를 빌려 큐티엠 창립예배를 드렸습니다. 당시 누구에게도 알리지 않았는데 무려 이천 명이 넘는 분들이 참석하셨습니다. 제 큐티 모임에 오신 분들이 '어떻게 하면 내 남편, 내 자녀를 구원 받게 할 수 있을까' 하는 애통함으로 가족들을 다 데려오신 겁니다. 그날 300명이나 예수님을 영접했습니다. 당시 집사였던 저 한 사람에게 구원에 대한 애통이 흘러넘치니까, 제가 하나님이 이루신 구원에 놀라니까 그런 저를 지켜본 다른 사람들도 놀라고, 그분들이 또 다른 사람들을 데려와 이런 성령의 역사가 일어난 것 아니겠습니까. 제가 전하는 구원 간증이 진짜가 아니라면, 그저 인간의 이야기라면 어떻게 이런 일이 일어나겠습니까? 제가 날마다 구원에 놀라니까 놀랄 일을 점점 더 주십니다. 큐티엠과 우리들교회에 점점 놀랄 일이 생깁니다. 여러분도 오직 구원 때문에 놀라기 바랍니다. 마음속에 구원의 확신이 있어야 하나님이 하신 크고 놀라운 일을 전할 수 있습니다. 우리들교회가 별 프로그램이 없어도 날마다 놀라운 간증이 흘러, 흘러서 구원의 공동체가 되어 갑니다.

둘째로 "만국의 왕이시여 주의 길이 의롭고 참되시도다" 찬양합니다. 하나님은 언제나 공평하고 참되신 분입니다. 저도 살면서 공평하지 못하다고 생각되는 수많은 일을 겪었습니다. 그러나 그때마다 말씀으로 해석해 주시니 '네, 주님이 맞습니다, 옳으십니다, 참되십니다' 할 수밖에 없었습니다. 남편을 하루아침에 데려가신 날도 주님은 에스겔 말씀을 통해서 "이 일은 공평하다"라고 말씀해 주셨습니다 (겔 18:25~29). 그래서 비록 과부가 되었어도 "주님의 의로우신 일이 나타난" 것이기에 저도 "만국이 와서 주께 경배하리이다" 찬양했습니다. 이렇게 제가 날마다 "주의 길이 의롭고 참되시도다" 찬양하니까 수많은 사람이 제 설교와 책을 통하여 주님을 경배하게 되는 놀라운 역사가 일어나는 줄 믿습니다.

제가 이렇게 이야기하면 어떤 분은 "목사님은 어떤 성경에도 자기 이야기를 잘 가져다 붙이는군" 합니다. 그러나 이런 해석이 쉽게 나오는 것은 아니지요. 제가 깨달은 말씀을 주일마다 성도들에게 전해 주기 위해 일주일 동안 얼마나 골이 흔들리는지 모릅니다. 여러분도 말씀을 묵상하면서 자기 인생을 해석해 내놓게 되기를 바랍니다.

용의 세력은 그야말로 권세가 대단합니다. 열 뿔에 일곱 머리, 열 왕관의 권세를 가졌습니다. 그 이름 값만도 어마어마합니다. 그런데 막상 뚜껑을 열어 보니까 별것 없습니다. 애굽도 패하지 않았습니까? 음지에 서 있다가 아예 죽어 버렸습니다. 그런데 이름 값 하나 없는 자들이 구원에 서 있습니다. 내 자격과 공로로는 전혀 갈 수 없는 하나님 나라에 입성합니다. 출신 성분으로는 명함을 내밀 수조차 없는 사람들이 하나님 보좌 앞에 불렸습니다.

역대상의 열두 지파 계보를 보면 살인자, 남의 것을 빼앗은 자, 남편의 아들과 동침한 첩…… 이런 사람들이 계보에 올랐습니다. 그 중 라헬의 여종이자 야곱의 첩이요 야곱의 맏아들 르우벤과 동침한, 만고의 죄인 빌하도 이름을 올렸습니다. 납달리 지파의 계보는 딱 한 절인데 거기에 빌하의 이름이 찬란히 올라 있습니다(대상 7:13).

예수님의 직계 조상인 유다의 족보에는 다윗과 남매인 스루야와 갈렙의 두 아내, 마길의 딸, 헤스론의 아내 아비야, 여라므엘의 다른 아내이자 오남의 어머니인 아다라의 이름이 올랐습니다. 또 세산이라 하는 자는 아들이 없고 딸뿐이라 그 딸을 애굽 종에게 주어 아내 삼게 했는데, 야르하라는 그 애굽 종의 이름도 유다 계보에 올랐습니다. 또한 다윗의 이방인 아내인 아히노암, 압살롬의 어머니이자 그술 왕 달매의 딸인 마아가, 다윗의 넷째 아들 아도니야의 어머니 학깃, 다윗의 강간당한 딸 다말도 계보에 올랐습니다(대상 2~3장).

므낫세 지파 계보에는 슬로브핫의 딸들이, 레위 지파 계보에는 모세를 비난하다 하나님께 노여움을 산 모세의 누이 미리암도 올라 있습니다. 베냐민 지파의 사하라임은 두 아내를 내보낸 후 모압 땅에서 자녀를 낳았는데, 버려진 두 아내 후심과 바아라의 이름도 계보에 올랐습니다(대상 6~8장).

유다 지파의 야베스는 그의 형제보다 귀중한 자로 계보에 올랐지만 그 이름에는 '슬픔의 사람'이라는 뜻이 있습니다. 또한 에브라임의 두 아들 에셀과 엘르앗은 가드 사람의 짐승을 빼앗으려다가 죽임당했는데, 그 후 에브라임이 또 다른 아들을 낳고 그 이름을 '재앙 중에 있다'라는 뜻의 '브리아'라고 지었다고 합니다. 이름을 재앙이라고 짓고도 계보에 올렸습니다(대상 7:20~23).

일일이 언급할 수 없지만 다른 아내, 버림받은 아내, 강간당한 딸, 이방 여인, 애굽 종을 남편으로 둔 여인, 슬픔과 고통 가운데 있는 자, 재앙 중에 있는 자…… 이런 모든 사람이 이스라엘 조상 계보에 올랐습니다. 반면에 사울의 딸 미갈은 예수 믿는 집안의 적통인데도 그 이름이 빠졌습니다. 또 유명한 믿음의 여인 사라와 리브가, 레아도 언급되지 않았습니다.

마태복음 1장 예수님의 계보에도 다말, 라합, 우리아의 아내가 찬란히 올라갔습니다. 하나님은 음란을 싫어하시는데 음란에 연루된 여인들이 이름을 올린 것입니다. 그런데 여기서도 사라, 리브가, 레아의 이름은 찾아볼 수 없습니다. 본처들은 언급도 안 됐는데 죄인 중의 죄인들의 이름은 다 올라 있는 것입니다. 그 이유가 무엇입니까?

이들은 행위나 신분으로만 보면 하나님 보좌 앞으로 도저히 나갈 수 없는 자 아닙니까? 그런 비천한 나를 주님이 구원해 주셨으니 "내 진정 소원이 내 구주 예수를 더욱 사랑, 더욱 사랑"이라는 눈물의 신앙고백이 나올 수밖에 없습니다. 겸손한 사람은 없고 겸손한 환경만 있을 뿐입니다. 아무리 피리를 불어도 잘난 사람들은 반응하지 않지만, 기가 막힌 환경 속에서 하나님밖에 부를 이름이 없는 사람은 절로 겸손해집니다. 그러니 이 얼마나 은혜의 계보입니까! 이들은 마지막 심판 속에서 마지막 찬양을 한 자들입니다. 하나님의 진노를 경험하고서 하나님을 깊이 만난 자들입니다. 일곱 대접 심판 가운데 있을지라도 마지막 찬송, 위대한 찬송을 부르는 인생이야말로 예수의 계보에 오르는 인생입니다.

구원은 전적으로 하나님의 능력으로 이루어집니다. 하나님이 우리를 친히 품에 안으사 홍해를 건너가시는 것입니다. 우리의 영적 전쟁도 마찬가지입니다. 주께서 나를 안고 홍해를, 불이 섞인 유리 바다를 건너 주셔야만 내가 짐승과 그의 우상과 그의 이름의 수를 이기고 벗어날 수 있습니다. 결코 내 힘으로는 이길 수 없습니다. 믿음이란 주님께 헌신하는 것이기도 하지만, 주께서 나를 보호하심을 신뢰하는 것이기도 합니다.

우리들교회에는 아프고 힘든 성도가 참 많습니다. 그러니 제 눈에서 눈물이 마를 날이 없습니다. 그런데 저뿐만 아니라 우리들교회의 많은 목자님과 주일학교 선생님들이 구원을 위해 수고하십니다. 마치 오늘이 마지막인 것처럼 어린 양의 마음으로 믿음의 본을 보여주십니다. 그래서 우리들교회에는 늘 놀라운 간증이 흘러넘칩니다.

장년부터 어린아이들까지 마지막 찬송을 부릅니다. 이 책을 빌려 우리들교회의 모든 목자와 주일학교 선생님들, 나아가 이 땅의 교회에서 이름도 없이 빛도 없이 섬기는 많은 성도에게 정말 수고가 많다고 격려해 드리고 싶습니다! 어린 양이신 주님이 여러분을 안고 업으셔서 홍해를 건너가고 계시는 줄 믿습니다.

● 일곱 대접 같은 심판에서 위대한 찬송, 마지막 찬송을 부르고 있습니까? 나는 예수님의 계보에 오르는 인생입니까? 배부르고 등 따듯해서 구원의 일은 뒷전이지 않습니까?

마지막 찬송은 증거 장막의 성전이 열리는 것입니다

또 이 일 후에 내가 보니 하늘에 증거 장막의 성전이 열리며_계 15:5

유리 바다 가에 서서 어린 양의 노래를 부른 하나님의 백성이 하늘의 증거 장막의 성전으로 옮겨집니다. '장막'은 이스라엘 백성이 광야 생활을 하던 때에 하나님을 만나던 장소입니다. 장막 안에는 십계명이 기록된 두 돌판이 있었습니다. 따라서 "증거 장막의 성전이 열렸다"라는 말씀은 이 모든 일이 언약을 따라 이루어진다는 뜻입니다. 모든 것이 약속의 말씀에 의거해서 집행된다는 의미입니다. 이 주님의 언약을 거절하는 것은 곧 스스로 심판을 초래하는 것과 같습니다.

남편이 떠나던 날 제게 주신 말씀은 에스겔 18장이었습니다. "그가 스스로 돌이켜 회개하고 떠났으니 반드시 살고 죽지 아니하리라, 악인이 회개하고 돌아온 것을 내가 왜 기뻐하지 아니하겠느냐, 이 일이 공평하느니라!" 그날 주님은 에스겔 말씀을 통해 남편의 죽음을 해석해 주셨습니다. 그러므로 남편이 떠난 날은 제게 언약궤, 곧 증거 장막의 성전이 열린 감동의 날입니다. 그날 저는 '말씀이 이런 것이구나!' 다시금 전율했습니다.

때마다 하나님의 표지를 보고 걸어왔더니 남편의 죽음 앞에서도 저는 기적이라고 고백할 수 있었습니다. 남편이 죽은 것이 뭐 잘난 척할 일입니까? 그러나 저는 "우리 남편의 운명이 뒤바뀌고, 내 운명도 바뀌었다"고 자랑하고 또 자랑했습니다. 하나님이 하시는 일이 크고 놀랍다고, 주의 일이 위대하다고 지금까지도 찬양합니다. 그것이 성도들에게도 흘러내려와서 고난 속에서 하나님을 자랑하는 분이 우리들교회에 얼마나 많은지 모릅니다. 특별한 프로그램이 있는 것도 아니고 특별 새벽기도회 한 번 한 적 없는데 우리들교회가 어찌 부흥할 수 있었겠습니까.

우리의 모든 시련과 환난은 오직 증거 장막 성전의 예배가 열리는 것으로, 사명을 감당하는 것으로 결론지어져야 합니다. 그러려면 우리는 늘 말씀을, 그 말씀에 담긴 약속을 중요하게 여겨야 합니다. 주님의 약속과 계명을 잘 지키는 비결은 주일예배, 수요예배, 목장예배, 생활예배를 통해 언약궤의 말씀 앞으로 나아가는 것입니다. 예배야말로 모든 전쟁과 사탄을 이기는 최고의 비결입니다. 우리가 예배당에 그냥 앉아 있는 것 같아도 그 시간 사탄이 물러갑니다. 하나님의 강력한 말씀이 마귀의 궤계(詭計)를 물리칩니다.

똑같은 날이 계속되는 것 같아도, 예수님을 인격적으로 만난 후 저는 예배에 설레지 않은 날이 없었습니다. 영적 매너리즘에 빠져 본 적도 없습니다. 여러분은 어떻습니까? 예배에 설렙니까? 예배에 설레야만 사탄이 물러갑니다. 예배에 설렌다는 것은 곧 말씀을 깊이 사모한다는 것입니다.

또한 예배와 말씀을 사모하되 반드시 '진리의 말씀', '진실한 복음'을 들어야 합니다. 404절로 이루어진 계시록 말씀 중 약 300구절은 구약성경을 인용한 것입니다. 그러므로 이단들이 말하는 것처럼 하나님이 환상을 통해 어떤 직통 계시를 주신 게 아닙니다. 일부 상징들은 직접 설명하고 있고, 다른 부분은 구약성경을 통해 해석할 수 있습니다. 그런데 온갖 이단들이 직통 계시를 받았다면서 계시록을 자꾸 이상하게 푸니까 얼마나 위험한지 모릅니다. 그런 말에 절대 현혹되지 마십시오.

> 6 일곱 재앙을 가진 일곱 천사가 성전으로부터 나와 맑고 빛난 세마포 옷을 입고 가슴에 금 띠를 띠고 7 네 생물 중의 하나가 영원토록 살아 계신 하나님의 진노를 가득히 담은 금 대접 일곱을 그 일곱 천사들에게 주니 8 하나님의 영광과 능력으로 말미암아 성전에 연기가 가득 차매 일곱 천사의 일곱 재앙이 마치기까지는 성전에 능히 들어갈 자가 없더라_계 15:6~8

일곱 대접 재앙은 마지막 재앙입니다. 그런데 앞서 일곱 인 재앙, 일곱 나팔 재앙에서는 '진노'라는 표현이 붙지 않았는데, 이어지는 16장 1절을 보면 대접 재앙을 가리켜 '진노의 일곱 대접'이라고 말합니다. 마지막 재앙답게, 그동안 참고 기다렸다가 한순간에 확 부어지는 것이 바로 진노의 대접입니다.

6절에 '빛난 세마포를 입은 일곱 천사'는 공의로운 심판을 이루기 위해 하나님께 부름 받은 자들입니다. 심판이 기정사실이라면 우리도 이 땅을 사는 동안 빛난 세마포 입은 제사장 역할을 해야 하지 않겠습니까? 나는 구원 받았다고 남의 구원에 나 몰라라 해서는 안 됩니다. 애굽 같은 철천지원수일지라도 찾아가 구원을 전하는 것이 제사장의 사명입니다. '잘 먹고 잘사는 애굽은 심판 받아 마땅해, 예수 믿는 나를 그렇게 괴롭히더니 고것 참 쌤통이다!' 해서는 안 된다는 겁니다.

나 혼자 거룩하게 예배드리면 끝입니까? 그게 아닙니다. 원수 애굽은 이미 형벌 가운데 있는 자입니다. 하나님 없이 사는 것 자체가 벌이기 때문입니다. 그러니 얼마나 불쌍한 인생입니까. 이들에게 진노가 사랑이라는 걸 알려 주는 그 역할을 우리가 해야 합니다.

제 남편도 평생 하나님을 떠나 살았습니다. 그러나 제가 제사장으로서 끝까지 사명을 다했더니 마침내 주님을 영접하고 마지막 찬송을 부르면서 떠났습니다. 만약 제가 그 시간을 놓쳤다면 남편은 영원한 심판으로 떨어졌을 것입니다. 그런데 내 부모가 믿음이 없는데도 나 몰라라 하는 분들이 있습니다. "우리 부모님은 안돼, 절대 믿지 않으실 거야" 하면서 그저 관망합니다. "우리 부모님은 믿을 가망이 없어" 하는 것은 "부모님이 지옥에 가시도록 고이 모시겠어" 하는 말과 똑같은 것 아닙니까? 지옥을 경험해 보지 않아서 그런 말을 하는 겁니다.

구원의 확신이 확고하면 못할 일이 없습니다. 내게 구원의 확신이 없기에 미워하고, 욕하고, 매너리즘에 빠지는 것이죠. 성경에서는 고아와 과부를 가장 불쌍히 여깁니다. 그들에게는 울타리가 없기 때문입니다.

저도 불쌍한 과부이지 않습니까? 그러나 영적으로 주님의 신부이기에 남편이 간 후에도 수많은 영적 과부들을 주님께 인도하는 제사장이 된 줄 믿습니다. 예수를 믿는 나는 이미 천국을 누리는 자입니다. 믿지 않는 식구들에게도 내가 누리는 이 천국을 보여 주어야 하지 않겠습니까. 우리는 모두 천국을 대표하는 모델입니다.

우리들교회 부모학교를 수료한 한 어머니의 간증을 소개합니다. 이 집사님은 어릴 때부터 예쁜 언니와 비교당하면서 열등감을 키웠답니다. 열등의식을 상쇄해 보려고 나름 열심히 살았지만 그럴수록 고난의 수렁은 더욱 깊어졌습니다. 나누기 어려운 수치스러운 이야기인데도 이분이 참 솔직히 나누어 주셨습니다.

저는 스물다섯 이른 나이에 전남편과 결혼했습니다. 전남편은 제 열심은 비할 수 없을 만큼 매사 열정이 넘치는 사람이었습니다. 연애 때는 그 열정으로 제게 사랑을 열렬히 쏟아부었습니다. 그러나 결혼 후 실체를 드러냈습니다. 날마다 제게 갖은 잔소리와 비난을 퍼붓고 고함을 질렀습니다. 밖에서도 폭력적인 언행을 일삼으며 문제를 일으키기 일쑤였습니다. 그런데도 사업이 번창해 돈을 잘 버니 날로 괴물이 되어 갔습니다.

저는 나날이 마음이 병들고 열등감도 심해졌습니다. 이런 불행한 마음을 보상 받고자 자녀에게 집착하기 시작했습니다. 자녀들을 제 욕심을 채워 줄 도구로 삼은 겁니다. 그렇게 자기애의 끝판왕을 달리면서도 자녀들에게는 "다 너희를 위한 것"이라고 포장했습니다. 자녀들이 죽어 가는지도 모르고 말입니다.

그러다 전남편이 사기와 횡령, 주가 조작 혐의로 구속당하여 검찰 조사를 받고 가택수사와 출국 금지까지 당하는 사건이 일어났습니다. 이 일로 우리 부부는 위장 이혼을 하고, 결국엔 영원히 갈라서게 되었습니다. 당시 저는 그동안 힘들었다는 핑계로 잠시 불륜에 빠지기도 했습니다.

그러다 지금의 남편을 만나 행복한 인생 2막을 꿈꾸며 재혼했습니다. 그러나 재혼 생활은 이전 고난보다도 더한 지옥이었습니다. 엄마의 재혼에 상실감과 배신감을 느낀 사춘기 큰딸은 방황하며 나날이 까칠해졌습니다. 제가 유독 예뻐한 둘째 딸도 갑자기 생긴 의붓동생으로 인해 힘들어하면서 엄마가 싫다고 소리쳤습니다. 의붓딸은 두 돌도 되기 전에 친엄마를 잃었는데 부모와 애착을 형성하지 못해서인지 이상행동을 보였습니다. 양육자가 자주 바뀌며 제대로 훈육 받지 못하다 보니 자연스레 문제아가 된 겁니다.

부모의 재혼으로 어쩔 수 없이 함께 살게 된 아이들은 저마다 문제를 일으키며 자기 아픔을 표출했습니다. 한번은 의붓딸이 제 둘째 딸이 자기 물건을 훔치고 때렸다면서 제게 일렀습니다. 그 아이 말만 믿고 둘째 딸을 크게 혼냈는데 알고 보니 거짓말을 한 것이었습니다. 의붓딸은 저와 있으면 마치 늑대라도 된 것처럼 으르렁대다가도 다른 사람 앞에서는 순한 양이 되었습니다. 저는 양극적으로 행동하며 저를 못된 계모로 만드는 아이가 점점 싫어졌습니다.

어느 날 반항이 극에 달한 큰딸이 급기야 남편과 몸싸움을 벌였습니다. 이후 두 딸이 친아빠랑 살겠다기에 '그래, 어디 한번 네 아빠랑 살아 봐라' 하며 보내 줬는데, 이것이 오랜 이별로 이어질 줄은 몰랐습니다. 이 일로 저는 전남편과 친족들에게 남자에게 미쳐 자식들을 내쫓은 나쁜 X가 되었습니다.

전남편은 제게 복수하겠다며 선전포고하더니 어느 날 밤 정말로 제 차를 무참히 부숴 버렸습니다. 또 교회 지인들에게 저에 대한 악담을 늘어놓아 결국 저는 교회에서 쫓겨나고 말았습니다. 제가 법원에 요청하여 접근금지가처분 명령이 내려졌지만, 전남편은 굴하지 않고 제게 경제적·사회적·심적 응징을 가했습니다. 자신의 의로움과 저의 악함을 세상에 드러낼 수만 있다면 뭐든지 했습니다.

그러나 그것은 참을 수 있었습니다. 저를 가장 짓누른 건 자녀들의 부재였습니다. 내 자녀를 볼 수 없다고 생각하니 극한의 괴로움이 밀려왔습니다. 저는 마치 새끼를 잃은 곰처럼 날마다 방바닥을 구르며 포효했습니다. 더불어 '내 딸들이 새로운 환경에 적응하지 못한 것은 다 너희 때문'이라며 남편과 의붓딸을 원망하고 저주했습니다. 이런 마음으로는 의붓딸을 볼 수 없을 것 같아 잠시 아이를 형님 가정에 부탁했습니다.

그러다 우리들 공동체에서 양육 받으며 의붓딸을 다시 데려오는 십자가 적용을 했습니다. 하지만 아이를 향한 미움은 여전했습니다. 마치 마이너스 통장 같은 아이를 보며 굴러들어 온 돌이 박힌 돌을 빼냈다는 분노에 참을 수가 없었습니다. 미운 저 아이와는 한집에서 숨을 쉬는데 내 아이들은 손수 밥도 못 챙겨 주고 빨래도 못 해 주는 제 현실이 참담했습니다.

그럼에도 하루하루 살아갈 수 있었던 것은 하나님의 말씀과 교회 공동체가 저를 지켜 주었기 때문입니다. 어디에서도 말할 수 없는 저의 연약함과 완악함을 목장에서 나누면서 숨통이 조금씩 트였고, 목장의 권면을 따라 정신과 상담을 받으면서 계모의 숙명을 인정하게 되었습니다.

이후 주님은 절대 돌아오지 않을 것 같던 자녀가 돌아오는 은혜를 허락해 주셨습니다. 사춘기인 둘째 딸이 방황하며 가출까지 감행하자 전남편의 허락하에 둘째와 함께 살게 된 것입니다. 그런데 이후 또 다른 숙제가 제게 생겼습니다. 내 자녀와 남편의 자녀를 대하는 사랑의 온도 차가 너무 큰 것입니다. 내 아이는 밉다가도 예쁜데 남편의 아이는 밉다가도 또 밉습니다. 의붓딸을 위해 기도하기로 작정해도 아이가 깨어 있을 때는 도무지 기도가 나오지 않았습니다. 며칠 전에는 아이 방문 앞에 쪼그리고 앉아 그저 이렇게 기도했습니다.

'하나님, 저는 이 아이가 밉습니다. 저는 사랑이 없습니다. 주여, 저와

이 아이를 불쌍히 여겨 주세요.'

이렇게 저는 내 자녀도, 맡기신 자녀도 잘 돌보지 못하는 자기중심적 인간입니다. 전남편을 괴물로 만든 것도 결국 저였습니다. 내 열심과 노력으로는 아무것도 할 수 없음을 인정하고, 이제는 하나님만 의지하기 원합니다. 나의 자녀와 맡기신 자녀까지 말씀으로 양육하는 믿음의 부모가 되기를 소망합니다.

이런 것이 일곱 대접의 심판 아닐까 싶습니다. 저는 늘 재혼 생활이 아프리카 선교보다도 어렵다고 말합니다. 서로 'My baby, Your baby'를 외치면서 나날이 전쟁이기에 그렇습니다. 남의 자식 키우기가 이 세상에서 제일 어렵다고 하지 않습니까? 그러나 이렇듯 눈물이 앞을 가리는 진노 속에서 이분이 주님을 만나 마지막 찬송을 부르고 계십니다.

마지막 찬송은 마지막 재앙에서 부르는 노래입니다. 한계상황의 고난에서 부르는 노래입니다. 불바다를 건너야 부를 수 있는 노래입니다. 모세의 노래, 어린 양의 노래입니다. 마지막 재앙에서도 우리가 찬송할 수 있는 것은 완전한 심판은 완전한 구원이기 때문입니다.

아무리 기가 막힌 고난 가운데 있더라도 예수님의 계보에 오른다면 가장 성공한 삶 아니겠습니까? 그러므로 진짜 이적은 하나님의 표지, 즉 말씀을 따라가는 삶입니다. 여러분 모두가 증거 장막 성전, 곧 약속의 말씀이 열려 마지막 찬송을 부르게 되기를 소망합니다. "이 세상 떠날 때 찬양하고 숨질 때 하는 말 이것일세. 다만 내 비는 말 내 구주 예수를 더욱 사랑" 찬송하는 우리가 되기를 바랍니다.

• 사건마다 말씀의 성전이 열려 제사장 역할에 충실하고 있습니까? 사명을
  감당하는 것이 곧 마지막 찬송을 부르는 것이라는 말씀에 "아멘"이 됩니
  까?

어떤 일에도
하나님의 표지를 보고 걸어가는 것,
곧 성경을 구속사적으로 묵상하는 것이
이적 중의 이적입니다.

우리들 묵상과 적용

가정불화와 사업 위기를 겪으면서 결혼생활 13년 만에 전남편과 이혼하게 되었습니다. 이후 지금의 남편을 만나 행복을 꿈꾸며 재혼했지만 더 치열한 전쟁만 기다리고 있었습니다. 부모의 이혼과 재혼을 겪으면서 상처 입은 큰딸은 반항이 심해졌고, 작은딸은 갑자기 생긴 의붓동생 때문에 혼란스러워했습니다. 가장 힘든 건 의붓딸이었습니다. 어린 나이에 엄마를 잃은 의붓딸은 제대로 훈육 받지 못한 탓인지 이상행동을 보였습니다. 집에서는 마치 짐승처럼 으르렁 소리를 내고, 밖에서는 백팔십도 변해 불쌍한 척하면서 저를 나쁜 계모로 몰았습니다.

　　그러던 어느 날, 반항이 극에 달한 큰딸이 급기야 남편과 몸싸움을 벌이는 사건이 일어났습니다. 이 일로 딸들이 "친아빠와 살겠다"고 소리치기에 홧김에 전남편에게 보냈는데, 이것이 오랜 이별로 이어질 줄은 꿈에도 몰랐습니다. 저는 새끼 잃은 어미 곰처럼 날마다 포효했고, 모든 탓을 남편과 의붓딸에게 돌리며 원망하고 저주했습니다. 의붓딸을 향한 미움이 걷잡을 수 없어지자 남편이 딸을 형님 가정으로 보냈지만, 이후로도 저는 우울감에서 헤어나지 못했습니다. 그렇게 어둠의 때를 보내고 있을 때 믿음의 공동체를 만났습니다. 그리고 그제야 제 모습을 객관적으로 볼 수 있었습니다. 나의 행복만 좇으며 가정을 깨고 자녀들을 병들게 한 제가 얼마나 큰 죄인인지 비로소 깨달아진 것입니다. 두 번의 결혼생활을 통해 진노를 경험케 하신 것이 의롭고 참되신 하나님의 심판이라는 걸 깨달은 순간 눈물의 회개가 터져 나왔습니다(계 15:3). 그러자 주님은 작은딸과 다시 함께 살게 되는 큰 이적을 보여 주셨습니다(계 15:1).

지금은 작은 딸과 의붓딸과 함께 네 식구가 살고 있습니다. 회개했어도 여전히 저는 전쟁 중입니다. 내 아이는 밉다가도 예쁜데 의붓딸은 밉다가 또 밉습니다. 의붓딸과는 함께 기도하는 것조차 쉽지 않습니다. 매일 아이 방문 앞을 서성이다가 방에 들어가지도 못하고 그저 문고리를 잡고서 이런 기도만 할 뿐입니다.

"하나님, 저는 이 아이가 밉습니다. 저는 사랑이 없습니다. 내 죄를 아파하며 불이 섞인 유리 바다를 건널 수가 없습니다. 주여, 저와 이 아이를 불쌍히 여겨 주세요."

여전히 미움과 연민 사이를 오가고 있지만 주님만 의지하며 갈 때, 나와 우리 가정이 유리 바다 가에 서서 마지막 찬양을 부르게 될 줄 믿습니다(계 15:2~3).

영혼의 기도

하나님 아버지, 마지막 재앙이 마지막 찬송이 된다고 하십니다. 불이 섞인 유리 바다를 지나 투명한 유리 바다로 가야 하는데, 우리는 내게 닥친 불이 너무 뜨거워서 진도가 나가지 않습니다. 불바다 가운데서 모세의 노래, 어린 양의 노래를 부르라 하시지만 우리는 생색의 노래만 부릅니다. 나를 높이는 노래를 부르느라고 불지옥을 살고 있습니다.

역대상에 등장하는 이스라엘의 계보를 묵상하면서 한 영혼도 놓치지 않으시는 주님의 은혜를 깨달았습니다. 주님은 버림받은 두 아내의 이름까지 기억하여 계보에 올려 주셨습니다. 첩, 간음한 여인, 기생…… 이 세상 가치관으로는 도저히 받아들여지지 않는 사람들이 다 계보에 이름을 올렸습니다. 그런데도 우리는 여전히 사람을 외모로 차별하고 무시합니다. 세상 가치관을 따라 불지옥을 살고 있는 우리를 불쌍히 여겨 주옵소서.

이제 어린 양의 노래를 부르게 하옵소서. 증거 장막의 성전이 열리게 하옵소서. 성도인 내가 얼마나 귀한 존재인지 깨닫게 하옵소서. 마치 밀 까부르듯 사탄이 끊임없이 우리를 괴롭히지만, 어떤 고난도 하나님의 지표로 알고 걸어가게 하옵소서. 나와 동행하고 싶으신 하나님의 사인으로 알고 말씀으로 나의 고난을 해석하게 하옵소서.

이적 중의 이적은 내가 예배드리고 말씀 보는 것이라 하십니다.

이제부터 말씀 묵상과 예배에 목숨을 걸겠습니다. 그리하여 사탄이 조종하는 세상을 이기게 하옵소서. 맡기신 자녀를 주께로 인도하는 믿음의 조상이 되게 하옵소서. 마지막 찬송을 부르는 우리가 되도록 역사하여 주옵소서. 예수님 이름으로 기도드립니다. 아멘.

합당하니이다

요한계시록 16장 1~11절

02

하나님 아버지, 어떤 심판도 합당하다고
인정하며 회개하기 원합니다.
말씀해 주시옵소서, 듣겠습니다.

$$\diamond \blacklozenge \diamond$$

회개와도, 천국과도 멀어 보이던 남편이 생각하지 않은 날 홀연히, 기적같이 구원을 받았습니다. 남편의 죽음은 제가 사역하면서 구원을 가장 잘 설명할 수 있는 약재료가 되었습니다. 그러나 제 남편과 달리 많은 사람이 죽음의 문턱에서 심판을 맞습니다.

일곱 인 재앙에서는 땅 4분의 1이 재앙을 당하고, 이어지는 일곱 나팔 재앙에서는 3분의 1이 재앙을 당합니다. 그리고 이제부터 묵상할 일곱 대접 재앙은 전 세계가 재앙의 대상입니다. 그런데 주님은 이 세계에 임하는 심판은 "합당하다"라고 말씀하십니다(계 16:6). 왜 합당한 심판인지 본문을 통해 보겠습니다.

저주에서 회개하지 않았기 때문에 합당한 심판입니다

또 내가 들으니 성전에서 큰 음성이 나서 일곱 천사에게 말하되 너희는 가서 하나님의 진노의 일곱 대접을 땅에 쏟으라 하더라_계 16:1

마지막 대접 재앙, 가장 큰 재앙은 아무리 말씀을 들어도, 사건을 당해도 하나님의 시각으로 해석하지 못하는 것입니다. 그래서 심판은 합당합니다.

하나님은 사도 요한에게 세상이 받을 심판에 대해 들려주십니다. 그런데 생각해 보세요. 요한이 현재 어떤 처지입니까? 죄수 신분으로 밧모섬에 갇혀 노역하는 신세입니다. 다시 말해 옥에 갇힌 요한에게 옥에 갇히지 않은 사람들이 받을 심판을 알려 주시는 것입니다. 그 이유가 무엇입니까? 세상이 자기 힘으로는 심판의 말씀을 듣지도, 깨닫지도 못하기 때문입니다. 그래서 요한에게 "그들이 받을 심판을 아파하면서 마지막까지 심판의 복음을 전하라"고 명하십니다. "네가 아무리 잘살아도 예수 안 믿으면 지옥 간다!" 이 이야기를 전하라는 것입니다. 이것이 바로 성도의 사명입니다.

마침내 진노의 대접이 쏟아집니다. 땅에 쏟자 악하고 독한 종기가 나고, 바다에 쏟자 바다 가운데 모든 생물이 죽고, 강과 물 근원에 쏟자 물이 피가 됩니다. 해에 쏟자 그 불이 사람을 태우고, 짐승의 왕좌에 쏟자 어두워집니다. 이 다섯 가지 재앙을 한꺼번에 살펴보겠습니다. 이제 심판 이야기는 빨리 지나가자고요.

첫째, 악하고 독한 종기 재앙입니다.

첫째 천사가 가서 그 대접을 땅에 쏟으매 짐승의 표를 받은 사람들과 그 우상에게 경배하는 자들에게 악하고 독한 종기가 나더라 _계 16:2

첫째 대접 재앙은 땅에 임하는 재앙으로, 독종 재앙이라고도 합니다. 이 재앙의 대상은 짐승의 표를 받은 사람들과 그 우상에게 경배한 자들입니다. 그들은 영혼을 적그리스도에게 맡긴 대가로 경제적 풍요와 육체적 즐거움을 누렸습니다. 그러나 잠깐의 평안일 뿐 그들은 일생 죄의 종노릇하다가 사망을 월급으로 받는 신세가 되었습니다. 그들의 특징은 보이는 것, 육적인 것을 전부로 알고 살아간다는 것입니다. 그래도 주님은 그들을 사랑하시기 때문에 그들이 의지하는 육을 치십니다. 독한 종기가 나게 하십니다.

그런데 몸에 나는 종기보다 더 무서운 종기가 있습니다. 바로 이 세상 누구도 믿지 못하는 고통입니다. 서로 가장 믿어야 할 가족들조차 서로를 미워하고 물어뜯습니다. 그래서 상처가 깊다 못해 악하고 독한 종기의 저주가 가정마다 피어오릅니다. 게다가 저주의 원인을 상대에게서만 찾으니 도무지 낫지 않습니다. 내가 하나님의 명령에 불순종해서 온 일이라고 결코 인정하지 않습니다. 심지어 저주의 상황이라고 인식하지도 못합니다. 오로지 내 능력으로, 돈으로 모든 문제를 해결하려다가 돌이킬 수 없는 심판을 맞습니다. 그러나 성경은 우리에게 저주가 임하는 것은 '하나님 말씀에 불순종했기 때문'이라고 분명히 말합니다.

"네가 만일 네 하나님 여호와의 말씀을 순종하지 아니하여 내가 오늘 네게 명령하는 그의 모든 명령과 규례를 지켜 행하지 아니하면 이 모든 저주가 네게 임하며 네게 이를 것이니. 네가 성읍에서도 저주를 받으며 들에서도 저주를 받을 것이요. 또 네 광주리와 떡 반죽 그릇이 저주를 받을 것이요. 네 몸의 소생과 네 토지의 소산과 네 소와 양의 새끼가 저주를 받을 것이며. 네가 들어와도 저주를 받고 나가도 저주를 받으리라"(신 28:15~19).

종기가 나서 저주가 아닙니다. 내가 하나님 여호와의 말씀에 순종하지 않기 때문에 성읍에서도 들에서도 저주를 받고, 들어와도 나가도 저주를 받는 겁니다. 그런데 우리는 어떻습니까? 자녀가 교회에 나오지 않아도 공부를 잘하면 용서가 됩니다. 자녀가 큐티 안 하고, 목장에 안 나가도 성적이 좋으면 '만사 오케이'입니다.

만약 제 아들이 일등을 했다면 저도 아들 뒷바라지하느라 분주하지 않았을까요? 우리 집에서 열 개 넘는 큐티모임을 하는 건 상상도 못 했을 겁니다. 거실에서 시끌벅적하게 모임을 해도 아들이 여전한 방식으로(?) 잠을 잘 자 주었기 때문에 가능했지요. 공부는 나 몰라라 하는 아들을 두고 날마다 다른 사람들과 함께 말씀을 나누며 기도하는 것이 내 힘으로 가능한 일이겠습니까. 할 수 있는 것이 그것밖에 없어서 했습니다. 돌이켜 보면 지금도 눈물이 나고 하나님의 은혜라고밖에는 말할 수 없습니다. 정말 하루도 말씀이 간절하지 않은 날이 없었습니다. 무엇이든 잘해서 하나님께 영광 돌리고 싶은데 저에게는 그런 역할을 주지 않으셨습니다.

그러나 자녀가 공부를 잘하건 못하건, 내가 잘났건 못났건 나를 위해 죽어 주신 예수님을 깊이 만나지 못하면 누구나 독한 종기가 납니다. 우리는 어려서부터 짐승의 가치관에 길들어 있기에 스스로 하나님의 명령을 찾고 그 명령에 순종하기란 불가능합니다.

수년 전 한 당의 대학생 당원들이 시위를 벌이다가 폭행까지 행사한 일이 있었습니다. 그런데 수사 과정에서 이 학생들이 자신들의 이름을 밝히지 않아서 지문으로만 이름을 확인하는 데 하루가 꼬박 걸렸다고 합니다. 또 유치장에서 누워 잠을 자거나 웃고 떠들면서 사태의 심각성을 모르더랍니다. 죄의식이 전혀 없는 겁니다. 저는 이 청년들이 정말 무섭다는 생각이 들었습니다. 이들도 어릴 때부터 짐승의 가치관이 심어져서 그런 것 아니겠습니까.

짐승의 가치관대로 사는 자의 특징은 스스로에게는 관대하면서 다른 사람은 엄격한 잣대로 평가하고 짓밟는다는 것입니다. 하나님이 택하신 자는 늘 자기 부족함을 보고 안타까워하며 회개하다가 천국에 가지만, 불택자는 자기 죄를 모르고 죄의 가치관이 악하고 독한 종기가 되어 온몸에 퍼지기까지 깨닫지도 못합니다. 감각을 모르는 영적 나병 환자라고 할까요. 우리는 이미 이 저주를 출애굽기에서 목격했습니다. 애굽이 열 가지 재앙을 겪고도 절대 돌아오지 않았잖아요. 여러분도 돌이켜 보십시오. "인 재앙, 나팔 재앙, 대접 재앙…… 왜 맨날 같은 소리야. 재앙 이야기 좀 그만해, 식상해!" 합니까? 설교를 들으면 그 말이 그 말 같아서 지겹습니까?

회개하지 않는 사람은 하나님이 모든 방법을 동원하여 "돌아오라" 아무리 호소하셔도, 말씀을 지겹게 여기면서 거부합니다. 망해 본 적이 없어서 그렇습니다. 그렇게 말씀을 흘려듣다가 결국 독한 종기가 나는 겁니다. 그러니 합당한 심판이라는 것이지요. 그때라도 돌이키면 좋을 텐데 '독한 종기 하나쯤 나면 어때, 죽을병도 아닌데' 하면서 눈도 깜짝하지 않습니다. 저는 이것이 회개하지 않는 자들이 받을 벌이 아닌가 합니다. 죽자사자 말 안 듣는 사람은 한번 콱 망하게 하면 회개할 것 같은데 하나님은 그렇게 하지 않으십니다. 매일 같은 말씀을 전해 주시면서 기다리고 또 기다려 주십니다. 그런데 이렇게 반복해 말씀을 들려주시는 것이 사랑인 줄도 모르고 끝까지 회개하지 않다가 마지막 기회마저 놓쳐 버리는 겁니다.

펄펄 끓는 물에 개구리를 넣으면 화들짝 놀라서 뛰쳐나옵니다. 그런데 미지근한 물에 넣고 서서히 끓이면 자기가 익어 가는지도 모르고 기분 좋게 있다가 죽는답니다. 회개하지 않는 자들이 딱 그렇습니다. "맨날 '심판, 심판' 하는데 심판이 어디 있어?" 하며 말씀을 비아냥댑니다. 영적 매너리즘에 빠져서 죄에도 무감각합니다. 그러다 영원한 죽음으로 가는 겁니다.

"주의 약속은 어떤 이들이 더디다고 생각하는 것같이 더딘 것이 아니라 오직 주께서는 너희를 대하여 오래 참으사 아무도 멸망하지 아니하고 다 회개하기에 이르기를 원하시느니라"고 했습니다(벧후 3:9). 한 사람이라도 더 구원하고자 오래 참으시는 주님의 긍휼을 멸시한다면 회개의 기회조차 얻지 못할 때가 옵니다. 이것이 악하고 독한 종기 재앙입니다.

둘째, 피바다 재앙입니다.

둘째 천사가 그 대접을 바다에 쏟으매 바다가 곧 죽은 자의 피같이 되니 바다 가운데 모든 생물이 죽더라_계 16:3

50

바다는 '악인'을 의미합니다. 지난 12장에서도 사탄을 상징하는 용이 여자의 남은 자손, 곧 하나님의 계명을 지키며 예수의 증거를 가진 자들과 더불어 싸우려고 '바다 모래' 위에 섰다고 했지요(계 12:17). 13장에서도 뿔이 열이고 머리가 일곱인 짐승이 '바다'에서 나왔다고 했습니다(계 13:1). 또 17장에서는 삼킬 듯이 달려오는 악인을 많은 물 위에 앉은 큰 음녀에 비유하고 있습니다(계 17:1). 그런데 그 바다에 대접을 쏟자 죽은 자의 피같이 되었다고 합니다. '그리스도'라는 렌즈로 보면 모든 것이 피바다입니다. 다 죽었습니다.

지표의 70퍼센트를 차지하는 바다는 자원의 보고(寶庫)입니다. 그런 바다처럼 가진 보고가 많은 사람은 절대 회개하지 않습니다. 그래서 하나님이 바다에 대접 재앙을 부으시는 겁니다. 인간을 심판하시고자 바다 생물을 고통당하게 하십니다. 오늘날 환경이 파괴되고 그로 인해 각종 전염병과 식량난에 시달리는 것은 전부 인간의 죄 때문입니다.

셋째, 먹을 수 없는 물 재앙입니다.

셋째 천사가 그 대접을 강과 물 근원에 쏟으매 피가 되더라_계 16:4

출애굽기 7장에 보면, 바로가 이스라엘 백성을 애굽 땅에서 내보내라는 명령을 듣지 않자 하나님이 모세에게 명하여 나일강 물을 피로 변하게 하십니다. 그런데 애굽 요술사들이 자기의 요술로 그와 똑같이 행하는 것을 보고 바로가 마음이 완악해져서 또다시 백성을 보내 주지 않습니다. '그런 것은 우리도 얼마든지 할 수 있다'고 여긴 것입니다.

이제 하나님은 누구도 흉내 낼 수 없도록 강과 물 근원에 대접을 쏟으십니다. 이것은 애굽 요술사도, 세상 어떤 능력자도 절대 고칠 수 없는 재앙입니다. 우주 만물과 세상에서 일어나는 모든 일의 근원은 하나님이십니다. 우리가 맨날 "근원을 따져 보자"면서 싸우지 않습니까? 만사가 하나님으로부터 말미암은 일입니다. 그러므로 하나님께 돌아가야 합니다.

넷째, 불타는 재앙입니다.

> 8 넷째 천사가 그 대접을 해에 쏟으매 해가 권세를 받아 불로 사람들을 태우니 9 사람들이 크게 태움에 태워진지라 이 재앙들을 행하는 권세를 가지신 하나님의 이름을 비방하며 또 회개하지 아니하고 주께 영광을 돌리지 아니하더라_계 16:8~9

해는 건강과 생명의 근원입니다. 우리는 예수를 믿는다고 하면서도 각자 해처럼 여기는 것이 있습니다. 나를 먹여 살려 주는 부모, 자녀, 배우자를 해처럼 여기고 경배합니다. 그런데 내가 그토록 의지하던 해가 도리어 나를 태웁니다. 외도, 폭력, 가출, 부도의 불로 나를 태우며 더 이상 썩을 속조차 남지 않게 합니다. 내가 배우자의 돈, 자녀의 능력을 경배하면서 하나님을 잊고 살아가니까 주님이 모조리 태워 버리시는 것입니다.

그런데 문제는 이렇게 다 타도 회개하지 않는다는 것입니다. '내가 남편 돈을 의지하다가 영원히 죽을 뻔했는데 남편의 외도를 통하여 하나님이 돌이키게 해 주셨구나!' 이렇게 회개하고 감사해야 하는데, 도리어 하나님의 이름을 비방하고 주께 영광을 돌리지 않습니다. 그래서 심판은 합당합니다.

다섯째, 흑암 재앙입니다.

> 10 또 다섯째 천사가 그 대접을 짐승의 왕좌에 쏟으니 그 나라가 곧 어두워지며 사람들이 아파서 자기 혀를 깨물고 11 아픈 것과 종기로 말미암아 하늘의 하나님을 비방하고 그들의 행위를 회개하지 아니하더라_계 16:10~11

대접을 짐승의 왕좌에 쏟으니 흑암이 찾아옵니다. 어두우니까 천지가 분간이 안 됩니다. 그런데 짐승의 가치관을 가진 자는 이렇게 깜깜한 재앙이 닥쳐도 아파서 자기 혀를 깨물지언정 회개하지 않습니다. 도리어 "하나님이 계시면 어떻게 내게 이런 일이 생길 수 있어. 말도 안 되는 소리 하지 마!" 하면서 하늘의 하나님을 비방합니다. 하나님은 독선적인 신이라면서, 자기만 옳다고 주장합니다.

한 신문에서 주체사상을 신봉하는 주사파에 관한 기사를 읽었습니다. 기자는 주사파들의 신념이 얼마나 확고한지 그들을 인터뷰하면서 '북한이 망하여 무너지기까지 이들은 절대로 변하지 않겠구나' 느꼈다고 합니다. 북한의 참상을 보면서도 그들은 여전히 김일성을 열렬히 숭배한다고 합니다. 이런 사람들이 바로 아파서 자기 혀를 깨물지언정 회개하지 않는 자들입니다. 이들에게 예수가 그리스도라고 외친들 들리겠습니까? "눈에 보이지도 않는 신을 어찌 믿으라 하냐"며 의심부터 하고 볼 것입니다.

교회에도 말씀과 간증을 아무리 들어도 의심에 가득 차서 비난만 하는 사람이 있습니다. 이 세상에 의심하는 것만큼 비극이 없습니다. 의처증이나 의부증 때문에 이혼하는 부부가 해마다 늘어난다고 합니다. 서로 믿지 못하니 살 수가 없는 겁니다. 마찬가지로 교회를 다녀도 성경을 의심하고, 설교를 의심하고, 목사를 의심한다면 살 수 있겠습니까? 그러니 진노의 대접이 쏟아져도 회개가 안 되는 것입니다. 도리어 하나님의 이름을 비방합니다. 이것이 심판입니다.

우리나라가 남북으로 나뉘어 대치하고 있는 것처럼 과거 베트남도 자본주의 월남(남베트남)과 공산주의 월맹(북베트남)으로 나뉘어 전쟁을 벌였습니다. 베트남전쟁 당시 월남군은 115만 명의 병력에, 미군이 철수하면서 보유하던 최신 무기를 넘겨준 덕에 세계 4위의 화력을 자랑했습니다. 그런데 전투복도, 전투화도 없는 40만 명의 공산 월맹군에게 이 막강한 월남이 패배했습니다. 어떻게 그럴 수 있었을까요?

월맹은 6천여 명의 공산당원을 월남에 침투시켜 통일 전선 전술을 펼쳤습니다. 이들은 월남을 지원하는 미국에 대항하여 반미, 반정부 시위를 주도하고 언론인, 지식인, 종교인을 배후에서 조종하며 적화통일을 꾀했습니다. 그렇게 국론이 분열되고 반전운동이 격화되자 미군은 1973년 1월 베트남 땅에서 완전히 철수하게 되었습니다. 그리고 2년 후 적에 대한 월남의 경계심이 무너지기 시작할 즈음 월맹은 대대적으로 월남을 침공했습니다. 1975년 4월, 월맹군의 집중 공세 50여 일 만에 결국 월남은 함락되어 지구상에서 영원히 사라졌습니다. 당시 월남의 많은 지도자가 월맹 세력에 포섭되어 간첩 활동을 했다고 합니다. 시위를 주도한 종교 지도자, 제1야당 지도자, 대통령의 정치 고문까지 간첩이었다고 하죠.

그런데 아이러니하게도 월남이 공산화된 후 월맹에 협조한 이들이 가장 먼저 처형되었답니다. 한 번 변절한 자는 또다시 배반할 가능성이 있다는 이유였습니다. 정말 우리는 당하기 전까지 모릅니다. 내가 얼마나 짐승의 가치관을 숭배하고 있는지 지옥에 가기 전까지 깨닫지도 못합니다. 당시 월남 고위 간부들의 부패가 극에 달했기에 월맹의 꼬임에 쉽게 넘어간 것 아니겠습니까. 악에 악이 더하여져서 한 나라가 없어졌습니다.

그저 남의 나라 일 같습니까? 미지근한 물에서 기분 좋게 익어 가는 개구리처럼 지금 우리나라도 죄 가운데 죽어 가고 있지는 않습니까? 죽음의 위험을 감지하고 팔딱팔딱 뛰어야 하는데 잘 먹고 잘사니까 문제의식이 없습니다. 이것도 좋고 저것도 좋고, 좋은 게 좋은 것이라고 하면서 죄에 무감각합니다.

주님이 짐승의 왕좌에 대접을 쏟으신다고 합니다. 계시록에서 짐승은 공산주의를, 음녀는 자본주의를 의미하는 것으로 보기도 합니다. 그런데 짐승의 왕좌에 대접을 쏟아부어도 아무도 회개하지 않고 도리어 하나님을 비방한다고 합니다. 공산주의나 자본주의나 회개하지 않으면 똑같습니다. 어떤 재앙에도 회개하지 않기에 심판은 합당합니다.

- 요한계시록을 묵상하면서 어떤 생각을 합니까? '또 재앙 이야기구나. 지겹게 왜 같은 이야기를 반복하는 거야' 하며 불평하지는 않습니까?
- 내가 짐승의 가치관대로 사는 줄도 모르고 '나는 회개할 것이 없다'고 버티지는 않습니까?

왜 회개하지 않습니까?

해의 불로 태움당해도, 온 땅이 어두워져도 짐승의 가치관을 가진 자들은 회개하지 않고 도리어 하나님의 이름을 비방한다고 합니다. 도대체 이들은 왜 회개하지 않는 걸까요? 결론부터 말하자면 회개도 우리 마음대로 되는 것이 아니어서 그렇습니다.

돈이 많고, 권세가 쟁쟁하고, 지식이 풍부하고, 자존심이 넘치고 …… 세상에는 각종 부자가 많습니다. 이런 부자들은 어떤 일에도 잘 회개하지 않습니다. 어떤 부자는 가족이 아파 죽게 되어도 심각하지 않습니다. 내게 능력이 많다고 생각하기 때문입니다.

저도 주님을 깊이 만나기 전까지 회개가 안 되는 위인 1호였습니다. 어려서부터 뭐든지 스스로 해내며 살아남았기 때문입니다. 그래서 애굽의 열 재앙 같은 재앙이 와도 심각하지 않았습니다. 만일 제가 조금이라도 심각했더라면 하나님께 부르짖었겠지요.

제 이야기를 조금 더 하자면, 중고등학생 때 갖은 고생을 겪은 저는 대학에 들어가서도 아르바이트를 하느라 너무 바빴습니다. 그러다 처음으로 미팅이라는 걸 나가 보기로 했습니다. 듣기로 괜찮은 남학생들이 나온다기에 없는 시간을 쪼개서 나가기로 한 겁니다. 그런데 미팅하기로 한 그날 어머니가 돌아가셨습니다. 얼마나 청천벽력 같은 일입니까. 그러나 당시 저는 '어머니가 내게 해 준 게 뭐가 있나'라는 생각으로 가득 차 있어서 어머니의 죽음이 그다지 슬프지 않았습니다. 장례식을 치르면서도 고대하던 미팅을 못 나가게 된 것만 아쉬워했던 기억이 지금까지도 납니다. 어머니가 돌아가셨는데 이후로 누가 감히 제게 미팅하자는 말을 꺼내겠습니까. 미팅은 영원히 물 건너간 것이지요.

그때 저는 탈선 한번 안 하고 학교에서도, 교회에서도 성실한 모범생 중의 모범생이었습니다. 또 '내가 돈을 벌지 않으면 우리 집은 큰일 난다'라는 생각에 소녀 가장을 자처하면서 얼마나 열심히 살았는지 모릅니다. 그러나 겉으로는 착해 보여도 세상 가치관, 저주의 가치관을 따라 살았기에 진정한 사랑이 무엇인지 몰랐습니다. 그래서 어머니가 돌아가셔도 전혀 슬프지 않았습니다. 내게 잘해 주지 않으면 내 어머니라도 관심이 없는 겁니다. 내가 회개해야 한다고는 생각조차 못 했습니다. 어떤 재앙이 와도 내 능력으로 헤쳐 갈 수 있는데 무엇이 심각했겠습니까. 누군가는 그때의 저를 착한 사람으로 기억할지 모르지만, '과거 나는 짐승의 가치관으로 똘똘 뭉쳐 살았노라'고 스스로 증언하는 바입니다.

예수가 없는 사람은 짐승의 가치관을 따라 사는 자입니다. 제가 짐승의 가치관을 따라 살 때는 늘 이겨야 했기에 평강이 없고 불안했습니다. 그야말로 고난의 연기가 세세토록 올라가는 삶이었습니다 (계 14:11). 그래서 늘 몸이 아팠습니다. 감기를 달고 살고, 소화도 안돼 배도 자주 아팠습니다. 정말 아프지 않은 데가 없었습니다.

날마다 제가 이런 지질한 이야기를 나누니까 누군가는 "목사로서 그만큼 회개했으면 남보다 나아야 하지 않느냐"고 말할지 모르겠습니다. 그러나 저는 '내게 선한 것이 하나도 없다'고 아무리 강조해도 지나치지 않다고 생각합니다. 다만 선하신 주님의 사랑을 알기 위해 평생 걸어가고 있는 것이지요.

몇 년 전 〈나는 가수다〉라는 TV 프로그램이 유행했습니다. 국내 정상급 가수들이 노래로 경쟁하여 우열을 가리는 프로그램이었습니다. 제작진이 출연자인 한 가수에게 다른 가수들이 잘할 때 정말 상대를 응원했는지 물었습니다. 그러자 그가 그러더군요. "어떻게 진심 어린 응원을 할 수 있겠어요, 말도 안 되지요. 솔직히 말하면 음정 하나만 틀렸으면 좋겠다고 생각했어요." 옆에 있던 다른 가수도 "아, 저도 그래요, 정말 솔직히 이야기하시네요" 하며 맞장구를 쳤습니다. 이것이 우리의 솔직한 마음입니다. 그저 이기고 또 이기려는 것이 우리 가치관입니다. 저도 그랬습니다. 피아노 실기시험을 치를 때마다 '쟤가 틀렸으면 좋겠다' 이 생각을 얼마나 많이 했는지 모릅니다.

사울이 이스라엘을 다스릴 당시 블레셋이라는 적이 늘 괴롭혔습니다. 우리가 예수를 믿지 않는 가족의 구원을 위해서 평생 싸우듯 사울에게 블레셋은 평생 싸워야 할 대상이었습니다. 블레셋을 물리치고자 사울은 마치 예배 중독자처럼 열심히 예배를 드렸습니다. 이때 다윗이 블레셋의 장수 골리앗을 물리쳤습니다. 철천지원수를 거꾸러뜨렸으니 이스라엘에도, 사울에게도 쾌거 아닙니까. 얼마나 기쁜지 온 국민이 들썩이며 "사울이 죽인 자는 천천이요, 다윗은 만만이로다"라고 노래했습니다(삼상 18:7). 그런데 이 소식이 들린 때부터 사울에게 말씀이 들리지 않았습니다. 이후로 그는 다윗을 미워하느라 다른 것을 할 겨를조차 없어졌습니다. 세계적인 지도자요, 선지자인 사무엘이 곁에 있어도 소용없고, 믿음의 아들 요나단과 예수님의 직계 조상인 다윗을 옆에 두고도 은혜를 받지 못합니다. 또 열심히 예배드릴 때는 언제고 사무엘이 죽자 신접한 여인에게 가서 가르침을 청합니다(삼상 28:7). 종교의 민주화(?)를 이루면서 이것도 좋고 저것도 좋다 하는 겁니다. '기독교도 좋고, 천주교도 좋고, 불교도 좋지' 이러는 사람이야말로 인본주의의 심벌(symbol)이라는 걸 아십시오. 이런 사람은 회개가 안 됩니다.

성경은 사울이 블레셋 때문이 아니라 "여호와께 범죄하였기 때문에" 죽은 것이라고 분명히 기록합니다.

"사울이 죽은 것은 여호와께 범죄하였기 때문이라 그가 여호와의 말씀을 지키지 아니하고 또 신접한 자에게 가르치기를 청하고, 여호와께 묻지 아니하였으므로 여호와께서 그를 죽이시고 그 나라를 이새의 아들 다윗에게 넘겨주셨더라"(대상 10:13~14).

여러분, 하나님은 속지 않으십니다. 내가 블레셋 같은 한 사람의 구원을 위해 열심히 기도해도, 내가 누구를 미워하며 열등감을 숨기고 사는지 하나님은 다 아십니다. "네가 그래서 블레셋도 구원하지 못하는 거야" 하십니다.

내가 일상생활을 잘 살지 않으면 아무리 열심히 예배하고 기도하고 찬양해도, 선교를 가도 그저 사울 같은 신앙생활을 하는 겁니다. 그런 내게 하나님은 속지 않으시고 "네가 여호와께 묻지 아니하였으므로 죽었다" 하십니다. 사울이 평생 열심히 예배드렸는데 하나님께 묻지 않아서 죽었다고 하지 않습니까. 죄목이 딱 그것입니다. "너는 신접한 자에게 가르치기를 청하고 여호와께 묻지 않았다!" 회개하지 않은 사울에게 하나님의 심판은 의롭고 합당하다고 하십니다.

• 내가 예배드리는 이유는 무엇입니까? 하나님을 사랑한다 말하고, 내 인생의 블레셋이 구원 받기를 원한다고 하면서 속으로는 다른 생각을 하지는 않습니까? 내 안에 숨은 미움을 하나님 앞에 회개하고 있습니까?

심판은 삶의 결론입니다

5 내가 들으니 물을 차지한 천사가 이르되 전에도 계셨고 지금도 계신 거룩하신 이여 이렇게 심판하시니 의로우시도다 6 그들이 성도들과 선지자들의 피를 흘렸으므로 그들에게 피를 마시게 하신 것이 합당하니이다 하더라_계 16:5~6

하나님이 하시는 일에 합당하지 않은 것은 하나도 없습니다. 사울이 당한 심판도, 내게 온 심판도 합당합니다. 독한 종기가 나도, 피바다가 되어도, 먹을 물이 없어져도, 해의 불로 태워져도, 어두워져 천지 분간을 못 하게 되고 아파서 자기 혀를 깨물어도 전부 "합당하니이다"라고 합니다. 이 진리를 믿든지 안 믿든지 하나님이 하시는 일은 언제나 옳고 합당합니다.

링컨(Abraham Lincoln)은 남북전쟁이 합당하다고 말했습니다. 그는 재선 취임 연설에서 이와 같이 이야기했습니다.

"우리는 전쟁이라는 이 엄청난 재앙이 빨리 지나가기를 진심으로 소망하며 간곡히 기도합니다. 하지만 하나님께서 노예들이 250년간 아무런 보상도 없이 노역하여 축적한 부가 모두 사라질 때까지, 그리고 채찍질로 흘린 모든 핏방울이 다른 이가 칼에 베여 흘린 피로 보상될 때까지 전쟁을 지속하는 데 뜻을 두신다면, 3천 년 전에 말했듯 오늘날도 말해야 하겠습니다. '하나님의 심판은 진실하여 다 의롭다'(시 19:9)라고 말입니다."

미국은 성경에 손을 얹고 시작한 나라입니다. 영국의 청교도들이 믿음을 지키기 위하여 새 하늘과 새 땅을 찾아 세운 나라입니다. 그런데 믿음 때문에 떠나왔다고 하는 이들이 그 땅의 원주민인 인디언을 수없이 죽이고 흑인을 노예 삼아 노동을 착취했습니다. 그러니 동족 간 전쟁은 결국 그들 삶의 결론으로 찾아온 심판 아니겠습니까.

이 땅은 전부 피바다이고 독종의 나라입니다. 하나님은 그런 세상을 정확히 심판하십니다. 그러나 회개하는 자에게는 긍휼을 베푸십니다. 만일 하나님이 오로지 정확하게만 심판하신다면 누가 구원을 받을 수 있겠습니까. 미국도 구원을 못 받고, 우리도 구원을 못 받습니다.

사울과 다윗을 행위로만 보면 누가 더 죄를 많이 지었습니까? 사울은 예배를 얼마나 열심히 드렸는지 모릅니다. 또 다윗을 미워하는 데 온 힘을 쏟느라 바람피울 겨를도 없었습니다. 반면에 다윗은 도망 다니면서도, 전쟁하는 중에도 여자를 얻어 들였습니다. 심지어 불륜을 저지르고 자기 죄를 가리고자 살인까지 했습니다. 그런 인물이 예수님의 조상이 되었습니다.

다윗과 사울의 차이가 무엇입니까? 다윗은 실수할 때마다 회개합니다. 죄를 책망 받으면 "내가 여호와께 죄를 범하였노라" 하며 즉시 회개합니다(삼하 12:13). 그러나 사울은 그렇게 예배를 열심히 드리는데도 절대로 회개하지 않습니다. 이것을 보면서 제가 얼마나 기가 막혔는지 모릅니다. '하나님이 나를 정확히 판단하신다면 나도 구원 받을 수 없겠구나' 생각했습니다. 그러니 정말 "은혜로다"입니다. 오직 은혜로 구원 받는다는 진리를 믿을 수밖에 없습니다.

- 지금 내가 받은 심판은 내 삶의 결론이고 합당한 것이라고 인정합니까?
- 나는 회개하는 죄인입니까? 열심히 바르게 살면서 회개를 모르는 자칭 의인은 아닙니까? 죄인인 나를 주님이 은혜로 구원해 주셨다는 감격이 내게 있습니까?

성도들의 기도로 심판이 행해지는 것도 합당합니다

또 내가 들으니 제단이 말하기를 그러하다 주 하나님 곧 전능하신 이시여 심판하시는 것이 참되시고 의로우시도다 하더라_계 16:7

'제단'은 순교자를 상징합니다. 지난 6장에서 순교자들이 이 제단 아래서 땅에 거하는 자들을 심판하여 주시기를 간구했습니다(계 6:9~10). 8장에서는 천사가 성도들의 기도를 금향로에 담아 제단에 드렸다고 했습니다(계 8:3~4). 그러므로 곧 "제단이 말하였다"라는 말씀은 성도들의 기도에 하나님이 응답하셨다는 의미입니다.

심판은 하나님이 하시는 일이지만 성도들의 기도로 인하여 심판이 임하는 것도 맞습니다. 그래서 우리는 심판을 위해 기도해야 합니다. 하나님이 우리의 기도를 들으십니다.

예수의 복음을 믿는 자들은 예수님이 천년 뒤에 오셔도 믿고 내일 오셔도 믿습니다. 반면에 불신자들은 언제나 안 믿습니다. 애굽이 열 가지 재앙을 당하고도 하나님을 믿지 못하여 죽지 않았습니까? 애굽은 이 땅에서 모든 것을 갖추고 누리는 사람들을 상징합니다. 정말 부자가 하나님의 나라에 들어가는 것은 낙타가 바늘귀로 들어가는 것보다 어렵습니다(마 19:24).

저도 그랬습니다. 워낙에 모범생으로 세상 애굽에 속해 절대로 이쪽 세계로 건너올 것 같지 않았는데, 어느새 지금의 자리에 와 있습니다. 대학 시절 누가 목사님 아들을 소개해 주겠다고 하면 내색하지는 않았지만 얼마나 싫었는지 모릅니다. '나를 뭐로 보고! 내가 그렇게 궁티가 나나?' 했습니다. 참, 별걸 다 기억하지요? 하나님이 저의 모든 인생을 쓰라고 스쳐 지나간 일도 요새 다 기억나게 하십니다. 그러니 모범생 얼굴을 하고서 교회에 가서 멋들어지게 피아노 반주를 하면 뭐 하겠습니까?

그러나 이제는 이쪽으로, 하나님의 세계로 건너와 건너편 불바다에 있는 사람에게 "이리 오라!" 외치는 인생이 되었습니다. 그런데 애굽 사람들이 히브리 노예의 말을 듣겠습니까? 가진 것이 어마어마한데 노예로 부리던 사람들 말을 들을 리 없지요. 애굽이 그렇듯 믿지 않는 세상도 제 말을 듣기가 힘들 겁니다.

제가 여자 목사라는 것에 참 감사합니다. 여자 목사라고 무시하는 사람도 많은데 우리들교회 성도들은 그런 고정관념을 버리고 정말 말씀만 듣고 오신 분들이 아닙니까? 성별을 넘어 말씀 때문에 오신 분들입니다. 여전히 우리들교회 성도에게 "왜 여자 목사가 담임하는 교회를 다니냐?"고 묻는 사람도 많답니다. 사회적으로 명망 있는 한 장로님은 여자 목사가 교회 건물도 없이 애쓰는 것 같아서 도와주려고 우리들교회에 오셨답니다. 그런데 교회에 와서 보니 그런 자신이 얼마나 교만했는지 보이더랍니다. 이분이 이제는 매주 새가족부에서 이 간증을 하십니다.

본문에 회개하지 않는 사람들을 보며 제가 연구를 해야 하잖아요. '왜 이 사람들은 심판을 받고도 회개하지 않는가, 왜 애굽같이 잘난 사람들은 회개하지 않을까?' 그러다 깨달았습니다. 누구나 쉽게 들어갈 수 없는 학교에 가고, 어려운 학위를 받고, 높은 직책에 오르기까지 얼마나 지옥훈련을 거쳐야겠습니까. 내가 수고한 게 너무 많습니다. 그러니 모든 걸 갖추고도 환난당하고 빚지고 원통한 자들이 모이는 우리들교회에 오는 분 중에는 자기 의(義)로 오는 분도 있지 않을까요? '내가 이 불쌍한 사람들을 도와줘야지'라는 의로 말이죠.

그런데 차별 없는 교회라는 게 좋아서 왔지만, 시간이 지나면서 아무리 그러지 않으려 해도 차별이 됩니다. 나와 같은 부류와 놀아야 하는데 그러지 못하니까 자꾸 짜증이 납니다. 세상적으로 두루 갖추다 보니 하나님께 은혜 받아야 할 사람은 바로 나라는 사실을 인정하기가 어렵습니다. 노느라 공부 안 하고, 바람피우고, 술 먹고 죄지은 지체들의 간증을 들으면 지질하게 느껴집니다. '이 사람들과 내가 어떻게 같을 수 있는가' 이런 생각이 절로 듭니다. 불바다를 지나 보지 않아서 말씀이 머리에서만 머물고 가슴으로 내려오지 않는 것입니다.

어떻게 잘 아느냐고요? 제가 그래 봐서 이런 분들이 너무 이해가 됩니다. 제가 피아노를 전공하며 딴에는 지옥훈련을 하지 않았습니까? 그래서 누가 제게 와서 피아노에 대해 조금만 아는 척을 해도 들어주지 못했습니다. 정말 은혜가 안 돼서 피아노를 그만둔 게 맞습니다. '이러다 내가 천국에 못 가겠구나' 해서 말입니다.

사람은 조금만 배워도 교만해집니다. 저도 그랬습니다. '일류를 향하여 올라가, 올라가'만 부르짖으며 살다가 예수님을 깊이 만났지만, 한때는 주님이 함께 가라고 붙여 주신 사람들이 힘들게 느껴졌습니다. '이들과 내가 어떻게 같이 놀지?' 할 때가 있었습니다. 제게 무슨 긍휼함이 있었겠습니까. 나는 마음만 먹으면 뭐든지 잘하는 사람인데요. 그래서 공부 안 하는 사람을 보면 '저렇게 노니까 공부를 못하지', '도대체 왜 못해!' 하고 속으로 힐난하기도 했습니다. 그러니까 어렸을 적 가난했던 것은 제게 고난이라고도 할 수 없습니다. 가난했어도 내 힘으로 다 헤쳐 왔잖아요. 내 능력으로 해결할 수 있는데 무엇이 고난입니까. 정말 제게 긍휼함이 생기려야 생길 수가 없었습니다.

만약 주님이 이런 저를 손보지 않으셨다면 저는 이 자리에 있지 못했을 겁니다. 주님은 교만한 저를 낮추시고자 온 식구가 수고하게 하셨습니다. 남편과 시댁 식구들에 자녀들까지…… 나같이 잘난 사람을 식구들이 받쳐 주지 않으니까 제가 낮아질 수밖에 없었습니다. 내 힘으로 안 되는 일이 있다는 걸 비로소 제가 알게 된 것입니다.

그래서 저는 애굽과 같이 하나님이 안 믿어지는 분들을 위해 진심으로 기도합니다. 알고 보면 제일 불쌍한 사람 아닙니까? 자기가 힘든 줄도 모르고, 재앙을 재앙이라고 깨닫지도 못합니다. 의심도 많아서 말씀이 안 들리고 지체들도 못마땅합니다. 이러지도 저러지도 못하는 사람이 가장 불쌍한 사람이라는 것을 계시록을 묵상하며 깨달

66

습니다. 애굽 백성 중에 한 사람도 구원 받지 못했잖아요. 그만큼 낮아지기가 어려운 겁니다. 교회에 나와도 비슷한 부류하고만 어울리고 싶고, 못 배운 지체가 내게 권면하면 이런 생각부터 딱 듭니다. '그까짓 성경 조금 안다고 나를 가르쳐? 내가 어떤 사람인데!'

그러니 저는 우리들교회에 저명인사가 많아진다고 마냥 기쁘지만은 않습니다. 오히려 그런 분들이 오셔서 더 멀리멀리 갈까 봐 걱정됩니다. 인간에게는 정말 선한 것이 없습니다. 돈이 없든지, 지위가 없든지 작은 어려움이라도 있어야 주님께 매달립니다. 조금만 갖춰도 비판부터 앞서는 게 인간의 본성입니다.

삶이 힘든 분들은 말씀을 사모하며 매주 눈물로 예배를 드립니다. 그래서 저는 불바다를 지난 분들은 시쳇말로 '1도' 걱정이 안 됩니다. 환난당하고 빚지고 원통한 자들이 모인 다윗의 용사들이 하나님 나라의 초석을 세우지 않았습니까? 저도 늘 "환난당하고 빚지고 원통한 자들이여, 오라!" 하는데 그래서인지 우리들교회에 용사가 많습니다. 반면에 사울같이 잘난 사람은 믿음의 친구들을 곁에 두고도 자기 사람으로 만들지 못합니다. 지체가 없습니다. 행여 있어도 맨날 비판만 하니까 다 떨어져 나갑니다. 그런데 또 그들이 그러고 싶어서 그러는 게 아니잖아요. 그러니 제가 기도가 절로 나옵니다. 똑같은 영혼인데 다 구원 받아야 하지 않겠습니까.

본문에서 성도의 기도가 심판을 불러온다고 했습니다. 그러므로 우리의 기도가 중요합니다. 부자든지, 가난한 자든지 내 속의 악, 서로의 악이 무너지기를 기도하며 어떤 심판에도 합당하다고 부르짖는 우리가 되어야 합니다. 그런 사람이 진짜 부자입니다. 누구나 부자가 되기를 원하지만 누가 진정한 부자인지 모르는 사람이 너무 많습니다. 돈만 많다고 부자가 아니라는 겁니다.

한 심리학 교수가 부자에 대해 강연하는 것을 보았습니다. 그는 여섯 가지 부류의 부자가 있다고 말합니다. 돈이 아무리 많아도 늘 부족하다고 느끼는 배고픈 부자, 부모가 번 돈을 쓰기만 하는 철없는 부자, 자기만족을 위해서 돈을 쓰는 보헤미안 부자, 돈에 인생을 거는 나쁜 부자, 돈 자체를 쫓기보다 자기 분야에서 전문성을 갖고자 하는 품격 있는 부자, 마지막으로 돈을 잘 사용되어야 하는 것으로 여기고 베풀 줄 아는 존경 받는 부자입니다. 그런데 그중 가장 이상적인 부자라고 할 수 있는 '존경 받는 부자'는 사회에서 찾아보기 어렵답니다. 늘 도울 데를 찾으면서도 정작 돕지는 않는 한 부자에게 그 이유를 물었더니 "도울 만한 곳을 찾지 못했다"고 대답했다는 겁니다. 이런 사람은 죽을 때까지 베풀지 못한답니다.

그런데 존경 받는 부자가 되는 것은 어려운 일이 아니랍니다. '오늘 밥 사 주는 사람'이 진짜 존경 받는 부자라는 것입니다. 비싼 것 사주지 않아도, 밥 한 끼 사는 사람이 제일 존경 받는 부자랍니다. 이것이 쉬워 보여도 대부분이 인색하게 돈을 모아서 부자가 됐기에 남에게 밥 한번 시원하게 못 산다는 겁니다.

그러나 불바다를 건너며 하나님을 깊이 만난 사람은 하나님에게도, 사람에게도 드릴 것만 있는 인생을 삽니다. 내가 사망에서 건짐 받았는데 무엇이 아깝겠습니까! 신앙고백이 확실한 사람은 남에게 주는 것이 아깝지 않습니다. 그러니까 내가 받은 구원이 너무 감사해서, 나처럼 구원 받아야 할 한 사람에게 오늘 밥 사는 사람이 최고 부자입니다. 부자 되는 방법, 이제 알았지요?

우리들교회는 목장예배를 드릴 때 꼭 함께 밥을 먹기를 권합니다. 그러고 보면 제가 성도들을 다 부자로 만들어 드리고 있는 것 아니겠습니까? 그런데 이때도 부자들은 밥하는 것을 아주 힘들어합니다. 부자인 분들은 참 읽기 괴롭지요? 그런데 본문이 이런 것을 어떻게 합니까. 제가 힘든 사람을 위한 설교를 자주 하지만, 사실 그분들을 위해서는 설교할 필요가 없습니다. 모든 말씀을 자기 것으로 받아들이기 때문입니다. 그런데 단지 돈 많은 부자만이 아니라 자존심이 많은 부자, 지위가 높은 부자, 권세가 있는 부자 등등 하나라도 가진 사람은 내려놓지 못해서 말씀이 안 들립니다. 앞에서 별 부자가 많다고 했는데 가장 불쌍한 부자는 이렇게 말씀이 안 들리는 부자입니다.

알코올 의존증으로 치료를 받는 한 집사님이 교회 홈페이지에 이런 고백 글을 나누어 주셨습니다.

눈앞에 펼쳐진 것이 그다지 좋아 보이지 않더라도 주님을 믿고 신뢰하며 가는 게 인생입니다. 우리는 신실하게 인도하시는 주님을 내 아버지라 부르는, 자녀의 특권을 가진 자입니다. 그러므로 오늘이 행복하고, 넘어져도 다시 일어날 힘을 얻습니다. 주님, 지옥의 삶을 인내하게 해 주셔서 감사합니다. 날마다 깨어 있게 해 주셔서 정말 감사합니다. 자녀들은 제 소유가 아니라 주님의 자녀이기에 주님이 지켜 주실 줄 믿습니다. 주님, 정말 감사합니다. 큐티하는 법 잘 배워서 목자가 되어 나중에 저 같은 사람을 살리겠습니다.

주님과 함께 불바다를 지나는 사람은 이렇게 감사가 넘칩니다. 그런데 남보다 더 가졌다고 여기는 사람은 감사가 안 나옵니다. 능력이 많아서 재앙이 재앙 되지 않다 보니, 아무리 말씀을 들어도 의심하고 비판하면서 고난을 자초합니다.

물론 가난한 자든지, 부요한 자든지 믿음이 없으면 똑같이 불쌍합니다. 그러나 본문을 통하여 말씀을 모르는 부자가 가장 불쌍하다고 알려 주시니 제가 눈물로 이 말씀을 전합니다. 누군가는 이런 것은 성도를 떠나게 하는 설교라고 말합니다. 제가 이해타산으로 한다면 어떻게 이런 말씀을 전하겠습니까. 그러나 모든 사람이 구원 받는 것이 하나님의 뜻이기에 저는 천국 가는 그날까지 차별 없이 외칠 것입니다.

오늘 본문은 "회개하지 아니하더라"로 끝납니다. 이런 사람이 내 식구면 어떡합니까. 우리 교회 성도이면 어떡합니까. 그래도 성도의 기도로 심판이 이루어진다고 하시니 불바다를 건넌 우리가 그런 식구, 지체들을 위해 끝까지 기도해야 합니다.

계시록은 단순히 말세의 때를 설명하는 책이 아닙니다. 매일매일이 마지막이기에, 날마다 마지막 날처럼 온 맘 다해 하나님께 묻고 질서를 지키며 살라고 주신 책입니다. 그래서 새로운 내용이 없습니다. 다른 성경과 똑같이 "나를 위해 죽으시고 부활하신 주님을 믿으면 구원이요, 믿지 않으면 심판"이라는 이야기입니다. 성경 전체를 종합하여 주의 약속이 성취될 것을 알리며 "그러므로 이제는 믿어야 한다!"고 부모의 마음으로 다시 한 번 부르짖는 책입니다.

어떤 재앙에도 회개하지 않기에 하나님의 심판은 합당합니다. 잘난 애굽은 열 가지 재앙을 당했어도 아파서 자기 혀를 깨물지언정 회개하지 않았습니다. 마찬가지로 짐승의 가치관을 가진 자는 절대 회개하지 않습니다. 부부간이라도 부모 자식 사이라도 절대 사과하지 않습니다. 그러므로 불바다를 건넌 성도라면 말씀이 들리지 않는 세상을 향하여 기도해야 합니다. 아파서 죽을지언정 회개하지 않는 식구들을 위해서 내가 기도해야 합니다. 내 속의 부자 세력이 먼저 물러가기를 기도해야 합니다. 성도의 기도는 주님이 금 대접에 받으십니다(계 5:8). 제가 목숨을 내놓고 기도하니 구원 받지 못할 것 같던 제 남편도 마지막에 심판이 구원으로 바뀌지 않았습니까? 그러니 여러분도 소망을 가지고 기도하십시오. 우리가 순교하는 마음으로 기도할 때 다 같이 천국에서 만나게 될 것입니다.

- 좀 더 배웠다고, 좀 더 가졌다고 다른 사람을 내 잣대로 평가하고 말씀을 의심하지는 않습니까?
- 나는 어떤 부자입니까? 돈 많은 부자, 자존심 부자, 권세 부자, 지식 부자, 외모가 뛰어난 부자입니까? 가진 것이 많지 않아도 구원의 기쁨으로 내 지체에게 밥 한 끼 대접하는 진짜 부자입니까?

우리들 묵상과 적용

19살에 원인 모를 강직성척추염이 생긴 저는 20대 중반에는 아예 걷지 못하다가 다행히 진통제를 복용하며 겨우 걷는 정도로만 회복되었습니다. 그렇게 삶의 힘을 조금 얻고서 대학을 졸업한 뒤 다시 공부하여 한의대에 입학했습니다. 그러나 여전히 병의 원인을 찾지 못해 답답해하던 중에 건강도 회복시켜 주고 돈도 벌게 해 주겠다는 한 사람을 만났습니다. 그 말에 미혹되어 3년간 사기꾼에게 끌려다닌 결과 4천여만 원을 잃고 공황장애에까지 시달렸습니다. 건강이 무너지는 독종 재앙이 와도 돈이 있어서 교만하다가 가난해지니까 비로소 재앙을 재앙으로 여기게 되었습니다(계 16:2). 이때쯤 한 친구가 전한 복음을 듣고 예수님을 믿게 되었습니다. 이후 결혼하고 이듬해 한의사가 되어 제 꿈을 이루자, 하나님의 축복을 받아 돈을 많이 버는 것이 삶의 목표가 되었습니다. 그래서 주말부부임에도 주일은 온종일 교회에서 시간을 보냈습니다.

아내가 출산한 지 얼마 되지 않았을 때 일입니다. 하루는 아내와 아이를 재워 두고 혼자 교회에 다녀왔습니다. 아내는 몸도 제대로 추스리지 못한 산모와 갓난아기를 단둘이 내버려 둔 사실에 섭섭해했고, 이 일로 저는 장모님과도 다투었습니다. 그럼에도 제 잘못은 깨닫지 못한 채 돈을 많이 벌면 아내의 마음이 풀릴 거라고 착각했습니다.

그래서 한의원을 급히 개원했지만 얼마 못 가 망했습니다. 그리고 폐원한 그날로 도망치듯 지방으로 내려와 병원에 취직했습니다. 아내는 더욱 상처 받았고 저는 회피만 하다가 결국 이혼이라는 불타는 재앙을 겪게 되었습니다(계 16:9). 이 일로 저는 큐티하는 교회로 인도 받았지만 여전히 말씀이 들리지 않아서 아내만 탓했습니다. 그러다 말씀 묵상과 상담을 통해 아내의 마음을 몰라주고 부자가 되기에만 급급했던 내 죄가 보였습니다. 또한 결혼 전에 불륜을 행하며 분별없이 산 죗값을 하나님이 물으신다는 것도 깨달아졌습니다. 이제야 모든 심판이 합당하다고 인정이 됩니다(계 16:6).

"연락하지 말라"는 아내의 통보에 지금은 서로 교류가 끊어진 상태입니다. 아내와 관계를 회복하고 싶은데…… 모든 것의 근원이신 하나님밖에는 도우실 자가 없음을 고백합니다(계 16:4). 아내와 아들에게 용서를 구하고 우리 가정이 복음으로 회복되길 원합니다. 심판의 사건을 통해 참사랑을 알려 주시고, 모든 재앙을 합당하게 여기도록 인도해 주신 하나님, 사랑합니다.

영혼의 기도

하나님 아버지, 짐승의 표를 받고 그 우상에게 절하는 자들은 어떤 재앙이 와도 아파서 혀를 깨물고 죽을지언정 회개하지 않는다고 합니다. 도리어 하나님의 이름을 비방한다고 합니다. 아버지, 창세기부터 요한계시록까지 수많은 선지자를 보내어 이야기하셨지만 그들에게 말씀이 들리지 않습니다. 어떤 재앙에도 회개하지 않는 그들을 어찌합니까. 우리가 할 수 있는 게 없습니다.

그렇지만 하나님의 이름을 비방하던 제 남편이 마지막에 구원받지 않았습니까. 제 남편을 생각하며 우리 기도가 얼마나 중요한지 깨닫습니다. 제게 이루어 주신 구원을 떠올릴 때마다 정말 하나님께 드릴 말씀이 없습니다. 죽을 때까지 내 생명을 주님께 내놓고 가도 조금도 지나치지 않습니다.

제 남편을 구원해 주신 하나님, 모든 성도의 기도를 들으시고 그들의 가족과 이웃을 다 구원해 주옵소서. 그들 모두가 예수 믿고 구원받기를 바랍니다. 아직도 말씀을 믿지 못하고 의심하는 사람들이 많습니다. 너무나 애통합니다. 우리가 같이 신앙생활을 하는데 천국에서 만나지 못하면 어떡합니까?

주여, 주님이 우리 가운데 오셔서 그들의 마음을 만져 주옵소서. 의심을 믿음으로 바꿔 주옵소서. 말씀을 믿게 도와주옵소서. 예수님은 살아 계십니다. 우리를 위해 죽었다가 부활하셨습니다. 이 예수를 믿고 한 사람이라도 돌아오게 하옵소서. 모든 심판의 사건은 우리 삶의 결론이요, 합당하다고 말씀하셨습니다. 우리가 어떤 환난에도 감사하고 합당하다고 부르짖을 수 있도록 도와주옵소서. 구원으로 결론 나도록 역사하여 주옵소서. 예수님 이름으로 기도드립니다. 아멘.

아마겟돈 전쟁

요한계시록 16장 12~16절

03

하나님 아버지, 우리 삶의 아마겟돈 전쟁이
구원의 전쟁이 되기를 원합니다.
말씀해 주시옵소서, 듣겠습니다.

2018년, 문재인 전(前) 대통령과 김정은 북한 국무위원장 간에 남북정상회담이 성사됐습니다. 이후 남북 관계가 평화의 급물살을 타는가 싶더니 몇 년 후 남북은 다시 대치 상황으로 돌아섰습니다. 남북 간에 엉킨 실타래를 결국 풀지 못해 전쟁이 발발한다면 이제는 핵전쟁 아니겠습니까. 한반도뿐만 아니라 곳곳에서 언제 세계를 3차대전의 위기로 몰아넣을지 모르는 갈등과 전쟁이 끊임없이 일어납니다. 이렇듯 인류를 위협하는 피 말리는 싸움을 우리는 흔히 '아마겟돈 전쟁'이라고 표현합니다.

본문에서 여섯째 천사가 유브라데에 대접을 쏟자 강물이 마르며 동방 왕들이 올 길이 열리고, 악한 영들이 왕들을 아마겟돈으로 모아 전쟁을 준비합니다. 그 유명한 아마겟돈 전쟁이 시작됐습니다. 아마겟돈은 '므깃도의 산'이라는 뜻입니다. 히브리어로 산이나 성을 의미하는 단어 '하르'와 이스라엘의 주요 격전지였던 므깃도, 원어로는 '메깃돈'이 합쳐진 말입니다. 헬라어 음역으로는 하르마겟돈이고, 그것을 영어로 아마겟돈이라 번역한 것이죠. 이 아마겟돈은 성경에서 유일하게 이 본문에서만 언급됩니다. 아마겟돈 전쟁은 어떤 전쟁인지 알아보겠습니다.

유브라데가 뚫린 전쟁,
최후 방어선이 무너진 전쟁입니다

또 여섯째 천사가 그 대접을 큰 강 유브라데에 쏟으매 강물이 말라
서 동방에서 오는 왕들의 길이 예비되었더라_계 16:12

유브라데강은 하나님이 아브라함에게 주리라고 약속하신 가나
안 땅의 동쪽 경계입니다.

"그날에 여호와께서 아브람과 더불어 언약을 세워 이르시되 내
가 이 땅을 애굽 강에서부터 그 큰 강 유브라데까지 네 자손에게 주노
니"(창 15:18).

그런데 하나님이 언약의 땅 유브라데에 대접을 쏟으십니다. 나
팔 재앙에서도 유브라데가 등장했습니다. 여섯째 천사가 나팔을 불
자 유브라데에 결박한 네 천사가 놓이고 2억의 마병대가 사람 삼분의
일을 죽입니다(계 9:13~18). 나머지 삼분의 이는 살았습니다. 그러나 여
섯째 대접 재앙에서는 남은 자가 언급되지 않습니다. 나팔 재앙이 경
고성 재앙이라면 대접 재앙은 자비 없는 재앙, 돌이킬 수 없는 재앙입
니다. 대접을 쏟으면 살아남을 자가 없습니다.

여섯째 천사가 유브라데에 대접을 쏟자 강물이 마르고 길이 생
깁니다. 그 길은 "동방에서 오는 왕들의 길"이라고 합니다. 즉, 이방 강
대국들이 쳐들어오는 길이라는 것입니다. 실제로 이스라엘은 유브라
데를 건너 쳐들어온 이방 국가들에 의해 멸망했습니다. B.C. 722년 앗

수르에 의해 북이스라엘이 멸망하고, B.C. 586년에는 바벨론에 의해 남유다가 멸망했습니다. 그래서 계시록에서 '바벨론'은 로마, 더 나아가 성도들을 짓밟는 악한 세력을 상징합니다.

계시록이 쓰인 당시 이스라엘 땅은 로마의 식민지로 유브라데도 로마의 관할이었습니다. 따라서 "유브라데에 대접을 쏟는다"라는 말씀은 믿는 이스라엘에도, 안 믿는 로마에도 마지막 재앙이 임한다는 뜻입니다. 그동안은 하나님이 천사에게 명령하여 유브라데를 붙잡으셨지만 때가 되면 유브라데를 놓으셔서 이 땅에 사는 모든 사람에게 심판이 임할 것입니다.

그러나 성도는 걱정할 것이 없습니다. 출애굽 때 하나님이 홍해를 마르게 하셔서 이스라엘을 구원하지 않으셨습니까. 이스라엘은 홍해를 무사히 건너게 하셨지만 애굽 군대는 바닷물로 덮으셨습니다. 출애굽기뿐만 아니라 여호수아에도 하나님이 요단강 물을 마르게 하셔서 택하신 백성을 구원하신 이야기가 나옵니다(수 3~4장). 예레미야에서도 바다와 샘을 말려서 바벨론을 심판하겠다고 말씀하셨습니다.

"여호와께서 이와 같이 말씀하시되 보라 내가 네 송사를 듣고 너를 위하여 보복하여 그의 바다를 말리며 그의 샘을 말리리니"(렘 51:36).

그러므로 유브라데 강물이 마르는 일은 마귀에게는 심판이지만, 택한 성도에게는 구원입니다. 동방의 왕들이 쳐들어오는 마지막 전쟁이 닥쳐도 하나님의 백성에게는 구원의 기회이기에 이때를 놓치지 말라는 겁니다. 택자로서 세상을 가지치기하라고 애굽, 앗수르, 바벨론 같은 세력들을 끊임없이 붙이십니다.

성도를 공격하는 동방의 왕들은 끝없이 존재합니다. 뛰는 놈 위에 나는 놈이 항상 있습니다. 이기고 또 이기려는 마음에서 재앙이 시작되기에 전쟁이 끊이지 않는 것이 이 땅의 숙명입니다. 가시적인 대적은 로마가 끝이지만, 이제는 이즘(-ism)의 시대로 네오막시즘, 휴머니즘 등 수많은 세상 조류가 하나님의 백성을 무섭게 괴롭힙니다. 그러나 내 옆에 악의 세력이 클수록 나는 영적 이스라엘로, 전 인류에게 영향을 미치는 큰 나무로 자리매김하게 될 것입니다.

그러면 본문 말씀을 어떻게 적용해야 할까요? 한 사람도 빠짐없이 다 죄인이기에 누구도 이 땅에서 선하게 살 수 없습니다. 아무리 도덕과 윤리로 무장해도 인간은 악하고 음란합니다. 그래서 가지면 가질수록 육신의 정욕과 안목의 정욕, 이생의 자랑에 다 넘어가게 돼 있습니다.

로마 황제가 그랬습니다. 그들은 모든 것을 가지고 누리면서도 늘 더 큰 쾌락을 찾아 헤맸습니다. 쾌락의 끝이 동성애라고 합니다. 그래서 로마 황제 중에 동성애자가 많았다고 전해집니다. 지식인 중에도 많아서 동성애를 전파하고자 연구하는 학자들도 있다고 합니다. 그러니 "동성애는 죄니까 절대 안 돼!"라는 말로 이런 지식인들을 어떻게 이기겠습니까. 게임이 안 됩니다. 토론에서도 밀리기 십상입니다. 왜 동성애가 순리를 바꾸어 역리로 쓰는 것인지 세상을 설득할 학자가 우리 중에도 나와야 하는데 연구할 필요조차 못 느낍니다(롬 1:26). 비단 동성애 문제뿐만이 아닙니다. 자기 의로 가정을 지키다가 어느 날 '내가 왜 이렇게 살아야 해? 내 감정에 충실하게 살 거야!' 하며 아내를 버리고, 남편을 버리는 것도 유브라데가 무너지는 것입니다.

'술을 끊어야지', '마약을 끊어야지', '도박을 끊어야지', '그 여자, 그 남자를 만나지 말아야지' 하면서 처음엔 모두가 유브라데를 단단히 세웁니다. 끝까지 의지가 굳건하리라 믿으며 자신합니다. 그러나 시간이 흐르면서 슬금슬금 타협하기 시작합니다. '한 번 무너진다고 큰일 나겠어' 하며 하나둘 허용하다가 결국 마지노선, 최후 방어선까지 무너져 버립니다. 그동안 방패 돼 주던 유브라데 강물이 아예 말라 버립니다. 그나마 나를 지켜 주던 가치관이 와르르 무너져 내립니다. 양심도 마르고, 눈물도 마르고, 심령도 마릅니다. 그러니 사탄도 공격하기가 더욱 쉬워집니다. 이때부터는 누구의 말도 듣지 않습니다. 방귀 뀐 놈이 성낸다고 누군가 책망하면 도리어 역정을 냅니다. '에라, 모르겠다. 될 대로 돼라', '이야, 이런 세상이 있구나!' 하면서 악의 구렁텅이로 걷잡을 수 없이 빠집니다.

요즘 젊은 세대에서도 주식투자가 유행이랍니다. 청년, 중년 할 것 없이 너도나도 주식에 빠져서, 그 방면에 문외한인 사람은 시대에 뒤떨어진다는 취급까지 받는답니다. 여러분도 그렇습니까? 물론 주식에 투자할 수 있지요. 기업과 나라 경제를 위해서 투자하는 것이라면 말리지 않겠습니다. 그런데 없는 형편에 빚까지 내서 주식에 쏟아붓는 사람이 있습니다. 또 오늘 샀다가 내일 팔고 모레 다시 사고 이러는 건 요행을 바라는 것 아니겠습니까? 그런다고 일확천금할까요? 오히려 망하는 수가 있습니다. 물론 돈을 벌 수도 있겠지만 동기가 빗나갔기 때문에 잘못됐습니다. 부동산 투기도, 비트코인도 마찬가지입니다. 거기서 나오시기 바랍니다.

또 모태신앙인들 중에서 간혹 이런 말을 하는 사람도 있습니다. "어려서부터 예수 믿으면 손해야, 아무것도 못 해 보고 재미없게 살다가 천국 가면 뭐 해!" 여러분도 이 말에 고개가 끄덕여집니까? 그러나 조금 심심하게 살더라도 나를 엇나가지 않게 하는 그 기준이 나의 유브라데입니다. 유브라데가 무너지면 세상 왕들이 쳐들어올 길이 딱 예비됩니다. 쾌락과 사치, 폭력과 음란이 쏟아져 들어옵니다. 정말 정신을 똑바로 차리지 않으면 강물같이 밀려오는 유혹에서 헤어날 수가 없습니다. 그 끝은 멸망 아니겠습니까? 그러니까 택자라면 정신을 차려야 합니다.

- 마지노선처럼 나를 지켜 주는 유브라데 가치관과 환경은 무엇입니까?
- 이미 유브라데가 뚫리고 무너져서 '될 대로 돼라'는 태도로 살아가지는 않습니까?

귀신의 영이 집결하는 전쟁입니다

13 또 내가 보매 개구리 같은 세 더러운 영이 용의 입과 짐승의 입과 거짓 선지자의 입에서 나오니 14 그들은 귀신의 영이라 이적을 행하여 온 천하 왕들에게 가서 하나님 곧 전능하신 이의 큰 날에 있을 전쟁을 위하여 그들을 모으더라 _계 16:13~14

사탄도 삼위일체로 하나님을 대항하는 전쟁을 준비합니다. 모두 주님이 허락하신 심판이지만 재앙 자체는 악한 세력들이 일으킵니다.

개구리같이 더러운 세 영이 용의 입과 짐승의 입과 거짓 선지자의 입에서 나온다고 합니다. 성경에서 개구리는 부정한 동물로 분류됩니다(레 11:10). 개구리는 울음소리가 시끄럽고 피부가 미끈거려 만지면 기분이 나빠집니다. 닿는 곳마다 점액이 묻어나서 더러움이 쉬이 퍼집니다. 또 사는 곳이 물도 아니요, 땅도 아니요 소속이 불분명합니다. 뜨겁지도 차지도 않은 라오디게아 교회를 향해 주님이 "내 입에서 너를 토하여 버리리라" 말씀하지 않으셨습니까(계 3:16)? 이처럼 소속이 불분명한 회색지대에 계속 거하는 것도 부정하다고 말할 수 있습니다.

귀신의 영이 들어간 용의 입과 짐승의 입, 거짓 선지자의 입은 백성을 미혹하여 열광하게 합니다. 그들의 입에서 어떤 말이 나옵니까? 전부 진리를 거스르는 말입니다. 선지자의 겉모습을 하고서 '유사' 복음을 전합니다. 복음과 비슷하지만 결코 복음이 아닙니다. 자기 가치관을 역설하는 것에 불과합니다. 죄로부터 자유가 아니라, 가난과 질병으로부터 자유를 부르짖습니다. 그러니 모두가 열광합니다. 왜 많은 사람이 이단에 미혹되겠습니까? 그들의 입에서 나오는 말이 그럴듯하기 때문이지요.

이단은 자신들을 대적하는 자, 자기 공동체를 벗어나는 자를 사탄이라고 지정한답니다. 이런 교리를 바탕으로 신도들이 이탈하지 못하도록 막는다고 합니다. 또 얼마나 교묘한 방법으로 우리 속에 침투하는지 모릅니다. 요즘 젊은 세대에서 MBTI(The Myers-Briggs Type Indicator, 일상생활에 활용할 수 있도록 고안된 자기 보고식 성격유형 지표) 유형을 묻는 게 유행이라고 하죠. 사람을 이해하는 데 이런 도구도 유용합니다. 그런데 최근 이단들이 이런 성격유형 검사를 해 주겠다면서 성도들에게 접근한다는 겁니다. 그러니 여러분, 공식적인 모임 외에 이런 검사를 해 주겠다는 곳이 있으면 절대 가서는 안 됩니다. 나도 몰랐던 나에 대해 설명해 주며 이런 직업을 가지라는 둥, 이런 사람과 결혼하라는 둥 점치듯 말해 주니 누구라도 혹하지 않겠습니까? 이단은 다 이렇게 미혹합니다. 교회 공식 모임 외에 다른 성경공부 모임도 주의해야 합니다. 누가 교회 밖 성경공부 모임에 가자고 하면 절대 따라가지 마십시오. 시작은 비슷하지만 끝이 다른 것이 이단(異端)입니다. 겉이 비슷해 보이는데 우리가 어떻게 분별하겠습니까?

사탄은 끼리끼리 결집합니다. 본문에서 사탄의 삼위일체도 영적·종교적으로 결탁하고서 서로 좋아하지 않습니까? 그러나 성경은 이들을 '귀신의 영'이라고 분명히 정의합니다. 그러니 서로 좋아서 '내 벗이여, 내 형제여!' 아무리 부르짖어도, 예수 없는 만남이라면 귀신의 영이 결집된 모임인 줄 아십시오. 부모 자식, 친구, 부부간에도 다 마찬가지입니다. 서로 사이가 너무 좋으면 예수를 찾지 않습니다. 상대가 내게 잘해 주고, 내가 원하는 대로 다 해 주는데 왜 예수를 믿겠습니까. 그래서 이제는 돌이키라고 관계가 깨지고 불화가 찾아오는 아마겟돈 전쟁을 허락하시는 것입니다.

저는 '용과 짐승과 거짓 선지자의 입에서 개구리같이 더러운 영이 나온다'는 이 말씀을 보면서 "설교에 은혜 받았어요"라는 성도들의 말도 믿어서는 안 된다고 생각했습니다. 물론 구속사를 깨닫지 못하던 사람이 설교를 듣고 은혜 받았다면 무엇보다 감사한 일이지요. 그러나 날마다 구원의 확신이 없는 분들만 은혜 받았다고 한다면 그 설교가 거짓 선지자의 설교일 수 있지 않겠습니까.

예레미야는 유다 백성을 향해 "바벨론 포로로 사로잡혀 가라"는 하나님의 뜻을 외친 선지자입니다. 그러니 하나님이 명하신 대로 외칠 뿐인데도 백성에게 얼마나 많은 오해를 받았겠습니까. 우리나라 역사로 따지면 조선을 식민지화하려는 일본에 순복하라는 꼴이니 꼭 친일파 같게 보였을 겁니다. "우리가 왜 바벨론에 잡혀가야 해? 항거해야지!" 매번 이런 저항을 받았겠지요. 그래서 말씀을 전하다 맞기도 하고 옥에 갇히기도 했습니다.

예레미야 37장에 보면 예레미야가 베냐민 땅에 갔다가 바벨론에 항복하려 한다는 오해를 받고서 서기관 요나단의 집 지하 감옥에 갇힙니다. 유다 왕 시드기야가 뒤늦게 이 사실을 알고 그를 왕궁으로 데려와서 하나님께 받은 말씀이 있는지 묻지요. 여러분이라면 이럴 때 뭐라고 대답하겠습니까? 지하 감옥에서 죽다 겨우 살아났는데 시드기야에게 듣기 좋은 말을 해 줘야 하지 않겠습니까? 그러나 예레미야는 "왕이 바벨론 왕의 손에 넘겨지리이다"라는 흉한 예언을 또다시, 굴하지 않고 전합니다. 그런데 흥미로운 사실은 이렇게 하나님의 뜻을 굳건히 전하던 예레미야가 조금 후 시드기야에게 "서기관 요나단의 집으로 나를 돌려보내지 말아 달라"고 구차하게 청한다는 겁니다.

그러면서 바벨론에 사로잡히지 않을 거라는 말은 죽어도 안 합니다. "바벨론에 사로잡히긴 할 건데 지금은 나 좀 지하 감옥에서 꺼내 줘" 하는 것이죠.

평소에 큐티하지 않는 사람은 이것이 무슨 방언인가 할 것입니다. '참선지자라면 장렬히 죽어서 믿음을 보여 주어야 하지 않는가' 싶지만, 우리 인생이 이렇게 연약합니다. 올바른 복음을 전하고도 '나 좀 감옥에서 빼 달라' 간청하는 예레미야를 보며 연민이 느껴지면서 위로를 받았습니다.

북한에서 4대째 믿음을 지켜 온 한 탈북자의 간증을 들었습니다. 김일성이 죽던 날 북한 온 국민이 울었지만 이분의 가족만은 슬퍼하지 않았답니다. "너희도 울었니?"라는 아버지의 물음에 "눈물이 나야 울지요" 대답했답니다. 그런데 그만 이 대화가 보위부(북한의 비밀 경찰기구)에 의해 도청되어 아버지가 붙잡혀 갔다는 겁니다. 그렇게 조심했건만 이 일로 예수 믿는다는 사실이 온 동네에 알려졌습니다. 이후로는 두 번 다시 아버지를 만나지 못했습니다.

얼마 후 보위부 사람들이 다시 찾아와 고모에게 "예수를 믿지 않는다"고 하면 살려 주겠다고 제안했답니다. 그러나 고모 역시 굴하지 않고 "나는 예수 믿는다" 당당히 고백하고서 그 자리에서 잡혀갔답니다. 이후로 할머니가 집안을 이끌게 되었습니다. 예수 믿는다는 이유로 아들딸을 잃었으니 원망할 법도 한데, 할머니는 예수 믿는 자들을 잡아가는 사람들을 보면서 늘 이런 말을 했다고 합니다.

"우리는 예수 믿고 하늘나라 가는데, 저 사람들은 복음을 몰라서 하늘나라를 못 가니 우리보다 더 불쌍하지 않은가."

그런데 이렇게 믿음 좋은 할머니가 돌아가실 날이 가까이 오자 땅에 묻어 둔 성경을 꺼내서 모조리 불태웠답니다. 손주들까지 잡혀가서는 안 된다는 이유였습니다. 남아서 고통 받을 손주들을 생각하니까 기가 막혔던 겁니다. 할머니마저 떠나고 기댈 부모 한 명 없이 두려울 때 이분을 지켜 준 것은 말씀이었습니다. 성경책은 불태웠지만 말씀을 일일이 손글씨로 써서 집 안 여기저기 숨겨 놓고 힘들 때마다 꺼내 읽었답니다. 그래도 두려움을 떨치기가 어려웠습니다. 이후 큰집에서 쫓겨나 산골 오두막으로 이사 갔는데, 차 소리만 들리면 '나를 잡으러 왔나' 해서 너무 무서웠답니다. 그러다 이분이 탈북까지 감행한 겁니다.

북한이 복음화되기까지 수많은 이의 피와 땀과 눈물이 필요하겠지만, 이런 분은 살려 달라고 저도 청하고 싶습니다. 지하교회에서 신음하는 성도들을 제발 살려 달라고 김정은 위원장님(?)에게 간절히 청하고 싶습니다.

우리 가운데 참선지자가 있고 거짓 선지자가 있습니다. 참선지자는 "너희가 하나님께 거역하여 바벨론에 사로잡힐 수밖에 없다!" 하나님의 뜻대로 외칩니다. 반면에 거짓 선지자는 "우리가 하나님의 백성인데 왜 사로잡혀야 하냐! 믿는데 왜 망하냐" 듣기 좋은 말만 외칩니다. 비록 매 맞고 갇혔어도 참선지자 예레미야는 굴하지 않고 하나님의 뜻을 전했습니다.

"너희는 집을 짓고 거기(바벨론)에 살며 텃밭을 만들고 그 열매를 먹으라. 아내를 맞이하여 자녀를 낳으며 너희 아들이 아내를 맞이하며 너희 딸이 남편을 맞아 그들로 자녀를 낳게 하여 너희가 거기에서 번성하고 줄어들지 아니하게 하라"(렘 29:5~6).

예레미야에 반복해서 나오는 말씀입니다. 이것이 성경의 주제입니다.

결국 시드기야 왕은 예레미야가 전하는 말씀을 끝까지 거부하다가 두 눈이 뽑힌 채 사슬에 묶여 바벨론으로 잡혀가는 신세가 되었습니다. 예레미야도 죽어라 말씀을 전하면서 매 맞고 갇히는 고난의 인생을 살았습니다. 거짓 선지자 하나냐와 그 손자 이리야에게까지 대대로 수치와 조롱을 당하지 않았습니까? 멀리서 보면 두 인생이 비슷해 보이기도 합니다. 예수를 믿든지 안 믿든지 똑같이 힘듭니다. 그러나 저는 별 인생 없는 이 땅에서 지금 천국을 누려야 한다고 말씀드리고 싶습니다. 망하나 흥하나 지금 천국을 누려야 합니다. 이 땅에서 아무리 권세를 누려도 예수 없는 인생은 시드기야 꼴밖에 안 되는 겁니다. 그렇다고 시드기야가 편한 인생을 살았습니까?

세상 실력자들은 자기가 꽤 강한 것처럼 거들먹거리면서 하나님을 대적합니다. 서슴없이 악을 행하며 죄를 두려워하지 않습니다. 심지어 이적까지 행하면서 하나님께 칼을 들이댑니다. 그러나 그 모든 것은 전능하신 하나님의 큰 날을 재촉하는 어리석은 전투일 뿐입니다. 하나님께서 그들의 죄와 악을 반드시, 그리고 완전하게 심판하실 것입니다.

사탄은 가짜 샛별이기에 자기 정체를 드러내지 않습니다. 광명의 천사로 가장하여 접근합니다. 그러니 사탄의 유혹과 핍박을 그 누가 분별할 수 있겠습니까. 누가 내 아이를 명문대학에 떡하니 붙여 주겠다고 한다면 그를 따라가지 않을 자신 있습니까? 내 자식이 3수생, 4수생인데 "여기서 안수 받으면 대학에 붙는다더라"는 소식이 들린다면 곧장 그리로 달려가고 싶지 않겠어요. 그러나 이런 모든 것은 악한 영, 귀신의 영이라고 성경은 분명히 이야기합니다. 거짓 선지자의 입에서 나오는 더러운 말이랍니다. 속지 마십시오.

• 참선지자와 거짓 선지자를 분별할 수 있습니까? 쉽게 말하면, 내가 쫄딱 망했는데 누가 어디서 기도 받으면 살아난다고 귀띔한다면 그리로 가겠습니까? 아니면 이 재앙이 내게 합당하다고 인정하면서 회개하겠습니까?

깨어 있어야 이길 수 있습니다

보라 내가 도둑같이 오리니 누구든지 깨어 자기 옷을 지켜 벌거벗고 다니지 아니하며 자기의 부끄러움을 보이지 아니하는 자는 복이 있도다_계 16:15

아마겟돈은 '므깃도의 산'이라는 뜻이라고 했습니다. 이스라엘 역사에서 늘 중요한 격전지였던 므깃도는 수없이 전쟁이 치러진 곳입니다. 따라서 아마겟돈은 늘 영적 전쟁이 치열한 내 삶의 현장이라고도 말할 수 있습니다. 나의 아마겟돈에 아무리 귀신의 영이 집결해도, 악의 세력들이 무섭게 위협해도 내가 의의 예복을 입고 제대로 깨어 있으면 승리할 수 있습니다.

"보라 내가 도둑같이 오리니"라는 말씀은 예수님이 언제 오실지 모른다는 의미가 아닙니다. 내가 잠자고 있으면, 깨어 있지 않으면 전쟁에서 패한다는 뜻입니다. 그렇다면 깨어 있는 것은 구체적으로 어떤 삶입니까? 바로 하나님의 시간인 카이로스를 살며 어떤 일에도 하나님의 섭리를 인정하는 것입니다. 하나님의 주권과 경영하심을 인정하는 것입니다. 이것이 말씀의 표지판을 따라가는 삶입니다. 잠자는 자는 그저 나의 시간, 크로노스로만 사는 자입니다. 그는 기름을 준비하지 못해 혼인잔치에 들어가지 못한 미련한 다섯 처녀와 같습니다(마 25:1~13).

우리의 씨름은 혈과 육을 상대하는 것이 아닙니다(엡 6:12). 성도는 오직 하나님의 약속을 알고 믿고 지키기 위해서 싸워야 합니다. 힘으로 항거하는 싸움이 아닙니다. 시대의 흐름을 거슬러 순교하는 마음으로 '늘' 깨어 있는 것이 이기는 비결입니다. 힘들 때만 깨어 있어야 하는 게 아닙니다. 오히려 풍요로울 때 더 위험합니다.

장사를 시작하신 한 집사님이 일이 잘되자 그때부터 교회에 오지 않으셨습니다. 제가 그분께 물었죠.

"함께 개업예배까지 드렸는데 어찌 교회를 안 오세요?"

그러자 그분이 이러시더군요.

"이렇게 바쁜데 어떻게 교회에 갑니까!"

그런데 얼마 지나지 않아서 그분 가게에 손님이 끊겨 매상이 곤

두박질쳤다는 이야기를 들었습니다. 그런데도 교회에 안 나오시기에 이유를 물었죠. 이번엔 이러시더군요.

"장사가 안되는데 어떻게 교회에 갑니까? 한 손님이라도 더 맞아야지요."

그러니 '잘되면 축복, 안되면 저주'가 아닙니다. 우리들교회에는 오히려 망해서 주님을 만난 분이 더 많습니다. '내 일이 잘 풀리는가, 안 풀리는가'가 문제가 아니라, '하나님이 자신을 알려 주시기 위해서 허락하신 환경에 내가 순종하는가, 안 하는가' 이것이 관건입니다. 자신에 대해 알려 주시고자 하나님이 얼마나 수고하시는지 모릅니다. 회개가 안 되는데 장사가 잘되면 뭐 합니까. 회개하지 못하면 어떤 인생도 의미가 없습니다.

또한 깨어 있는 것은 나의 수치를 오픈하는 것입니다. 내 안에 선한 것이 하나 없다고 고백하는 것입니다. "자기의 부끄러움을 보이지 아니하는 자는 복이 있도다"라고 하는데 여기서 부끄러움은 영적 부끄러움을 말합니다. 자신의 육적인 수치를 내놓는 자는 영적으로 부끄러움을 당하지 않습니다. 육적인 수치를 끊임없이 내놓아도 영적 부끄러움을 당하지 않으니까 자존심이 높았던 사람이 자존감이 높아져서 살아나는 겁니다. 저는 늘 편한 사람이 가장 영적인 사람이라고 말합니다. 자존심만 내세우면 나도 남도 불편하게 할 뿐입니다. 자존심은 죽고 자존감이 살아야 편한 사람이 됩니다. 그럴 때 수치가 가려집니다.

인생의 더러움을 내놓고 고백하는 것이 깨어 있는 비결입니다.

제가 잠을 자지 않아서 남편이 구원되었나요? 아닙니다. 늘 말씀의 표지판을 따라 하나님의 경영에 순종했기에, 먹고 자는 일상도 잘 누리고 갑자기 찾아온 아마겟돈 전쟁에서도 깨어 있으며 승리할 수 있었습니다.

• 나는 지금 깨어 있습니까? 카이로스의 시간을 살고 있습니까, 크로노스의 시간을 살고 있습니까? 하나님의 시간을 살고 있습니까, 내 시간을 살고 있습니까?

한쪽은 파멸의 전쟁,
한쪽은 구원의 전쟁입니다

세 영이 히브리어로 아마겟돈이라 하는 곳으로 왕들을 모으더라
_계 16:16

유브라데가 뚫리자 사탄이 총집결하는 전쟁이 기다립니다. 우리가 늘 깨어 있어야 하는 이유가 여기에 있습니다. 몇 년 전, 암에 걸려 항암치료를 받았습니다. 이후 암으로 고통 받는 성도들에 대한 체휼이 하늘과 땅 차이만큼 달라졌습니다. 그런데 시간이 얼마 지났다고 그 고통이 까맣게 잊히더군요. 마찬가지로 어제 깨어 있었다고 오늘 깨어 있는 것이 아닙니다. 14절에 귀신의 영들이 이적을 행하며 동방

왕들을 모으기에 15절에 깨어 있었는데 16절에 그들이 또 왕들을 모으지 않습니까? 이미 구원이 이루어졌지만, 아직 이루어야 할 구원이 남았습니다. 천국 가는 그날까지 구원을 이루어 가야 합니다. 그래서 14절 다음에 15절로 끝이 아니라 16절에서 귀신의 영들이 또다시 왕들을 모으는 겁니다.

귀신의 영이 세상의 실력자 왕들을 모아서 우리를 공격합니다. 성경은 그 전쟁터의 이름을 '아마겟돈'이라고 명시합니다. 앞에서도 이야기했지만 계시록에만 유일하게 등장하는 이 아마겟돈은 므깃도의 산이라는 뜻입니다. 므깃도는 이스라엘이 수없이 전쟁을 치른 격전지입니다. 드보라와 바락의 군대가 가나안 왕 야빈을 물리친 장소로, 당시 헤벨의 아내 야엘이 말뚝으로 가나안의 군대장관 시스라의 관자놀이를 꿰뚫어 박은 곳이 바로 므깃도입니다(삿 4:2~21). 단순히 원수를 죽인 곳을 넘어 성도의 대적, 곧 마귀의 세력을 꿰뚫은 곳이 므깃도입니다.

유다의 성군 요시야도 하나님의 백성을 잘못 인도하다가 이 므깃도에서 죽음을 맞았고(대하 35:22~25), 바알과 아세라 선지자가 하나님의 종 엘리야와 결전을 벌이다가 몰살당한 곳도 갈멜산, 곧 므깃도의 산입니다(왕상 18장). 곡과 마곡의 전쟁이 므깃도 산에서 일어나리라는 에스겔의 예언을 토대로 계시록에서는 아마겟돈이라고 표현한 것이죠(겔 39장). 초대교회 성도들은 아마겟돈이라는 말에 벌써 므깃도 산과 평야, 광야를 떠올리고서 큰 전쟁이 일어날 곳이라고 알았을 겁니다.

전쟁이 수없이 치러진 곳, 바알과 아세라 선지자가 패배한 곳, 성군 요시야가 하나님의 뜻을 거스르다가 애굽 느고에게 패하여 죽은 곳이 므깃도입니다. 즉, 므깃도는 이스라엘인이든지 이방인이든지, 신자이든지 불신자이든지 하나님을 대적하는 자는 가리지 않고 심판하겠다는 뜻을 밝히 보여 주시는 장소입니다.

어디든지 영육 간에 전쟁이 치열합니다. 실제로 우리가 얼마나 갖은 전쟁을 치르며 살아갑니까. 가정 안에서 부부가, 부모와 자식이, 고부가, 장서(丈壻)가 치열하게 싸웁니다. 직장에서는 두말할 것 없고, 심지어 교회에서도 분란이 일어납니다. 특별히 교회 분란은 영적인 싸움이기에 정말 힘든 전쟁이라고 할 수 있습니다. 여러 전쟁을 지나며 한계상황에 부닥치기도 합니다. 그러나 성도는 걱정할 것 없습니다. 귀신의 영이 왕들을 모으는 이유가 "하나님 곧 전능하신 이의 큰 날에 있을 전쟁을 위해서"라고 하지 않습니까? 이는 하나님이 대적을 친히 무찌르시겠다는 의미입니다. 제아무리 대적들이 실력 있는 왕들을 모아서 몰려와도 결국 자기 무덤을 파는 전쟁이라는 겁니다.

그런데 이단과 세대주의자들은 "누구누구가 적그리스도다", "아마겟돈 전쟁은 세계 3차대전이다, 핵전쟁이다" 하며 이 아마겟돈 말씀을 자의적으로 해석합니다. 그러면서 몇 년, 몇 월에 전쟁이 일어난다는 둥 언제가 종말이라는 둥 때와 시에만 관심을 둡니다. 사람들도 그런 해석을 너무 좋아합니다.

그러나 계시록 속의 전쟁을 오로지 상징으로만 읽어서는 안 됩니다. 본문 12절부터 16절까지는 가장 육적인 전쟁, 실제적인 전쟁을 묘사했다고도 볼 수 있습니다. 물론 아마겟돈 전쟁은 사탄의 세력과 교회 공동체 간의 전쟁을 상징하는 것 맞습니다. 그러나 한편으로는 우리 삶에서 치르는 실제적인 전쟁을 가리키기도 합니다. 주님이 재림하시기 직전에 치러질 최후의 전쟁이 아마겟돈이라면, 내일 일을 모르는 유한한 인생들에게 매일매일이 최후의 전쟁, 아마겟돈 아니겠습니까. 그러므로 분별이 필요합니다. 만일 계시록의 모든 말씀이 상징이라면 뒷장에서 등장할 천국도 그저 상징으로 전락하지 않습니까? 제발 이상한 종말론에 휘둘리지 마십시오.

스가랴 12장에서 하나님은 이렇게 말씀하십니다.

"내가 다윗의 집과 예루살렘 주민에게 은총과 간구하는 심령을 부어 주리니 그들이 그 찌른 바 그를 바라보고 그를 위하여 애통하기를 독자를 위하여 애통하듯 하며 그를 위하여 통곡하기를 장자를 위하여 통곡하듯 하리로다. 그날에 예루살렘에 큰 애통이 있으리니 므깃도 골짜기 하다드림몬에 있던 애통과 같을 것이라. 온 땅 각 족속이 따로 애통하되 다윗의 족속이 따로 하고 그들의 아내들이 따로 하며 나단의 족속이 따로 하고 그들의 아내들이 따로 하며, 레위의 족속이 따로 하고 그들의 아내들이 따로 하며 시므이의 족속이 따로 하고 그들의 아내들이 따로 하며, 모든 남은 족속도 각기 따로 하고 그들의 아내들이 따로 하리라"(슥 12:10~14).

그날, 곧 마지막 때에 예루살렘에 큰 애통이 있으리라고 합니다. 그것이 마치 심판의 장소 므깃도에 있던 애통과 같다고 합니다. 즉, 심판이 이루어지는 가운데도 애통하는 자들이 있다는 것입니다. 그런데 이때 온 땅 각 족속이 '따로' 애통한다고 합니다. 예수님의 조상, 다윗의 족속들이 애통하되 그 아내들이 따로 합니다. 제사장 가문인 레위의 족속이 애통하되 그 아내들이 따로 합니다. 이스라엘의 훌륭한 선지자 나단의 족속이 애통하되 그들의 아내들이 따로 한답니다. 이것이 무슨 뜻입니까? 구원은 개인의 문제라는 것입니다. 천국은 아내 치맛자락, 남편 바짓가랑이 붙잡고 가는 곳이 아니라는 말입니다. 그런데 식구끼리 너무 좋아하다가 회개도, 애통도 안 되면 어쩝니까. 예수 믿는 성도도 마지막까지 회개해야 하는데 사탄에 속한 자는 말해 뭐 하겠습니까.

성령이 임하지 않으시면 은혜를 알 수 없고, 회개의 간구도 할 수 없습니다. 그러나 성령께서 은총과 간구하는 심령을 부어 주시면 어떤 전쟁도 하나님의 전쟁이 됩니다. 그럴 때 박해를 받더라도 내가 찌른 예수님을 바라보며 회개할 수 있는 겁니다.

그러니 "이런 상황에서 무슨 회개야"라고 말할 수 있는 사람은 단 한 명도 없습니다. 어떤 상황에도 회개할 것이 있습니다. '바람은 남편이 피웠잖아, 내게 무슨 죄가 있어?', '살인은 저 사람이 했는데 내가 왜 회개해야 해?' 이렇게 옳고 그름으로만 따지면 회개할 것이 없지만, 내가 찌른 예수님이 보이면 독자를 위해 애통하듯 나의 죄와 다른 사람의 죄를 위해서도 애통하게 됩니다. 이렇게 우리의 아마겟돈 전쟁이 '통곡의 전쟁'이 되면 한쪽에서 아무리 파멸해도 한쪽에서는 구원이 이루어집니다. 므깃도의 산, 아마겟돈은 심판의 장소이지만 우리가 애통하며 싸울 때 어떤 곳도 구원의 현장이 됩니다.

돈 유브라데, 스펙 유브라데, 부모 유브라데, 자식 유브라데가 충만하면 절대로 안 무너집니다. 내 유브라데가 너무 대단하니까 하나님이 보이지 않습니다. 돈줄이 막히고 부모에게 버림받고 배우자가 바람피우고 자식이 속을 썩여야, 내가 자랑하던 유브라데 강물이 마르고 아마겟돈 전쟁이 일어나야 비로소 하나님을 바라보게 됩니다. 그러므로 성도에게는 아마겟돈 전쟁이 애통의 기회, 구원의 기회가 될 줄 믿습니다. 하나님은 심판하시면서 항상 살길을 가르쳐 주십니다.

남편의 외도와 교회 분열을 겪고서 마침내 깨어서 회개하게 된 한 성도님의 간증입니다.

저는 3대째 믿음을 이어 가고 있는 모태신앙인입니다. 새터민을 섬기시는 장로 아버지와 늘 힘든 자의 위로자가 되어 주시는 권사 어머니 아래서 자란 딸이요, 선교사 동생을 둔 누나이기도 합니다. 또한 다둥이 엄마에다 의사 남편을 둔 아내이고, 저 역시 전문직 종사자이기도 합니다. 저는 이런 배경들로 저 자신을 치장하면서 남편과 교회 지도자에게까지 옳고 그름의 칼날을 휘둘렀습니다. 그것을 용기라고 착각하며 신념의 사람이라고 자부했습니다.

그런데 어느 날, 남편은 자신이 세 번이나 외도했다는 사실을 제게 고백했습니다. 충격에 빠진 저는 일상을 제대로 살아 낼 수 없었습니다. 그길로 다른 사람에게 자녀 양육을 맡기고서 낮에는 일에, 밤에는 철야예배에 몰두했습니다. 그러나 잠을 제대로 이루지 못해 갈수록 영과 육이 피폐해졌습니다. 남편이 각서까지 쓰면서 용서해 달라고 애원했지만 도무지 받아들여지지 않았습니다. 남편과 한 공간에서 숨 쉬는 것조차 싫었습니다. 사랑도 신뢰도 회복되지 않은 채 몸만 가정에 머물면서 괜찮은 척 위장했습니다. 그래도 교회 활동에는 열심을 냈기에 비록 위장된 평화일지라도 잘 살아가고 있다고 생각했습니다. 그러나 하나님은 속지 않으시고 제게 남은 마지막 유브라데까지 무너뜨리셨습니다. 담임목사님이 여성도를 추행하는 것을 목격하고 만 것입니다. 그야말로 저는 멘붕(멘탈 붕괴) 상태에 빠졌습니다. 설상가상 교회 재정 문제까지 터지면서 공동체가 둘로 갈라져 전쟁 아닌 전쟁이 시작됐습니다. 저도 교회를 개혁한답시고 앞장서서 옳고 그름의 칼을 휘둘렀습니다. 결국 교회는 분열되고 저는 교회를 떠나지는 않았지만 남은 것은 상처뿐이었습니다. 그런데도 좀체 회개하지 못했습니다.

이렇게 갈 곳 없이 방황하다가 우리들교회 수요예배를 드리면서 비로소 제 죄가 보이기 시작했습니다. 가정의 질서에 순종하지 못한 죄, 매사 내 기준으로 판단한 죄, 정의의 사도를 자처하며 공동체를 분열시킨 죄…… 외식하는 서기관과 바리새인이 바로 저였습니다. 자기 의와 교만으로 똘똘 뭉친 저 때문에 남편은 얼마나 숨 막혔을까요. 남편을 외도로 내몬 장본인이 바로 저라는 사실을 인정할 수밖에 없었습니다. 그러나 내 죄가 깨달아졌어도 남편에게 고백하기까지 오랜 시간이 걸렸습니다.

이후로 우리 부부는 우리들교회에 등록하여 부부목장에도 함께 나가고 있습니다. 믿음의 공동체에 속해 각자 죄를 보고 회개하며 걸어가니 부부 사랑이 회복되는 큰 선물도 받았습니다. 또한 "목회자가 거룩해야 성도가 살아난다" 애통하게 외치시는 담임목사님의 말씀을 들으면서 지난 교회에서 받은 분쟁의 상처도 회복되었습니다. 이제는 이전 목사님을 위해서 진심으로 기도할 수 있게 되었습니다. 치열한 아마겟돈 전쟁을 통해 회개의 결론은 거룩이요, 결혼의 목적도 거룩인 것을 알려 주신 하나님, 감사합니다.

물론 이 집사님 한 사람 때문에 교회가 분열된 것은 아니지만, 믿음의 공동체를 무너뜨리는 데 앞장섰으니 이분이 얼마나 자괴감이 들었겠습니까. 이보다 무서운 아마겟돈 전쟁이 있을까요? 그야말로 귀신이 총집결한 전쟁에서 집사님이 수치를 드러내면서 자기 죄가 보이기 시작했습니다. 비로소 깨어 있게 된 겁니다. 그리고 마침내 전쟁에서 승리했습니다. 무서운 아마겟돈 전쟁이 와도 이렇게 자기 죄를 보면 이깁니다. 교회가 분열되어 마음이 상하신 분들에게 이분이 좋은 모델이 되었으면 좋겠습니다.

결국 환경의 어떠함보다 해결되지 않은 내 죄 때문에 남을 찌르는 겁니다. 그러므로 가정이 회복되어야 교회도 회복됩니다. 내가 괴로우니까 괜히 목장 가서 이 사람, 저 사람 찔러 대는 것이죠. 한 사람만 회개하면 그 목장은 잘 굴러갑니다. 회개하는 한 사람이 없어서 목장에 문제가 일어나는 것입니다. 아마겟돈 전쟁에서 승리하는 비결은 오직 회개입니다.

아마겟돈 전쟁은 유브라데가 뚫린 전쟁입니다. 최후 방어선, 마지노선이 무너지는 전쟁입니다. 귀신의 영이 총집결하는 전쟁입니다. 그러므로 늘 깨어 있어야 이깁니다. 깨어 있어도 사탄은 계속 몰려오지만, 구원을 위해 애통할 때 한쪽이 아무리 파멸해도 한쪽에서 구원이 이루어집니다. 남편이 따로 애통하고, 아내가 따로 애통하고, 자녀가 따로 애통해야 합니다. 각자 자기 죄를 보며 회개하고 통곡하는 것만이 어떤 무서운 아마겟돈 전쟁도 너끈히 이기는 비결입니다.

- 귀신의 세 영이 힘을 합하여 계속 오라고 손짓하는 아마겟돈은 어디입니까?
- 내 가정이나 교회의 문제는 결국 회개하는 한 사람이 없어서 일어난다는 사실을 인정합니까? 내 죄를 인정하고 회개합니까?

시대의 흐름을 거슬러
순교하는 마음으로 '늘' 깨어 있는 것이
이기는 비결입니다.

우리들 묵상과 적용

교회에서 만난 우리 부부는 결혼 전 신앙 서적도 함께 읽고 저녁마다 통화하면서 둘만의 예배도 드렸습니다. 그런데 결혼하고 보니 남편은 제가 알던 것과는 딴판이었습니다. 시댁에 살기 때문인지 어린아이가 따로 없었습니다. 퇴근해서 돌아오면 어머니에게 밥을 달라 하고 밤늦도록 텔레비전만 보다가 잠들기 일쑤였습니다. 저는 그런 남편을 믿음 없다고 무시하며 정죄했습니다.

그러던 어느 날, 남편은 제게 세 번 외도한 사실을 고백했습니다. 큰 충격을 받은 저는 일상생활을 할 수 없었습니다. 그래서 도우미에게 자녀들을 맡기고 낮에는 일하고, 밤에는 철야예배를 드렸습니다. 남편은 무릎을 꿇고 용서를 구했지만, 저는 남편을 도무지 믿을 수 없었습니다. 이후 매년 여름 의료 선교를 가고, 매주 1회 담임목사님과 산행도 했습니다. 신앙생활에 열심을 내며 평화를 위장하려 한 것입니다. 하지만 얼마 못 가 제 유브라데강이 말랐습니다(계 16:12). 목사님의 부정한 사생활과 헌금 운용 문제가 드러난 것입니다.

이 일로 교회는 둘로 나뉘어 2년간 파멸로 가는 전쟁을 치렀습니다. 당시 저는 깨어 있지 못했기에 오직 옳고 그름으로만 판단했습니다(계 16:15). 귀신의 영이 모여 성도들을 분열시키려고 일으킨 전쟁임을 몰랐습니다(계 16:14). 결국 많은 성도가 교회를 떠났고, 교회는 분열되었습니다.

　이후 저는 큐티하는 교회로 인도 받았습니다. 이곳에서 말씀으로 양육을 받으면서 저의 의로움 때문에 예전 교회가 분열되었다는 것이 깨달아졌습니다. 질서에 불순종하고 수많은 성도를 실족하게 한 것을 회개하게 되었습니다. 하지만 시간이 흘러도 남편의 죄 고백이 진심으로 와닿지 않아 괴로웠습니다. 그런데 목자님이 "남편 집사님은 외도 문제를 하나님 앞에 분명히 회개했고, 하나님은 용서해 주셨어요"라고 말씀해 주셔서 그때부터 저는 남편의 진심을 믿게 되었습니다. 그러자 주의 은혜로 남편과의 진정한 사랑을 회복할 수 있었습니다. 또 예전 교회의 분열로 받은 상처를 말씀과 나눔으로 치유 받아, 이제는 예전 교회 목사님을 위해 기도하고 있습니다. 치열한 아마겟돈 전쟁을 통해 회개의 결론은 거룩이요, 결혼의 목적도 거룩인 것을 알려 주신 하나님, 감사합니다.

영혼의 기도

하나님 아버지, 나를 지켜 주던 유브라데가 무너졌습니다. 그것이 나의 마지노선이었는데 이제 다 놓고 포기하고 싶습니다. 한번 무너지니 사탄이 총궐기해서 몰려옵니다. 사탄의 세 영이 총집결해서 몰려옵니다. 돈으로 쾌락으로 중독으로 다 잊어버리고 싶습니다. 내 감정에 충실하고 싶습니다. 이것이 용기 있는 태도처럼 여겨지기도 합니다.

이렇게 '될 대로 돼라' 하지만 주님, 우리는 아버지의 택자 아니겠습니까? 그것은 아니지 않습니까? 핍박이 무섭고 유혹이 달콤해도 그것은 아니지 않습니까? 므깃도의 전쟁이 우리 삶에 끊임없이 일어납니다. 그럴 때마다 '왜 나만 이런 고난을 당해야 하나' 원망하고, 자학에 빠져 희망조차 붙잡지 않으려는 우리 인생을 불쌍히 여겨 주옵소서.

말씀의 표지판을 따라가기 원하지만, 깨어서 '내게는 선한 것이 없다' 부르짖으며 나아가기 원하지만 육체적·정신적·영적인 고갈 상태에 빠져서 모든 것이 사치스럽게 여겨집니다. 그래도 우리가 갈 곳은 저 하늘나라 아닙니까? 하나님이 계신 나라가 우리가 갈 곳 아니겠습니까? 연약하고 부족한 우리이지만 각자의 아마겟돈 전쟁에서, 므깃도에서 통곡하며 내 죄를 볼 때 파멸이 구원으로 바뀔 줄 믿습니다. 내 죄를 회개할 때 절대 풀리지 않을 것 같은 엄청난 일들이 해결될 줄 믿습니다. 한국교회에서, 내 가정에서 죄의 고백이 일어날 수 있도록 도와주옵소서. 애통하는 회개로 아마겟돈 전쟁에서 이기도록 역사하여 주옵소서. 예수님 이름으로 기도드립니다. 아멘.

복이 있도다

요한계시록 16장 15~21절

04

하나님 아버지, 주께서 복이 있도다 하시는
인생을 살기 원합니다.
말씀해 주시옵소서, 듣겠습니다.

CEO로 일하던 우리들교회의 한 목자님이 백수가 됐습니다. 이분이 일자리를 얻고자 노인복지관에 갔는데 전에는 해 보지 않은 노동직 뿐이라 '내가 이렇게까지 해야 하는가' 싶더랍니다. 그런데 집에 돌아와 보니 아내와 자녀들이 마트를 싹 쓸어 왔나 싶을 정도로 장을 어마어마하게 봐 온 겁니다. 아연실색한 목자님이 주일날 이 일을 교회 공동체에서 나누었습니다.

"내가 망했는데 아내와 자녀들은 잘 모르는 것 같아요."

그러자 한 장로님이 이분에게 이렇게 권했답니다.

"바로 그거예요! 목자님이 망했는데 가족들은 잘 모르잖아요? 그러니 망한 것을 보여 주는 게 중요해요. 막노동은 아니라도 단기간 잡일이라도 하세요. 아무리 수치스러워도 꼭 하셔야 해요."

저는 이 목자님이 '진짜 CEO감이다' 싶었습니다. 그만둔 지 얼마 안 됐는데 금세 일자리를 찾아다니시잖아요. 이렇게 믿음이 있으니 장로님 권면에도 순종하실 줄로 믿습니다.

또 한 집사님은 부모님이 오랫동안 교회를 다녔는데도 아들 욕, 며느리 욕을 그렇게 하신답니다. 하루는 어머니가 기도해 달라고 하기에 이 집사님이 이렇게 기도해 드렸답니다.

"하나님 아버지, 우리 어머니가 욕심을 끊고 자기 죄를 보게 해 주세요. 말씀이 들리게 해 주세요."

여러분의 가족은 철이 들었습니까? 정말로 주님을 영접했습니까? 가장 '복이 있도다' 할 수 있는 인생은 예수 믿고 천국 가는 것 아닐까요?

인 재앙과 나팔 재앙, 대접 재앙을 하나하나 알려 주신 하나님은 이제 마지막 일곱째 대접 재앙에 대해 말씀하십니다. 계시록 말씀을 가만히 보노라면 하나님이 우리를 얼마나 기다려 주시는지, 정말 눈물겨운 사랑입니다. "자, 다섯 센다. 그때까지 회개하고 돌아와! 하나, 둘, 셋, 넷, 넷 반의 반, 반의 반의 반……" 하시다가 드디어 "다섯" 하시는 것입니다.

일곱째 대접 재앙은 마지막 재앙입니다. 그런데 마지막 대접을 쏟으시기 전 하나님은 "복이 있도다" 말씀하십니다(계 16:15). 재앙을 통해서 복을 주려는 게 목적이라고 미리 알려 주십니다. 이 재앙에서 끝까지 깨어 있는 자에게는 복이 있고, 깨어 있지 못한 자는 대접을 마시게 될 것입니다. 나도, 부모도, 자녀도 모두 복 있는 인생을 살아야 하는데 그러려면 어떻게 해야 할까요? 복 있는 인생이 되기 위해서 먼저 무엇이 망하는 인생인지 알아보겠습니다.

이 세상의 공중 권세는 반드시 망합니다

일곱째 천사가 그 대접을 공중에 쏟으매 큰 음성이 성전에서 보좌

로부터 나서 이르되 되었다 하시니_계16:17

바다와 물 근원, 큰 강 유브라데에 쏟은 대접을 마지막으로 공중(空中)에 쏟습니다. 이 일곱째 재앙, 곧 공중 재앙은 피할 길이 없습니다.

에베소서에 보면 사탄을 가리켜 '공중의 권세 잡은 자'라고 합니다(엡 2:2). 공중을 사탄의 영역으로 규정하고 있습니다. 공중은 중간 하늘 개념으로, 하나님의 통치 영역인 하늘과 사탄과 짐승이 통치하는 땅 사이의 공간을 말합니다. 사탄이 자신의 영역을 확장하고자 공중까지 손을 뻗친 것이지요. 그래서 하나님이 이 공중에 영원한 복음 대신에 진노의 대접을 쏟으십니다.

천지창조 말씀을 읽다 보면 재미있는 사실을 발견할 수 있습니다. 궁창(穹蒼)이 창조됐을 때만 "하나님이 보시기에 좋았더라"는 말씀이 유독 빠졌다는 것입니다. 높고 푸른 하늘을 바라보기만 해도 얼마나 멋있습니까? 그런데 그 하늘에 대해 "보시기에 좋았더라"는 말씀이 없습니다. 높은 곳에 늘 문제가 많기 때문입니다. 고위직들이 비리와 부정부패에 연루돼 몸살을 앓는 것을 우리가 얼마나 많이 보았습니까?

하늘에 대한 환상을 버려야 하는데 그러지 못해서 늘 문제가 생깁니다. 높고 파랗고 깨끗한 하늘이 멋있어 보여서 그저 높이, 더 높이 올라가고자 합니다. 그러나 공중 권세 잡은 자, 곧 사탄의 밥이 되기 제일 좋은 자리가 높은 곳입니다. 높이, 더 높이 오르다 보면 자기가 최고인 줄 착각하고 하나님처럼 되려 하지 않겠습니까? 땅도 고도가 너무 높으면 산소가 부족해서 살 수 없습니다. 가장 낮은 땅, 온갖 오물과 쓰레기를 받아 내는 땅이 옥토(沃土)이고, 하나님이 보시기에 좋은 땅입니다.

공중 재앙을 사탄의 왕좌가 있는 공중과 연결해서 조금 더 해석해 보겠습니다. 공중의 권세 잡은 자가 사탄이요, 공중 재앙이 마지막 재앙이라 했는데 공중, 곧 공기는 눈에 보이지 않습니다. 보이지 않는 귀신들이 공중을 거처 삼고서 공격해 오니 이 말세에 온갖 정신병이 난무합니다. 우울감과 불안감에 늘 사로잡혀 있으면서 왜 아픈지 원인이 보이지 않으니까 밤낮 '나는 왜 이럴까' 하며 고통스러워합니다.

먹고살기 어려웠을 때는 정신병이 흔하지 않았습니다. 오히려 잘 먹고 잘살게 되면서 우울증이 급격히 늘어났습니다. 그래서 마지막 재앙은 공기처럼 사라져 버리는 게 특징입니다. 우리나라가 선진국이 되면서 자살률도 늘고, 고독사도 증가했습니다. 가족이 서로 연을 끊고 살면서 죽어서 발견돼도 이유조차 모릅니다. 그러니 차라리 배가 고픈 것이 축복 같습니다. 배고픈 가정은 싸우지 않습니다. 배가 부르니까 식구끼리 서로 미워하고 헐뜯는 겁니다.

지난 말씀에서 그리스도인처럼 정신병 환자도 자기 죄에 민감하지만, 자기가 모든 것을 해결하려는 것이 정신병 환자의 문제라고 했습니다. 내 힘으로는 죄를 끊지 못하겠고 갈수록 죄책감이 무거워지니까 우울증이나 분열증, 히스테리를 겪는 겁니다. 그런데 이보다 더 무서운 정신병이 있습니다. 바로 죄의식조차 없는 것입니다. 이런 사람을 '사이코패스(Psychopath)'라고 합니다. 본래 인간은 자기 죄를 잘 깨닫지 못합니다. 그러나 하나님이 우리 속에 자신의 형상을 남겨 두셨기에 예수를 믿지 않아도 본성적으로 죄책감은 느낍니다. 그런데 그것조차 말살되었다니 얼마나 무서운 병입니까. 자기 죄를 전혀 모르는 사람과 같이 산다고 생각해 보세요. 숨이 막혀 살 수 있겠습니까. 문제는 날이 갈수록 이런 사람이 늘어 간다는 겁니다. 정말 기도가 절로 나옵니다.

일곱째 천사가 대접을 공중에 쏟자 "되었다" 하는 큰 음성이 성전에서 보좌로부터 난다고 합니다. 여기서 "되었다"라는 말을 원어로 보면, '모든 것이 끝났다'라는 심판의 의미로 완료형이 사용됐습니다. 이 말은 예수님이 십자가 위에서 외치셨던 "다 이루었다"라는 말씀을 연상시킵니다. 예수님의 이 말씀은 자신이 십자가에서 값을 지불하심으로 인류의 구속이 완성되었다는 의미입니다. 그러므로 정말 구원과 심판은 똑같은 이야기입니다. 동전의 양면이라고 할 수 있습니다. 내가 '되었다', '끝났다' 하는 심판의 인생을 사는지 '다 이루었다' 하는 구원의 인생을 사는지 생각해 보십시오.

우리들교회 목장보고서에서 읽은 한 집사님의 나눔을 소개합니다. 제조업에 종사하는 이 집사님은 회사에서 만든 물품을 지점에 배송하는 일을 주로 합니다. 그런데 이분이 직장 내에서는 서열 3위의 나름 높은 직급인데 배송 일을 하다 보니 점주들에게는 자꾸 배달원 취급을 받는다는 겁니다. 하루는 본사로부터 회사 방침을 잘 따르지 않는 한 점주에게 주의를 주라는 지시를 받았습니다. 점주가 박스 단위가 아닌 낱개로 물품을 주문하는 것이 문제였습니다. 그런데 지시대로 해당 점주에게 시정을 권고하자 점주 부부가 불같이 화를 내면서 심지어 물품들을 바닥에 내동댕이치기까지 했습니다. 당황한 집사님은 본사 사장님께 전화를 걸어 상황을 설명한 뒤 사과했습니다. 자신이 잘못한 일은 아니지만 어떻게든 상황을 수습해 보려는 것이었습니다. 그러나 정작 그 부부는 자신들이 잘못하고도 모르쇠로 일관했습니다.

그런데 이분이 큐티를 하면서 분노 조절이 안 되는 그 부부와 과거 자신의 모습이 겹쳐 보이더랍니다. 그래서 이틀 후 그 부부에게 찾아가서 먼저 정중히 인사하고 사과했습니다. 집사님은 하나님이 자신을 거룩으로 이끄시고자 이런 사건을 허락하신 것 같아서 감사하다고 했습니다. 이 일로 자신의 완악함을 다시 한 번 회개했답니다. 예수를 믿는다는 것이 그렇습니다. 상대방이 잘못했어도 사과는 믿는 내가 해야 합니다. 믿음이 있는 사람이 항상 먼저 사과해야 합니다. 이 집사님이 목자님인데 이 사건을 목장예배에서 나누며 이렇게 고백했습니다.

"사무실에서는 누구도 나를 간섭하지 않는데 배송만 가면 일개 직원 취급하면서 무시해 대니 이런 수치를 참는 게 늘 지옥 같았습니다. 그러다 이번 일을 계기로 서열 3위라는 직급을 내세워 갑질을 하려던 제 죄가 깨달아졌습니다. 힘들지만 지금의 직장에 잘 묶여 있는 것이 내 안의 사탄을 꼼짝 못 하게 하는 길인 것 같습니다."

그러자 곁에서 듣던 아내 집사님이 뼈를 때리는 한마디를 딱 날렸습니다.

"목자님, 이 직장이 서른한 번째 직장인 것 아시죠? 이전에도 배달원으로 오해 받아 혈기 내신 적이 있잖아요? 회사 내에서는 서열 3위라도 배송할 때는 그저 배달원이라는 것이 팩트(Fact)예요!"

아내 집사님 말대로, 사실 이분은 서른한 번이나 직장을 옮겨 다닌 일명 '이직의 신(?)'입니다. 이전에는 조금만 맘에 안 들면 쉽사리 일을 그만두고, 자기가 멋대로 뛰쳐나와 버리고는 월급을 주지 않는 사장에게 집요하게 찾아가 기어코 받아내기도 했습니다. 그만큼 이분이 혈기 대마왕이었습니다. 그런데 지금은 불만이 있어도 이렇게 먼저 사과하고 질서에 순종하면서 무려 6년을 꾸준히 다니고 계십니다. 이분이야말로 "다 이루었다", "복이 있도다" 하는 인생으로 바뀐 것 아니겠습니까!

• 내게 임한 공중 재앙은 무엇입니까? 영육 간에 어떤 높은 자리에 있습니까? 높은 곳에 앉아서 하나님처럼 되려 하지는 않습니까?
• 귀신이 들렸습니까, 정신의 병이 들렸습니까? 내게 죄책감이 있습니까, 없습니까? 죄가 죄인지도 모르는 영적 사이코패스는 아닙니까?
• 나는 '되었다' 하는 심판의 인생을 삽니까, '다 이루었다' 하는 구원의 인생을 삽니까?

큰 성 바벨론은 망합니다

지난 14장에서도 등장했던 '큰 성 바벨론'은 큰 권세를 가지고서 하나님을 대적하는 모든 세력을 말합니다. 그런데 마지막 대접이 쏟아지자 이 큰 성 바벨론이 완전히 무너집니다. 이들이 어떻게 멸망하는지 구체적으로 보겠습니다.

첫째, 번개와 음성들과 우렛소리와 큰 지진으로 망합니다.

번개와 음성들과 우렛소리가 있고 또 큰 지진이 있어 얼마나 큰지 사람이 땅에 있어 온 이래로 이같이 큰 지진이 없었더라_계16:18

번개와 음성들과 우렛소리가 있고 큰 지진이 일어납니다. 그런데 얼마나 거대한 지진인지 '크다'라는 말이 한 절에 세 번이나 나옵니다. 마태복음 24장에서도 주님은 마지막 날 곳곳에 기근과 지진이 있을 것인데 이는 창세 이래로 본 적 없는 큰 환난이 되리라고 말씀하셨습니다(마 24:7, 21). 여기서 '큰 지진'은 완전한 심판을 의미합니다.

구원과 심판은 동전의 양면과도 같기에 완전한 구원을 받으려면 완전한 심판을 거쳐야 합니다. 하나님은 죄를 싫어하시기에 이 땅 누구도 심판을 비껴갈 수 없습니다. 다만 참성도에게는 번개와 음성들과 우렛소리와 큰 지진이 말씀의 능력을 보여 주시는 사건이고, 악인에게는 그저 심판의 사건인 겁니다.

계시록도 그렇습니다. 계시록은 단순히 이 세상이 어떻게 끝나는지 알려 주는 책이 아닙니다. 오히려 결국 악은 정복된다고 우리를 위로하는 책입니다. 이것을 강조하기 위하여 최후의 전쟁을 가리키는 아마겟돈이라는 말이 계시록에만 유일하게 등장한다고 했습니다. 귀신의 영들이 아마겟돈으로 세상 왕들을 모으는 이유가 '하나님 곧 전능하신 이의 큰 날에 있을 전쟁을 준비하기 위해서'라고 하지 않았습니까(계 16:14)? 이는 전능하신 하나님이 오셔야 세상의 종말이 임한다는 것을 강조하는 말씀입니다. 핵전쟁으로 이 땅이 망하는 게 아니라는 말입니다. 어떤 일도 하나님의 허락 없이 일어나지 않습니다. 그러므로 큰 지진이 와도 하나님을 의지하는 자는 구원을 얻습니다.

• 내 인생에 번개와 음성들과 우렛소리와 큰 지진과 같은 사건은 무엇입니까? 그 환난을 통해서 하나님의 경고를 듣고 말씀의 능력을 경험했습니까?

둘째, 하나님이 기억하신 바 되는 행함으로 망합니다.

> 큰 성이 세 갈래로 갈라지고 만국의 성들도 무너지니 큰 성 바벨론이 하나님 앞에 기억하신 바 되어 그의 맹렬한 진노의 포도주 잔을 받으매_계 16:19

앞에서도 이야기했지만 큰 성 바벨론은 시기마다 영향력을 발휘하며 하나님을 대적하고 인류를 혼잡하게 하는 세력을 말합니다. 인류가 자신들을 드높이려고 쌓은 바벨탑도 '혼란'이라는 뜻입니다.

그런데 그 큰 성 바벨론이 세 갈래로 갈라지고 잇따라 만국의 성들도 무너지리라고 합니다. 이때 "세 갈래로 갈라진다"는 것은 완전히 파멸되었다는 의미입니다. 계시록이 쓰인 당시 큰 성은 로마 제국을 의미했습니다. 오늘날에는 나라나 민족, 신분이나 지위 할 것 없이 예수를 믿지 않지만 강성한 세력들을 가리킵니다.

그런데 본문에서 큰 성이 무너진 이유가 "하나님 앞에 기억하신 바 되어서"라고 합니다. 하나님은 우리의 모든 행위를 기억하고 계십니다. 나의 인생을 주님이 고스란히 기억하신답니다. 선행을 베풀었든지 악행을 저질렀든지 전부 기억하고 계신답니다. 주님이 하나도 빠짐없이 우리의 행위를 기억하신다니 얼마나 두려운 일입니까.

그런데 큰 성 바벨론 같은 사람은 "네가 그러는 거 하나님이 기억하셔" 아무리 경고해도 "그러라 그래" 하면서 눈도 깜짝하지 않습니다. 가진 것이 많기에 그렇습니다. 망해 보지 않아서 그 말의 의미가 무엇인지도 모르는 겁니다. 오로지 돈과 권세를 의지하면서 주의 성도들을 핍박하고 미혹합니다. 그러나 하나님이 하나하나 다 기억하시고 마침내 그들에게 진노의 포도주 잔을 부으실 것입니다.

물론 이 땅에서 행위로 구원 받을 수 있는 사람은 아무도 없습니다. 행위로는 내놓을 것 없지만 내가 예수의 이름을 부른 것, 이 한 가지가 하나님께 기억하신 바 되어 구원을 이루어 주시는 것이죠. 즉, 금대접에 담기는 우리의 기도가 바벨론을 무너뜨리고 한 영혼을 구원으로 이끄는 것입니다(계 5:8).

제 남편이 바로 그런 모델 아니겠습니까? 비록 그 악이 하나님 앞에 기억하신 바 되어 육은 무너졌지만, 남편은 마지막 재앙에서 주님을 불러 영이 구원을 얻었습니다. 우리가 마지막에라도 구원 받기를 간절히 원하시는 하나님이 긍휼을 베풀어 주신 것입니다. 저 또한 남편의 죽음이 심판이 아닌 구원의 사건이 되어서 지금까지 사명의 인생을 살고 있습니다.

그러므로 하나님이 우리의 행위를 기억하신다는 것은 도덕적인 행위를 말하는 것이 아닙니다. 예수님을 하나님으로 믿는 것이 곧 선행이요, 안 믿는 것이 악행입니다. 한 장로님이 평생 교회에 다녔는데 암에 걸려서 몸이 너무 아프니까 마지막에 욕을 하면서 예수를 부인했다고 합니다. 이것이야말로 악행입니다.

우리들교회의 한 목자님이 교회 홈페이지에 올리신 나눔글입니다. 여러분도 한번 깊이 생각해 보았으면 좋겠습니다.

저는 아내를 따라 교회에 다니며 주일을 빠짐없이 지키고 헌금도 꼬박 드렸습니다. 각종 서식을 작성할 때면 종교란에 '기독교'라고 주저 없이 적었습니다. 늘 기독교인라고 자부했습니다. 그런데 요즘 '과연 내가 삼위 하나님을 만나 그분들의 도움을 받았던가' 하고 자문하게 됩니다.

이 땅에 오신 예수님은 우리 죄를 사하시고자 십자가에 못 박히셨습니다. 그러므로 내 죄와 수치를 드러내며 회개하는 것이 예수님을 따르는 길이지요. 그러나 저는 지금껏 예수님과는 무관한 하나님을 믿고 있었습니다. 내가 바라는 하나님 상을 정해 두고서 '열심히 믿으면 복 주시겠지'라고만 생각했습니다.

그러다 "예수님을 통해 내 죄를 보면 성령 하나님이 효과적으로 도와주셔서 성부 하나님의 숨겨진 뜻을 깨닫게 된다"는 창세기 1장 설교를 들으면서 그동안 제가 얼마나 무지했는지 돌아보게 되었습니다. 저는 늘 문제의 원인을 밖에서만 찾았습니다. 그래서 교회를 다니면서도 가족과의 갈등이 깊어질 때면 한국을 떠나 버려야겠다고 생각했습니다. 그동안 예수님 없는 하나님을 믿었던 겁니다. 그저 하나님을 정화수 떠 놓고 비는 신 정도로, 유대인처럼 예수와 무관한 하나님으로 믿으면서도 참성도라고 착각했습니다. 이런 제 수준이 깨달아지자 그동안 저를 괴롭게 한 사람들을 향해서도 '그들이 예수님을 몰라서 그랬구나, 예수님을 모르면 그럴 수밖에 없구나' 인정하게 되었습니다.

어쩌면 신앙생활 한다고 하지만 예수님을 모르고 살아가는 종교인들이 참 많을지도 모르겠습니다. 내 죄를 보는 것, 어떤 일에도 내가 원인 제공자라는 걸 인정하는 것이 예수 그리스도를 만나는 길입니다. 그럴 때 성령 하나님께서 효과적으로 도우셔서 성부 하나님의 숨겨진 뜻을 깨닫게 됩니다.

예수를 하나님으로 믿는 것, 이것이 복 중의 복입니다. 그리고 그 복은 오직 믿음의 공동체 안에서만 임합니다. 믿음의 공동체를 통해서만 나의 악을 발견할 수 있습니다. 저도 우리들 공동체 안에서 지체들의 간증과 나눔을 듣고 조금이나마 체득했기에 이렇게 예수 없이 살아온 제 모습이 깨달아진 것 아니겠습니까. 그래서 말씀으로 내 죄를 보고 고백하는 교회 공동체에 속하는 것이 정말 중요합니다.

대책 없이 경건하기만 하면 회개의 역사가 일어나지 않습니다. 착한 모습을 보여 주려고 교회에서 죽기 살기로 봉사하고서 집에 돌아가면 녹초가 되곤 하는 경험을 누구나 하지 않습니까? 이 대책 없는 경건함, 예수 그리스도와 무관하게 하나님을 믿는 것, 예수 없는 신앙생활을 하는 것이 가장 문제입니다.

제 요한계시록 첫 설교 제목이 "복이 있나니"였습니다. 계시록은 우리에게 복을 주고자 기록하신 책입니다. 그리고 복 중의 복은 내게 예수가 하나님 되시는 복입니다. 이 복을 얻으면 전 세계를, 온 천하를 얻는 것과 다름없습니다. 할렐루야! 그런데 여러분은 어떻습니까? 겉은 경건하고 행위는 선하지만 예수 없는 신앙생활을 하지는 않습니까? 예수가 하나님으로 믿어집니까? 다시 말하면 내 죄가 보입니까? 예수를 그리스도로 믿는 것, 이것이 참된 선행입니다.

● 내 인생은 하나님이 어떻게 기억하실까요?
● 내게 예수가 하나님 되시는 복을 누리고 있습니까? 열심히 신앙생활 하지만 십자가와 회개는 뒷전이고 축복과 영광만 바라지는 않습니까?

셋째, 재앙 가운데 하나님을 비방해서 망합니다.

20 각 섬도 없어지고 산악도 간데없더라 21 또 무게가 한 달란트나

되는 큰 우박이 하늘로부터 사람들에게 내리매 사람들이 그 우박의
재앙 때문에 하나님을 비방하니 그 재앙이 심히 큼이러라

_계 16:20~21

출애굽기 9장에서 하나님이 명령하신 대로 모세가 하늘을 향하여 손을 들자 애굽 땅에 우박 재앙이 내립니다(출 9:22). 계시록에서도 공중, 곧 하늘에 하나님이 대접을 쏟으시자 섬과 산이 사라지고 땅에 큰 우박이 내립니다. 이는 곧 이 땅을 재창조하시겠다는 것입니다. "각 섬도 없어지고 산악도 간데없더라"는 말씀은 모든 섬과 산악을 새롭게 하신다는 의미입니다. 그러므로 어떤 재앙 가운데도 새 하늘, 새 땅을 바라보는 마음을 가지기 바랍니다.

"무게가 한 달란트나 되는 큰 우박"이란 약 34kg의 우박을 말합니다. 그만큼 재앙의 강도가 심하다는 뜻입니다. 그런데 사람들이 그 우박의 재앙 때문에 하나님께 돌아오는 게 아니라 도리어 하나님을 비방한다고 합니다. 앞에서 한 장로님이 병환이 심해지자 마지막에 예수님을 욕하면서 떠났다고 하지 않았습니까? 우리 인생도 나중에 어떻게 되는지 참 알 수 없습니다. 고난을 겪는다고 모두 하나님께 나오는 것은 아닙니다.

34kg의 우박 재앙보다도 더 심한 재앙은 하나님을 비방하는 것입니다. '하나님이 계시다면 이럴 수는 없어' 늘 불평하는 것이 큰 성 바벨론의 특징입니다. 예수를 믿든지, 안 믿든지 누구나 다 죽습니다. 똑같이 병에 걸리기도 하고 망하기도 합니다. 그러면 어디서 차이가

납니까? 믿는 사람은 어떤 고난도 해석을 잘 합니다. "생각하건대 현재의 고난은 장차 우리에게 나타날 영광과 비교할 수 없도다"라는 말씀을 믿기 때문입니다(롬 8:18).

물론 믿어도 고난을 해석하지 못하는 사람이 있습니다. 그에게 예수가 하나님 되지 않아서 그렇습니다. 말씀이 안 들리는 사람, 구속사가 깨달아지지 않는 사람은 자기 일이 안 풀리면 하나님을 비방하고, 목사를 비방하고, 교회를 비방합니다. 그러나 내게 임한 재앙이 하나님의 진노라는 것을 깨달은 사람은 이미 구원의 길에 오른 자입니다.

하나님의 진노, 곧 공의로운 분노가 가득 찼다는 것은 곧 나의 악도 가득 찼다는 뜻입니다. 만일 나쁜 감정들로 속이 꽉 찼다면 내게 하나님의 진노가 임한 겁니다. 결혼생활에 불만입니까? 모든 것이 나로부터 시작되었다는 것을 기억하십시오. 모든 것은 내 삶의 결론입니다. 그런데 이걸 모르니까 제가 "이혼하지 말라"고 하면 속에 감정이 꽉 차서 교회를 떠나 버리는 분이 있습니다. 분해서 교회를 뛰쳐나갔다가 돌아온 형제, 자매들이 우리들교회에 참 많습니다. 그래도 돌아오셨으니 참 예쁩니다.

만약 제가 누군가를 향해 공의로운 분노를 가졌다고 해 보세요. 그분이 딱 알아채고는 "야, 목사님이 나 때문에 화나셨나 보다. 내가 무엇을 고치고 버려야 할까?" 한다면 제가 얼마나 기쁘겠습니까. 예수님도 "화 있을진저" 하시며 분노하셨습니다. 공의의 분노는 내야 합니다. 그런데 구속사가 깨달아지지 않으면 제때 분노하지도 못하고, 남이 분노하면 상처만 받는 겁니다.

세상에서는 번복하지 않는 게 미덕이라지만 저는 이랬다저랬다 뒤집기 장인입니다. 설교 제목도 바꾸기 일쑤입니다. 예배를 준비하려면 주일 전날까지는 설교 제목을 미리 알려 줘야 하는데, 이 말씀도 전날에는 '바벨론 심판'이라고 했다가 주일 아침에 '복이 있도다'로 바꿨습니다. 그러니까 구속사가 안 깨달아지면 저 같은 사람과 어떻게 살겠습니까? 너무 이상한 담임목사 아닙니까? 그런데 제목을 자꾸 바꾸는 건 사실 성도들을 위해서입니다. '어떻게 하면 한 사람이라도 더 은혜를 받을 수 있을까' 궁리궁리하다가 바꾼 겁니다. 제 이해타산 때문에 그러는 게 아닙니다. 저도 교양이 있는 사람인데 이랬다저랬다 하고 싶겠습니까? 하지만 구원을 위해서는 못할 것이 없습니다. 체면이 중요하지 않습니다. 늘 오늘이 마지막이라 여기며 구원을 위해 제 목숨을 내놓고 걸어갑니다. 설교를 위해 기도하면서 "하나님, 좋은 제목 주세요, 좋은 대지 주세요" 간구하는 그 심정을 여러분은 압니까?

목사에게, 부모나 상사에게 싫은 말 한마디 들었다고 감정이 꽉 차서 '자기가 뭔데 나를 야단쳐?' 한다면 지금 진노 가운데 있는 것입니다. 그때 하나님의 진노로 알아채고 '내가 무엇을 버려야 할까' 고민하면 하나님이 얼마나 기뻐하시겠습니까? 그러나 지옥의 진노만 경험하다 끝나는 사람이 대부분입니다. '왜 나한테 이런 일이 오지? 내가 살 수가 없어'. '왜 나를 몰라주지? 나같이 잘 사는 사람이 어디 있다고!' 하면서 그저 "왜, 왜"만 부르짖습니다. 물론 사람은 틀릴 수 있습니다. 목사도, 사장도, 상사도, 부모도 틀릴 수 있습니다. 그래도 어떤 환경에서든지 하나님은 100% 옳으시다고 인정하면 상대를 비방하지 않게 됩니다. 우리 삶에 매일매일 진노의 우박이 쏟아지지만, 하나님의 진노로 알고 회개하면 매일매일 구원이 일어납니다.

● 뜻밖의 일을 만났을 때 충동적·감정적·악의적으로 반응하지는 않습니까? 내게 온 재앙 때문에 하나님을 비방합니까? 원한에 싸여서 하나님이 틀렸다고 생각합니까? 무슨 일을 만나든지 하나님은 100% 옳으시다고 인정합니까?

복이 있으려면 깨어 자기 옷을 지켜야 합니다

15 보라 내가 도둑같이 오리니 누구든지 깨어 자기 옷을 지켜 벌거 벗고 다니지 아니하며 자기의 부끄러움을 보이지 아니하는 자는 복이 있도다 16 세 영이 히브리어로 아마겟돈이라 하는 곳으로 왕들을 모으더라 17 일곱째 천사가 그 대접을 공중에 쏟으매 큰 음성이 성전에서 보좌로부터 나서 이르되 되었다 하시니_계 16:15~17

지난 16장 14절에서 전능하신 하나님의 큰 날에 있을 전쟁에 대해 이야기했습니다. 이어지는 15절에서는 주님이 도둑같이 임하여 세상을 끝내실 그날을 대비해 깨어 자기 옷을 지키라 하죠. 그런데 16절에서 귀신의 영이 아마겟돈으로 총집결하고, 17절에서는 하나님이 대접을 공중에 쏟으십니다. 재앙이 와서 깨어 있었는데 또 재앙이 옵

니다. 이 말씀들은 곧 깨어서 자기 부끄러움을 보이지 않되 재앙 전에
도, 후에도 깨어 있으라는 뜻입니다. 그래서 지난 말씀에 이어서 깨어
있는 것은 무엇인지 좀 더 자세히 보며 대비하고자 합니다. 목욕탕에
서 씻다가 갑자기 불이 나서 벌거벗고 뛰쳐나오면 죽음은 면했어도
얼마나 부끄럽습니까? 마찬가지로 구원을 받아도 이런 부끄러운 구
원을 받아서는 안 됩니다. 그러면 '깨어 부끄러움을 보이지 않는 옷'은
어떤 옷일까요?

계시록이 쓰인 당시 라오디게아는 의류 산업으로 명성이 자자한
도시였습니다. 그런데 주님은 라오디게아 교인들을 향해서 "흰옷을 사
서 입어 벌거벗은 수치를 보이지 않게 하라"고 명하셨습니다(계 3:18).
겉으로 잘 차려입고 교양 있게 산다고 수치가 가려지는 게 아닙니다.
흰옷을 입는 것, 즉 내 육적 수치를 드러내고 회개하는 것이 정말 수치
가 보이지 않는 길입니다.

그런데 우리는 어떻습니까? 오히려 각종 장식으로 겉을 치장합니
다. 거룩을 가장하는 사람이 외적 거룩을 더 강조하는 법입니다. 경건
주의자들은 어떤 옷은 입으면 안 된다는 둥 어떤 것은 먹으면 안 된다
는 둥 하지 말라는 게 많습니다. 그러고서 뒤로는 몰래 쾌락을 즐깁니
다. 그래서 경건주의나 쾌락주의나 뒤로 가면 똑같습니다. 어떤 교회
교인들은 주일날이면 일부러 초라해 보이려고 애써서 교회 밖에서 만
나면 서로 못 알아볼 정도랍니다. 반대로 교인끼리 더 멋져 보이려고
경쟁하는 교회도 있답니다. 더 멋져 보이려 하는 것과 더 초라해 보이
려 하는 것 중에 무엇이 더 악한 겁니까? 지체들과 한번 나눠 보십시오.

배운 사람일수록 무소유를 강조하고 초라한 것을 자랑합니다. 어떤 자들은 육은 어차피 더러운 것이니 마음대로 음란을 행해도 된다고 합니다. 이단들도 겉은 경건해 보이지만 늘 음란의 문제, 돈 문제가 판치지 않습니까? 기승전'돈'이라고 돈 문제로 무너지는 교회도 생겨납니다. 이 돈 문제서만 잘 깨어 있어도 우리들교회가 살아 있는 교회가 되지 않을까 생각합니다.

데살로니가전서 5장에서 바울 사도는 서신을 마치면서 "형제들아 때와 시기에 관하여는 너희에게 쓸 것이 없음은 주의 날이 밤에 도둑같이 이를 줄을 너희 자신이 자세히 알기 때문이라"고 합니다. 그리고 "그날이 도둑같이 임하지 않으려면 자지 말고 깨어 정신을 차리고, 사랑 안에서 서로 귀히 여기며 화목하라"고 권면합니다. '때와 시기에 관하여 알려 하지 말라.' '형제를 사랑하라.' 우리도 이 가르침을 너무 잘 압니다. 그런데 문제를 만나면 가장 안 되는 것이 바로 이 두 가지입니다. 아무리 성경을 읽어도 내가 암에 걸리면 '언제 나을까'에만 관심이 있습니다. 실직하면 '언제 복직할까' 걱정만 합니다. 형제를 사랑해야 하는 걸 우리가 모릅니까? 모든 문제의 답은 사랑이라는 걸 잘 알지만 도무지 적용이 안 됩니다. 인간의 힘으로는 사랑할 수가 없습니다.

그러므로 영적인 준비, 곧 육적인 수치를 드러내는 것도 중요하지만 깨어 있으려면 육적인 준비도 필요합니다. 저 역시 깨어 있으라고 하나님이 육적인 준비가 무엇인지 장장 13년이나 배우게 하셨습니다. 학창 시절도 그랬지만 시집살이하면서 '준비하는 삶이란 이런 것이구나' 제대로 배웠습니다. 시어머니는 어찌나 부지런한 분이셨는지 고춧가루, 메줏가루, 각종 젓갈과 김치를 때마다 담그고, 심지어 포도주도 직접 담그셨습니다. 저도 어쩔 수 없이 함께 준비하게 되었지요. '대충'이라는 것도 모르는 분이라 하나하나 얼마나 지극정성으로 담갔는지 모릅니다. 된장, 고추장 등 장류는 한지에 받쳐 담그고, 메줏가루가 아닌 조청을 넣으면 고추장이 아니라고 해서 정석대로 만들려고 배로 수고했습니다. 요즘도 저는 맷돌 아래짝만 보면 오이지 누르던 것밖에 생각 안 납니다. 오이를 몇백 개씩 절여 물기 없이 쫙 눌렀다가 뽀드득하게 무쳐 밥상에 내놓는 겁니다. 여러분은 제가 말씀 전하는 것만 보니까 살림은 전혀 모를 줄 알았죠? 모르는 게 아니라 다 알지만 가만있는 겁니다.

그뿐입니까? 김장철마다 배추 수백 포기를 절인 뒤 꼭두새벽에 김장을 시작해서 아침이 오기 전에 마무리했습니다. 또 아침저녁으로 청소하는데도 계절이 바뀔 때마다 대청소하고, 달에 한 번씩 걸레에 빨랫비누를 묻혀 방바닥을 깨끗이 닦았습니다. 그러다 교회에서 손님이 도둑같이 오시면 딱 칭찬을 받는 겁니다. "장로님 댁은 언제나 깨끗하네요!" 이 한마디 칭찬을 들으려고 일 년 내내 수고하는 것이죠. 당시는 힘들었지만 지나고 보니 하나님이 저에게 육적 준비를 단단히 시키셨다는 생각이 듭니다.

준비가 하나도 안 됐는데 주의 날이 도둑같이 오면 어떡합니까? 그러니 여러분, 육적으로도 열심히 살아야 합니다. 요행 바라지 말고, 지각도 하지 말고 뭐든지 최선을 다하십시오. 주어진 환경을 성실히 살아내기 바랍니다. 주님의 재림을 간절히 소망하면서 주어진 생활에 충실하는 것이 깨어 자기 옷을 지키는 길입니다. 주님의 재림에 무관심해서도, 너무 들떠서 내 생활을 내팽개쳐서도 안 됩니다.

환난이 와야 예비합니다. 평탄하면 결코 예비하지 못하는 게 우리 본성입니다. 천국은 등을 들고 신랑을 맞으러 나간 열 처녀와 같다고 했습니다(마 25:1). 열 처녀가 똑같이 신랑을 기다렸지만 등불 기름을 준비한 다섯 처녀는 혼인 잔치에 들어갔고, 미처 기름을 준비하지 못한 다섯 처녀는 닫힌 문 앞에서 발만 동동 굴렀습니다. 기름을 준비하는 것은 곧 자신이 죄인임을 깨닫고 회개하는 것입니다. 똑같이 예배드리고 큐티해도 죄 문제를 직면하지 못하는 사람은 기름을 준비하지 못하는 겁니다. 주님의 재림을 기다린다고 재산을 처분하고 집안일을 제쳐 두고 전도하러 나가는 게 준비가 아닙니다. 신앙은 상식적이고 인격적이어야 합니다. 가정에서 내 역할에 충실하며 주님을 기다리는 태도를 보여 주는 것이 참된 준비입니다. 내가 올바르게 준비하지 못하기에 주님이 더디 오시는 것입니다.

미련한 다섯 처녀는 기름을 나누어 달라고, 문을 열어 달라고 떼쏩니다. 때에 순종하지 못하니 때를 못 맞춥니다. 또 도무지 회개하지 못하기에 "너 때문에 내가 바람을 피운다, 너 때문에 술을 마신다"며 늘 남 탓을 합니다. 이런 미련한 자는 딱 끊어 주어야 합니다. 문을 딱 닫아야 합니다. 냉정해 보입니까? 그러나 구원은 나눌 수 없는 것입니다. 남의 손 잡고 천국 못 갑니다. 각자 구원 받는 겁니다. 우리가 딱 끊어서 그 사람이 정신 차리고 회개한다면 그보다 기쁜 일이 어디 있습니까.

큰 성 바벨론의 가치관으로 살다가 깨어 있는 공동체 덕분에 '복이 있도다'의 인생으로 바뀌신 한 집사님의 간증을 소개합니다.

제가 몸담은 회사의 경영진이 바뀌고 겸임하던 회사도 다른 곳과 합병하게 되었습니다. 합병이 완료되면 저의 근무지와 직위가 애매해지는 상황이었습니다. 그러다 일본에 출장 갔을 때 그곳 회사 CEO와 이 문제를 상의했습니다. 그러자 그분이 선뜻 일본으로 오라고 제안하셨습니다. 이후 제 거취에 결정권을 가진 경영진 네 분 중 세 분이 승낙하여 저는 가족과 함께 일본으로 이주하기로 결정했습니다. 난감한 상황에서 돌파구를 찾았다는 생각에 목장에는 묻지도 않고 현재 직장 상황과 결과만 통보했습니다. 목장 식구들도 자녀들을 국제학교에 보낼 수 있고 직장 생활을 영예롭게 마무리하게 되었으니 잘되었다고 축하해 주었습니다. 그런데 가만히 듣던 젊은 목자님과 권찰님이 안 된다며 한사코 반대하시는 겁니다. 교회 공동체를 떠나지 말고, 이곳에서 말씀으로 양육 받으며 잘 붙어 있으라고 하셨습니다.

사실 저와 아내는 목자님의 권면이 지난 두 달 동안 우리 부부가 고민했던 문제의 정답이라는 것을 알았습니다. 일본에 가는 건 나오미가 흉년을 피해 모압 땅으로 간 것과 다름없다고 어렴풋이 생각했지만 인정하고 싶지 않았습니다(룻 1:1~2). 일본은 한국의 교육 지옥에서 자녀들을 구해 줄 약속의 땅이라면서 스스로를 속였습니다. 그러나 목자님의 권면을 듣고서 밤새 고민한 끝에 가지 않기로 결정했습니다. 다짐을 굳히고자 아침 출근길에 목장 채팅방에 "지금 일본행을 취소

하면 피할 길이 없지만 말씀에 순종하겠다"라고 메시지를 보냈습니다. 일본 회사에도 메일로 제 결정을 알리고 정중히 사과했습니다.

이후 두 달 동안 저는 묵묵히 말씀을 묵상하고 교회 공동체에서 양육을 받았습니다. 앞길이 막막해 두려울 때마다 하나님은 "겸손하라, 담대하라"는 말씀을 주셨습니다. 그리고 때가 왔습니다. 예상대로 경영진 교체와 회사 합병이 공식화되면서 제 거취 문제가 수면 위로 오른 것입니다. 며칠 뒤 사장님이 제게 보자고 하시기에 '아, 이제 진짜 그만두게 되었구나' 마음의 준비를 했습니다. 그런데 웬걸요, 제게 합병하는 회사의 대표 자리로 가라시는 게 아닙니까. "하나님, 대체 당신은……." 얼마나 기가 막혔는지 그날 큐티책에 제가 이렇게 적었습니다.

하나님은 누구도 예상하지 못한 계획을 가지고 계셨습니다. 하나님이 그만두라 하시면 그만두고 내려가라 하시면 낮은 자리로 내려가겠다고 마음먹었더니, 오히려 제 자격과 분수에 맞지 않는 높은 자리에 세워 주셨습니다. 이 일로 나눌 은혜가 정말 많지만, 자녀들과 큐티하며 제가 당부한 내용으로 나눔을 마칩니다.

"얘들아, 앞으로 세상을 살면서 어떤 결정을 해야 할지 모르겠을 때는 아빠, 엄마가 교회 공동체에 묻고 따랐던 이 일을 기억하렴. 상황을 모면하려고 세상 왕이 있는 모압 땅으로 가지 말고 말씀이 있는 베들레헴 공동체에 꼭 붙어 있어야 해. 하나님은 언제나 말씀대로 사는 자녀를 가장 기뻐하신단다."

이분이 눈물로 간증하시던 모습이 눈에 선합니다. 그런데 간증

이후 더 놀라운 이야기를 전해 들었습니다. 하나님이 이분의 일본행을 막으신 데는 이유가 있었습니다. 이분이 과거에 아내와 자녀들을 해외로 유학 보내고 3년간 기러기 아빠로 지낸 적이 있었답니다. 그러다 외도에 빠졌고 아내에게 발각돼 이혼을 통보했다는 겁니다. 다행히 아내가 그길로 한국에 돌아와서 부부가 함께 우리들교회에 등록했습니다. 이분이 처음에는 말씀 듣기가 너무 힘들었는데 그저 붙어만 있다 보니까 어느 날부터 말씀이 들리고 자기 죄가 보였답니다. 아빠의 외도 사건으로 자녀들도 큰 상처를 받아 상담 치료까지 받았는데 이분이 죄를 깨닫고서 진심으로 사과하자 지금은 많이 회복됐습니다. 아내 집사님도 4년간 복용한 우울증약을 끊었답니다. 이런 사연이 있는데 일본에 가면 됩니까? 젊은 목자님이 권면을 정말 잘 해 줬습니다. 이렇게 늘 한 가정의 구원을 위해 목숨을 걸고 왔기에 하나님이 우리들교회를 지켜 주십니다.

무엇보다 가치관이 변해야 합니다. 참사랑, 참효도는 우리 삶 곳곳에 침투한 바벨론 세력을 물리칠 때 시작됩니다. 우리가 하나님이 아닌 세상을 경배하기 때문에 우박이 쏟아지는 겁니다. 그러므로 결코 예배를 타협해서는 안 됩니다. 개인 예배, 공예배, 생활예배가 바로 서고 기쁘나 슬프나 삶으로 하나님을 보여 주는 것이 종말을 가장 잘 준비하는 길입니다.

깨어서 예비하는 길이 비록 고되지만 현재의 고난은 잠깐이요, 장차 나타날 영광과 비교할 수 없다고 했습니다. 장차 올 영광의 날을 위해 오늘 십자가를 잘 졌으면 좋겠습니다. 늘 깨어 기도하기 바랍니다.

• 도둑같이 올 주님의 날을 예비하기 위해 교회 공동체에서 내 육적인 수치를 잘 드러내고 있습니까? 죄와 수치는 꼭꼭 숨기고 경건을 가장하며 나도 남도 속이고 있지는 않습니까?

• 육적인 준비도 철저히 합니까? 쉽게 말하면 가정에서, 직장에서, 교회에서 내 역할에 충실합니까?

우리들 묵상과 적용

오로지 성공만 바란 저는 아내와 두 아들을 방치했습니다. 그러자 큰 성 바벨론이 세 갈래로 갈라지듯 아내가 갑자기 한국학교 교사로 지원해 두 아들을 데리고 외국으로 떠나 버렸습니다(계 16:19). 이후 저는 3년간 기러기 아빠로 지냈습니다. 그러던 중 외로움을 참지 못해 외도를 저지르고 급기야 아내에게 이혼을 통보했습니다. 놀란 아내는 한국으로 돌아와 교회에 다니기 시작했는데, 그러거나 말거나 저는 이혼할 생각밖에 없었습니다.

그러다 자녀들의 부탁으로 성탄예배에 참석한 날, 자신의 가정에 닥친 고난을 간증하는 한 아이의 모습을 보고 큰 충격을 받았습니다. 두 아들도 나중에 이런 간증을 할까 걱정되어 이후로 가족과 함께 교회에 다니게 됐습니다. 그러나 여전히 죄의식이 없어서 아내에게 혈기 내고 아이들에게도 상처를 주었습니다. 그래도 교회에 붙어만 있었더니 말씀이 들리기 시작했습니다. 말씀을 통해 내 죄를 회개하자 아내는 우울증이 호전되고 아이들 마음의 상처도 아물어 갔습니다.

그러던 어느 날, 회사가 합병되면서 제 위치가 애매해지는 재앙이 찾아왔습니다. 제 사정을 알게 된 일본 회사의 CEO가 함께 일하길 권했고 경영진 대부분도 찬성했습니다. 목장 식구들도 잘되었다며 축하해 주었습니다. 반면 목자님 부부는 "말씀으로 양육 받으며 교회 공동체에 붙어 있으라"고 하셨습니다. 고민이 되었습니다. 제게 일본은 자녀들을 입시 지옥으로부터 벗어나게 해 줄 약속의 땅 같았기 때문입니다. 그러나 목자님의 반대를 무시할 수는 없었습니다. 그러다 룻기 말씀을 묵상하며 마음을 돌이키게 되었습니다. 흉년이 들자 약속의 땅 베들레헴을 딱 떠나 이방 땅 모압으로 이사하는 나오미 부부가 꼭 제 모습 같았습니다(룻 1:1~3). 고민 끝에 "피할 곳이 없어도 말씀에 순종해 일본에 가지 않겠다"고 교회 공동체에 말하고, 회사에도 메일을 보냈습니다. 그것이 깨어 자기 옷을 지키는 순종이라고 생각했기 때문입니다(계 16:15).

이후 저는 퇴사를 각오하고 사장님과의 면담 자리에 나갔습니다. 그런데 웬걸요, 사장님은 제게 도리어 상장회사 대표를 제안하셨습니다. 깜짝 놀란 저는 감사의 눈물을 흘렸습니다. 자녀들에게도 이 일을 간증하며 "어떤 것을 결정하기 힘들 때는 아빠, 엄마가 믿음의 공동체에 물으며 간 것을 기억하라"고 권면했습니다. 큰 성 바벨론처럼 멸망당할 우리 가정에 찾아오셔서 복음을 전해 주신 주님, 사랑합니다.

영혼의 기도

하나님 아버지, 피할 길 없는 공중 재앙을 통해 공중의 권세 잡은 자, 사탄은 반드시 망한다고 분명하게 알려 주시니 감사합니다. 그러나 이렇게 확실한 답을 주셨는데도 우리는 사탄이 총집결하여 공격해 올 때마다 낙심이 됩니다. 스스로 할 수 있는 일이 아무것도 없는 것 같아서 날마다 곤고합니다. 그러니 번개와 음성들과 우렛소리와 큰 지진 같은 사건으로 주님이 우리에게 경고해 주시는 것이 얼마나 합당한지요. 우리가 재앙 때문에 하나님을 비방하지 않게 하옵소서. 내 행위를 하나님이 기억한다고 말씀하십니다. 하나님이 기억하시는 선행이 우리 삶에 넘치기를 간절히 원합니다.

교회가 성장하고 규모가 커졌어도 저는 여전히 불쌍히 여겨 달라는 기도밖에는 나오지 않습니다. 주님, 저는 아무것도 할 수 없습니다. 저를 불쌍히 여겨 주옵소서. 붙잡아 주옵소서. 늘 한 사람을 살리고자 걸어가지만 여전히 제게 부족한 점이 많습니다. 주님, 저를 다시 세워 주옵소서.

주님, 공중에 거하는 귀신의 영에 사로잡혀 정신병으로 힘들어하는 지체들이 많습니다. 죄의식조차 없어 자신도, 식구들도 병들게 하는 지체도 있습니다. 오늘 주님이 찾아가 주셔서 피 묻은 손으로 그들을 안수하여 주옵소서. 병을 고쳐 주시고, 귀신을 쫓아 주시옵소서.

주님, 우리가 할 수 있는 것이 아무것도 없습니다. 그러나 우리의 고난은 잠깐이고 장차 이루어질 영광과 족히 비교할 수 없다고 말씀하셨사오니, 이 고난 가운데서 "복이 있도다" 하시는 주님의 음성을 듣고 모두가 승리할 수 있도록 역사하여 주옵소서.

살아 있는 것만으로도 복이 있는 인생인 줄 믿습니다. 이 고난에 반드시 끝이 있음을 믿습니다. 그 끝에 주님이 반드시 승리하게 해 주실 줄 믿습니다. 우리 모두 바로 서게 도와주옵소서. 예수님 이름으로 기도드립니다. 아멘.

증인들이 되라

요한계시록 17장 1~6절

05

하나님 아버지, 세상의 증인이 아닌
예수의 증인들이 되기 원합니다.
말씀해 주시옵소서, 듣겠습니다.

$\diamond\blacklozenge\diamond$

아프리카의 성자로 불리며 전 세계가 존경하는 슈바이처(Albert Sch-weitzer) 박사는 신학을 공부하고 목회도 했지만 예수를 그리스도로 인정하지 않았습니다. 슈바이처뿐만 아니라 이 세계를 쥐락펴락하는 많은 지도자와 지식인이 예수를 믿지 않습니다. 이 대단한 사람들에게 누가 예수를 그리스도라고 전할 수 있겠습니까?

그러나 가난하고 불쌍한 사람만이 아니라 큰 성 바벨론같이 잘나가는 사람에게도 예수 그리스도가 필요합니다. 가난하든 부유하든, 못살든 잘살든 똑같이 구원 받아야 할 영혼이기 때문입니다. 그런데 사실 잘 먹고 잘사는 사람에게는 복음의 '복' 자도 입을 떼기가 어렵습니다. 불쌍히 여겨져야 복음을 전할 텐데 부족해 보이는 것 하나 없는 사람에게 무슨 긍휼함이 생기겠습니까. 본문에서도 예수 없이 득세하는 세력의 대명사로 '음녀'가 등장합니다. 세상은 그런 음녀를 부러워하며 그녀의 증인이 되고자 합니다. 왜 이 음녀가 더 불쌍한 자인지, 왜 우리가 음녀의 증인이 아니라 예수의 증인이 돼야 하는지 알아보겠습니다.

음녀는 받을 심판이 있습니다

또 일곱 대접을 가진 일곱 천사 중 하나가 와서 내게 말하여 이르되
이리로 오라 많은 물 위에 앉은 큰 음녀가 받을 심판을 네게 보이리
라_계 17:1

하나님은 지금까지 요한에게 세 가지 이적을 보이셨습니다. 그
이적들의 의미를 종합해 보자면 마귀가 이 세상을 접수했지만 하나
님이 재앙을 통해서 반드시 성도를 구원하시겠다는 것입니다. 그러
므로 진정한 이적은 말씀의 표지판을 따라가는 것이라고 했습니다.

17장에 들어서자 하나님은 또다시 요한에게 음녀가 받을 심판
을 보이십니다. 그런데 참 이상하지 않습니까? 심판 받을 대상은 음녀
고, 세상이니까 요한보다 그들에게 먼저 보이고 경고하시는 게 맞잖
아요. 그런데 그렇지 않다는 겁니다. 마귀에 속한 세상은 음녀의 증인
이기에 "음녀가 받을 심판이 있다"고 아무리 알려 주어도 깨닫지 못
합니다. 그래서 늘 예수의 증인인 사도 요한에게, 말씀의 표지판을 따
라가는 성도들에게 말씀을 보이고 들려주십니다.

계시록 17, 18장은 멸망할 음녀의 실체를 적나라하게 보여 줍니
다. '음녀'란 어떤 자들을 말합니까? 성경은 신랑이신 하나님을 버리
고 세상을 사랑한 이스라엘을 향해 '음녀'라고 표현합니다. 하나님은
이스라엘이 세상을 좇을 때마다 "너희가 간음했다"라고 말씀하셨습
니다. 우리를 질투하기까지 사랑하는 하나님이시기에 역설적으로 음

녀라고 표현한 것입니다.

그렇다면 음녀는 왜 말씀이 안 들리는 걸까요? 불보다 무서운 것이 물인데, 많은 물 위에 앉아서 세상을 발아래 두고 있으니까 '자신교'에 빠질 수밖에 없지 않겠습니까? 큰 성 바벨론과 큰 음녀는 정치·경제·문화·종교를 아우르는 막강한 세력입니다. 그들이 멸망하기까지 수많은 예수의 증인이 피를 흘리게 될 것입니다. 결국 성도가 승리할 테지만 그때까지 겪어야 할 아픔이 끝이 없습니다.

예레미야 46장부터는 하나님이 유다를 괴롭힌 열방을 향해 심판을 선포하시는 말씀입니다. 물론 하나님은 열방도 사랑하시지만, 주의 백성을 괴롭게 한 민족에게 반드시 책임을 묻겠다는 걸 보여 주시려는 겁니다. 유다를 대적한 애굽, 모압, 암몬, 바벨론 등이 바로 많은 물 위에 앉은 큰 음녀입니다. 그런데 말씀을 자세히 보면 그들에게는 "돌아오라" 말씀하지 않으십니다. 애굽에게는 미약하게나마 회복을 약속하시지만, 다른 민족에게는 구원하시겠다는 말씀이 아예 없습니다. 주인공은 항상 택자 이스라엘, 열방 가운데서 예수의 증인들이 되어 피 흘리는 성도입니다. 그렇지만 예수의 증인으로 사는 길은 평탄하지 않습니다. 본문 6절에 "음녀가 성도들의 피와 예수의 증인들의 피에 취한다"고 하는데, 이 말씀은 곧 음녀가 심판을 받기까지 주의 증인이 무수히 죽임당한다는 것 아니겠습니까?

당장 우리 삶만 돌아보아도 그렇잖아요. 가족이나 친지에게 복음 한마디 전하려면 얼마나 피를 흘려야 하는지 모릅니다. 경제력이 있는 식구일수록 "교회 이야기는 꺼내지도 말라" 하면서 복음이 이도 안 들어갑니다. 간증을 전해 주면 "이상하게 믿지 말라"며 광신도 취급을 하기도 합니다. 교회에 다녀도 목장에 속하기를 꺼리는 분을 보면 대부분 권세가 있는 분입니다.

저에게도 말문이 막히는 일이 참 많았습니다. 혼전순결을 지켜야 한다는 제 설교를 듣고는 "그럴 바에는 결혼도 하지 않겠고, 교회를 떠나겠다"고 제게 선포해 온 청년이 있었습니다. 막 믿기 시작한 청년들은 받아들이기 어려운 거룩이겠지요. 다행히 청년은 이후 양육을 잘 받고 지금은 말씀을 좋아합니다. 또 고등부를 담당하시는 부목사님은 동성애는 죄라고 설교했다가 한 학생으로부터 "소수 인권을 무시하는 목사님이 싫어서 교회를 떠나겠다"는 편지를 받았답니다. 이런 것들이 우리가 당장 부딪치는 음녀의 세력 아닐까 합니다. 눈앞에 음녀의 쾌락만 보이고 심판은 보이지 않기에 그렇습니다.

그러나 지난 14장에서도, 16장에서도 큰 성 바벨론은 반드시 무너진다고 말씀하셨습니다(계 14:8; 16:19). 바벨론도, 음녀도 모두 멸망할 세력이기에 다 두고 거기서 나오라고 주님은 끊임없이 말씀하십니다. 그런데 이 음녀에게서 벗어나는 게 참 쉽지 않습니다. 이스라엘도 그러지 않았습니까? 애굽에서 400년이나 종노릇했어도 화려한 애굽 문화에 젖어서 좀체 나오지 못했습니다. 애굽이 핍박하니까 나가긴 나가야겠는데 목구멍이 포도청이라고 '여기서 나가면 어떻게 사나' 너무 두려웠던 겁니다. 우리도 그렇죠. 돈에 매여서, 인정에 매여서 여전히 세상의 종노릇을 합니다. '여기서 나가면 누가 나를 책임지나' 두렵고 무서워서 꼼짝도 못 합니다.

그러나 환난이 기다리고 있다 해도 세상 애굽에서 나와야 합니다. 내가 태어난 때부터 이미 종말은 시작됐습니다. 열 살을 살든, 여든 살을 살든 하나님 보시기에는 점 같은 시간입니다. 이 하나님의 시간, 카이로스를 알면 어떤 고난도 지날 수 있습니다. 주님이 다시 오시는 이유는 우리로 환난을 면하게 하시려는 게 아니라 생명의 관을 주시기 위함입니다. 서머나 교회를 향해 "너는 장차 받을 고난을 두려워하지 말라…… 죽도록 충성하라 그리하면 내가 생명의 관을 네게 주리라"고 하셨잖아요(계 2:10). 큰 성 바벨론, 큰 음녀는 반드시 망합니다. 이 약속을 믿으면 어떤 싸움에서도 외롭지 않습니다. 이것이 올바른 종말론입니다.

음녀의 세상에서 예수의 증인들로 사는 건 그야말로 십자가 길입니다. 날마다 심판을 외쳐야 하는데 누가 환영해 주겠습니까. 그러나 인생이 길어야 백 년 아닙니까? 예수의 증인으로서 한평생 인내해야 한대도 백 년입니다. 백 년'이나'가 아니라 백 년'밖에' 안 됩니다. 조사 하나에 차이가 큽니다.

예레미야 45장에 보면, 하나님이 예레미야를 통해 실의에 빠진 바룩을 위로하시는 말씀이 나옵니다. 유력한 가문 출신에다 학식도 뛰어난 바룩에게 조국의 멸망을 전하는 일은 고통이었습니다. 그가 얼마나 괴로움에 시달렸는지 45장 3절 한 절에만 절망과 연관된 말이 여섯 번이나 나옵니다.

"……'화'로다 여호와께서 나의 '고통'에 '슬픔'을 더하셨으니 나는 나의 '탄식'으로 '피곤'하여 '평안'을 찾지 못하도다'"(렘 45:3).

예레미야를 열심히 도와 사역했건만 바룩에게 돌아온 건 화뿐이었습니다. 유다의 멸망을 바라보는 것만도 고통인데, "바벨론에 가라" 외치면 매국노 취급만 받으니 슬픔이고, 예레미야가 성전 출입을 금지당한 것도 탄식감입니다. 무엇보다 앞으로 이런 사역을 계속해야 한다고 생각하니 몸도 마음도 피곤하고, 평안이 없습니다. 게다가 배경으로나 스펙으로나 바룩이 훨씬 뛰어난데 늘 예레미야가 주인공이고 바룩은 조연 같게 보입니다. 그런데 이런 바룩의 마음을 읽으신 하나님이 예레미야를 통해서 이렇게 말씀하십니다.

"네가 너를 위하여 큰일을 찾느냐 그것을 찾지 말라!"(렘 45:5).

바룩이 그동안 자기 자신을 위해서 큰일을 했기에 탄식하는 것이랍니다. 우리도 그렇습니다. 예수를 위하여 산다지만 실상 주의 일도 나를 위해서 하기에 날마다 고통과 탄식뿐인 겁니다. 반면에 예레미야는 성전 출입이 금지된 암담한 상황에서도 도리어 바룩을 위로하며 갑니다. 예수님도 십자가를 지러 가시면서 베드로가 칼로 벤 말고의 귀를 붙여 주지 않으셨습니까. 마지막까지 제자들을 양육해 주신 것입니다. 이런 것이 증인의 삶입니다.

몇 년 전 재벌들의 갑질이 사회 문제로 대두된 적이 있습니다. 모 기업의 총수가 부하 직원에게 고성을 지르며 욕설까지 퍼붓는 동영상이 인터넷상에서 일파만파 퍼지기도 했지요. 음녀는 그 속에 생명이 없기에 작은 사건에도 쉽게 분노합니다. "내가 누군지 알고!", "나에게 감히!" 하면서 늘 대접 받기를 바랍니다. 물론 부자들이 다 그렇다는 것은 아닙니다. 예수가 없으면 누구나 음녀의 가치관으로 살 수

144

밖에 없습니다. 그들에게는 보이는 세상이 전부이기에 늘 보이는 것으로 자신을 증명하려 합니다. 그래서 고급 외제차나 명품을 자랑하고 작은 갈등에도 자존심을 내세웁니다. 예수의 증인들은 그런 음녀에게 심판을 보여 주는 자입니다. 세상은 죽었다가 깨나도 하지 못할 적용을 하며 오직 하나님만이 상급이신 것을 보이는 자입니다. 여러분도 그런 증인이 되기를 바랍니다.

• 내가 예수의 증인으로서 보여야 하는 것은 무엇일까요? 어떻게 세상 음녀에게 그들이 받을 심판을 보여 줄 수 있을까요?

음녀는 모두를 악에 취하게 합니다

땅의 임금들도 그와 더불어 음행하였고 땅에 사는 자들도 그 음행의 포도주에 취하였다 하고_계 17:2

음녀의 매력이 얼마나 대단한지 세상 왕들뿐만 아니라 땅에 사는 많은 사람이 그 음행의 포도주에 취하였다고 합니다. 그는 악하고 음란한 가치관을 전파하여 사람들의 눈을 멀게 하고 하나님을 외면하게 만듭니다. 이 음녀에게 매료되어 음란과 우상숭배에 취한 자들을 가리켜 주님은 특별히 "땅"의 임금들, "땅"에 사는 자들이라고 명명하십니다. 그런데 이와 비슷한 말씀이 골로새서에도 나옵니다.

"그러므로 너희가 그리스도와 함께 다시 살리심을 받았으면 위의 것을 찾으라 거기는 그리스도께서 하나님 우편에 앉아 계시느니라. 위의 것을 생각하고 땅의 것을 생각하지 말라. 이는 너희가 죽었고 너희 생명이 그리스도와 함께 하나님 안에 감추어졌음이라. 우리 생명이신 그리스도께서 나타나실 그때에 너희도 그와 함께 영광 중에 나타나리라. 그러므로 땅에 있는 지체를 죽이라 곧 음란과 부정과 사욕과 악한 정욕과 탐심이니 탐심은 우상숭배니라"(골 3:1~5).

성도인 우리는 생명이신 그리스도가 나타나실 때에 그와 함께 영광 중에 나타날 어마어마한 신분입니다. 바울 사도는 이런 엄청난 약속을 받은 성도를 향해 "그러므로", "땅에 있는 지체를 죽이라"고 말합니다. 이때 '죽이라'는 말은 권면을 넘어서는 명령입니다. 단번에, 단호히, 지체하지 말고 죽여 없애 버리라는 의미입니다.

그런데 우리는 "그러므로"가 아니라 자꾸 "그러나"가 튀어나옵니다. 말씀 따라 살라고 "큐티하세요" 권유하면 "큐티 좋지요, 그러나 큐티가 다가 아니에요" 합니다. 이것은 "하나님 말씀 좋지요, 그러나 하나님이 못해 주시는 것이 있어요" 하는 불신앙의 말과 다름없습니다.

그러면 우리가 죽여야 하는 땅에 있는 지체는 무엇일까요? '지체'는 '몸의 일부', '사지'라는 의미로 인간의 타락한 죄성을 가리킵니다. 그것을 다섯 가지로 요약한 것이 바로 5절의 '음란과 부정과 사욕과 악한 정욕과 탐심'입니다. 음란은 비정상적인 성행위나 불법적인 성관계를, 부정은 도덕적으로 깨끗하지 못한 것을 말합니다. 사욕은 정욕보다 수동적인 의미로 스스로 제어하기 어려운 욕구를 말합니다. 왜, "스트레스가 심해서 어쩔 수 없이 술을 마셨다", "요즘 마음 둘 곳이 없어서 어쩔 수 없이 바람을 피웠다", "배우자가 내 편을 안 들어 줘서 어쩔 수 없이 다른 사람을 만났다" 말하지 않습니까? 물론 이런 것들이 정당한 이유는 될 수 없지만, 궁지에 몰렸을 때 나도 모르게 죄에 끌리는 마음이 우리 가운데 있다는 것입니다. 악한 정욕은 사욕보다 능동적인 측면으로 자신의 욕구를 채우고자 적극적으로 죄를 찾는 것을 말합니다.

마지막 탐심은 하나님 한 분으로 족한 줄 모르는 마음입니다. 그래서 탐심은 우상숭배라고 합니다. 모든 죄의 뿌리가 바로 이 탐심입니다. 즉, 탐심에서부터 죄가 시작된다는 말입니다. 성(性)을 탐하는 마음이 음란과 악한 정욕으로 나타나고, 돈을 탐하는 마음이 부정으로 나타나는 것이지요.

단지 재물이나 성적 쾌락만 땅의 지체가 아닙니다. 배우자나 자녀, 애인, 골프나 운동 등도 내 탐심을 따라 사랑한다면 모두 땅에 있는 지체입니다. 내가 우상처럼 숭배하는 그것이 바로 땅에 있는 지체라는 말입니다. 우리는 하나님 안에서 그분의 명령대로 살아야 할 영적인 존재입니다. 그런데 자꾸 육적인 존재에 마음을 빼앗겨서 그것을 마치 하나님처럼 숭배합니다. 우리가 이런 땅에 있는 지체들을 죽이지 못하면 어떻게 됩니까? 이어지는 골로새서 말씀을 보면 "이것들로 말미암아 하나님의 진노가 임한다"고 합니다(골 3:6). 즉, 지금 하나님이 "네가 사랑하는 땅에 있는 지체를 죽여라. 그러지 않으면 내가 죽일 거야" 말씀하시는 겁니다. 다시 말해 "예수 안 믿으면 망한다!"

이 이야기를 하시는 것입니다.

다른 게 우상숭배가 아닙니다. 내가 너무 좋아하는 그것이 바로 내 우상입니다. 멀리서 보면 'GOD'과 'GOLD'가 같다고, 특별히 우리가 얼마나 돈을 사랑하는지 모릅니다. C. S. 루이스(Lewis)가 음란보다 더 무서운 것은 자기 의와 교만이라고 했는데, 자기 의를 만족시키는 데 돈이 절대적인 역할을 하지 않습니까? 음란, 부정, 외도와 같은 죄는 겉으로 잘 드러납니다. 그러나 돈을 좋아하는 탐심은 눈에 띄지 않습니다. 교회에도 이런 탐심이 버젓이 들어와서 요즘은 돈을 내면 직분을 주는 교회도 있답니다. 그러니 음란보다 더 무서운 것이 돈을 탐하는 마음 아니겠습니까.

또한 우리가 가장 순종하지 못하여 하나님의 진노를 불러일으키는 문제가 바로 불신결혼입니다. 죽음을 앞둔 여호수아가 이스라엘 백성에게 마지막으로 남긴 말은 "불신결혼하지 말라!"였습니다. 이를 어기고 가나안 족속과 혼인한다면 "그들이 너희에게 올무와 덫이 되고 너희의 옆구리에 채찍이 되며 눈에 가시가 되리라"고 경고했습니다(수 23:12~13). 그런데도 우리는 겁도 없이 불신결혼하고 또 쉽게 이혼합니다.

2022년 통계청 자료에 의하면 2021년 약 19만 3천 쌍이 결혼하고 10만 2천 쌍이 이혼했다고 합니다. 해를 거듭할수록 혼인율은 주는데 불신결혼으로 인해 결손가정마저 늘어납니다. 이보다 더 큰 악이 어디 있습니까. 앞에서 이야기한 인간의 다섯 가지 악의 집결체가 불신결혼이라고 할 수 있습니다. 오직 음란을 좇아서 결혼하고, 또 임신했으니 어쩔 수 없다면서 수동적인 사욕으로 결혼합니다. 악한 정욕으로 아무나 빼앗아 오고, 상대의 돈과 지위, 미모를 숭배하여 결혼합니다. '내가 좋다는데 누가 말리냐' 하면서 죄책감도 없이 불신결혼을 하는 겁니다. 하나님 자녀라면서 불순종을 일삼는 악인과 하나님을 모르는 악인이 만나서 결혼하니 세상이 온통 악으로 가득 찰 수밖에요.

우리들교회 목장보고서에서 한 집사님의 나눔을 읽었습니다. 이 집사님이 처녀 시절 한 형제와 교제하다 임신까지 했는데 알고 보니 상대는 8살 딸이 있는 이혼남이었습니다. 그래도 임신했으니 어쩔 수 없이 결혼했습니다. 그런데 이 남편이 또다시 바람이 나서 집을 나간 지 올해로 12년째라는 겁니다. 그러니 '어쩔 수 없어서' 하며 합리화하는 사욕이 얼마나 악인지 모릅니다. '스트레스가 심해서 어쩔 수 없이 바람피웠어', '너무 외로워서 어쩔 수 없이 그 남자, 그 여자를 만났어' 이렇게 어쩔 수 없다 하면서 도피처를 찾는 게 수동적인 사욕입니다.

우리들교회의 결혼식에서는 신랑, 신부가 자신의 간증을 합니다. 그런데 간혹 재혼인 커플의 부모들이 주례자인 제게 찾아와 재혼 사실을 밝히지 말아 달라고 요청하기도 합니다. 결혼에 한 번 실패했으면 이제는 부부가 함께 거룩을 목표로 놓고 예수의 증인들로 살아야 하는데, 여전히 음녀의 가치관을 버리지 못하는 겁니다.

부모가 "신결혼하라" 밤낮 외친다고 자녀가 신결혼하는 것이 아닙니다. 또 교회에서 만나 결혼한다고 무조건 신결혼이 아닙니다. 지금부터 자녀의 구원을 위해서 기도해야 합니다. 어릴 때부터 자녀를 말씀으로 양육하고 부모가 먼저 삶으로 믿음을 보여 주어야 합니다.

- 나는 무엇을 우상처럼 숭배합니까? 쉽게 말하면, 내가 하나님보다 좋아하는 것은 무엇입니까? 음란입니까, 돈입니까, 배우자입니까, 자녀입니까, 애인입니까, 골프입니까?
- 불신결혼하겠습니까, 신결혼하겠습니까? 내 자녀를 불신결혼시키겠습니까, 신결혼시키겠습니까? 혹시 무늬만 신결혼인 결혼을 하지는 않았습니까?

성령에 이끌려 광야로 가야 음녀의 실체가 보입니다

3 곧 성령으로 나를 데리고 광야로 가니라 내가 보니 여자가 붉은빛 짐승을 탔는데 그 짐승의 몸에 하나님을 모독하는 이름들이 가득하고 일곱 머리와 열 뿔이 있으며 4 그 여자는 자주 빛과 붉은빛 옷을 입고 금과 보석과 진주로 꾸미고 손에 금잔을 가졌는데 가증한 물건과 그의 음행의 더러운 것들이 가득하더라_계 17:3~4

광야학교에 가야 음녀의 실체가 보입니다. 그러므로 광야 같은 환경은 축복입니다. 요한을 인도하셨듯이 우리를 광야로 이끄는 분도 성령님이십니다. 예수님도 성령에 이끌려 광야에 가서서 40일간 금식하신 후 마귀에게 시험을 받으셨습니다. 요한도 광야에 가서 바닥까지 떨어져 보니 여자와 짐승이 같은 붉은빛이라는 게 비로소 보입니다. 한마디로 음녀와 짐승이 '동류(同類)'라는 것입니다.

그야말로 음녀는 화려합니다. 금과 보석과 진주로 자신을 꾸미고 손에는 금잔을 가졌습니다. 그러나 그 속에는 가증한 물건과 음행의 더러운 것들만 가득하다고 합니다. 지난 13장에서 바다에서 나온 짐승은 적그리스도라고 했습니다(계 13:1). 또한 땅에서 올라온 다른 짐승은 어린 양 같은 모습의 거짓 선지자라고 했습니다(계 13:11). 그런데 음녀가 그런 짐승을 타고 있다고 하니, 이는 곧 그가 사탄의 하수인이라는 의미 아니겠습니까. 사탄을 따르다 멸망하는 자의 모습이 딱 이렇다는 것입니다. 세상 바벨론이 어떻게 망하는지 적나라하게 보여 줍니다. 보석같이 화려한 삶을 누리고 금잔 같은 성공을 쥐어도 실상은 사망을 월급으로 받을 형통이라는 것입니다.

예수를 믿으면 잘살고 힘 있는 자가 된다고 가르치는 사람도 많습니다. 이런 것도 바벨론 가치관, 음녀의 가치관 아닙니까? 바다에서 올라온 적그리스도의 가르침과 다를 것이 무엇입니까. 교회에서는 팔복을 가르쳐야 합니다. 십자가를 가르쳐야 합니다. 저는 날마다 "고난은 제가 다 받을 테니 여러분은 구원 받고 천국에 가시라"고 외칩니다. 우리 주님에 대해 제가 얼마나 자신 있으면 그러겠습니까! 그렇다고 제가 지질해 보이나요? 늘 십자가를 외치며 가지만 다윗처럼 저도 늙도록 부하고 존귀할 예정입니다(대상 29:28). 고난을 무서워한다고 피할 수 있습니까? 고난은 반드시 찾아옵니다. 그러나 내가 광야에서 깨달아야 할 것이 여전히 많다는 걸 알고 "고난은 와야 한다" 선포하며 가니까 점점 요동함은 줄고 평강이 생깁니다.

광야 고난을 통하여 내 속의 음녀의 실체를 보았다고 고백하신 한 여집사님의 간증입니다.

이전 교회에 출석하던 때의 일입니다. 교회 이전을 앞둔 어느 날 목사님이 부족한 건축 자금을 제게 꾸어 달라고 했습니다. 그래서 없는 형편에 살던 집을 담보로 대출을 받아서 빌려주었습니다. 이후 남편이 갑자기 암 선고를 받자 목사님이 또 찾아와서는 "남편의 생명을 살려 줄 테니 1억을 헌금하라" 요구했습니다. 저는 어떻게든 남편의 병을 고쳐 보려는 마음에 또다시 거금을 드렸습니다. 뭐가 잘못됐는지도 모르고 그저 "하나님, 제가 순종해서 헌금을 드렸으니 남편의 병을 치료해 주세요" 하고 애원했습니다. 하지만 저의 바람과는 달리 남편은 투병 2년 만에 세상을 떠났습니다.

그때부터 문제가 생겼습니다. 모든 기대가 와르르 무너지면서 불만이 터진 겁니다. '내가 성경에서도 불쌍히 여기라는 과부가 되었는데 어찌 저 목사는 돈 갚을 생각조차 안 하는가?' 화가 차올랐습니다. 도저히 분이 풀리지 않아서 자녀들을 붙잡고 교회 지도자들을 욕하기도 했습니다. 그러다 자녀까지 죄짓게 하는 것 같아서 꾹 참았지만, 목사님을 볼 때마다 꾸어 준 돈밖에 떠오르지 않으니 너무 괴로워서 결국 교회를 떠나 버렸습니다.

이후 우리들교회에서 양육 받으면서 비로소 제 죄를 직면했습니다. 여호수아가 기브온 족속에게 속아 넘어가는 말씀을 보면서(수 9장), 속인 목사님보다 속은 내가 더 악하다는 사실이 깨달아진 것입니다. 돈을 우상 삼아 돈으로 모든 일을 해결하려다가 하나님께 진노를 산 것이지요. 이렇게 내 죄가 보이니 모든 고난이 합당하게 여겨집니다. 환경은 변하지 않았고 빚도 고스란히 남아 있지만, 직장이라는 그루터기를 남기셔서 생계를 이어 가게 해 주시는 하나님, 감사합니다(사 6:13). 허락하신 광야에서 하나님만 의지하며 가기를 소망합니다.

우리가 광야학교를 거치지 않으면 이렇게 매사 분별이 잘 안 됩니다. 계시록은 값비싸고 화려한 음녀의 옷과 빛나고 깨끗한 성도들의 세마포 옷을 대조적으로 보여 줍니다(계 19:8). 하나님은 화려한 자가 아니라 거룩하고 깨끗하기에 힘쓰는 자를 쓰십니다. 이 진리를 깨달은 자만이 예수의 증인이 될 수 있습니다. 그런데 우리가 자꾸 화려한 옷만 입으려 하니까 하나님이 광야학교로 보내시는 것입니다. 유다의 므낫세 왕도 일월성신을 섬기고 악행을 일삼다가 바벨론 포로로 끌려가고 나서야 여호와께서 하나님이신 줄 알았다고 했습니다(대하 33:10~13). 환난을 통해 회개하고서 비로소 여호와 하나님을 바라보게 된 것입니다. 하나님이 가장 맥을 못 추시는 것이 회개입니다. 성령에 이끌려 광야에서 음녀의 실체를 보는 자는 회개할 수밖에 없습니다.

• 성령께서 보내신 광야는 어디(무엇)입니까? 광야에 있지 않아서 아직 음녀의 실체가 분별이 안 됩니까? 광야에 있는데도 음녀처럼 화려한 옷을 입기만 바라지 않습니까?

음녀의 세력은 비밀입니다

그의 이마에 이름이 기록되었으니 비밀이라, 큰 바벨론이라, 땅의
음녀들과 가증한 것들의 어미라 하였더라_계 17:5

마치 해부하듯 계속해서 음녀의 실체를 적나라하게 보여 주십니
다. 그 이름이 비밀이요, 큰 바벨론이요, 땅의 음녀들과 가증한 것들의
어미라고 합니다. 특별히 이름이 "비밀"이랍니다. 이를 영어 성경으
로 보면 '시크릿(secret)'이 아니라 '미스터리(mystery)'입니다. 시크릿의
목적이 감추는 것이라면 미스터리는 알려지는 것입니다. 굳이 두 말
을 구별하여 더 적확하게 표현하자면 '비밀'과 '신비'라고 할까요.

음녀는 단순히 로마나 바벨론 같은 세력만을 지칭하지 않습니
다. 악은 모든 것에 침투해 있고 곳곳에 펼쳐져 있는데 우리는 잘 깨닫
지 못합니다. 오직 천국의 비밀을 아는 자만이 음녀의 악을 꿰뚫어 봅
니다. 그래서 '비밀'이라고 하는 것이죠.

뭐든지 화려하면 좋아 보입니다. 제아무리 권세가라도 예수가
없으면 멸망할 자인데 우리는 아니라고 합니다. "저렇게 착한데, 저렇
게 잘나가는데 정말 망하겠어" 하면서 오히려 추앙하고 부러워합니
다. 이는 "저 사람은 예수 안 믿어도 돼" 하는 것과 다름없습니다.

복음도, 음녀의 악함도 비밀이기에 내가 복음의 비밀을 더 크게
알아야 음녀의 비밀도 보입니다. 예를 들면, 질병이나 죽음, 부도 자체
는 악한 것이지만 복음의 비밀을 더 많이 깨달은 자는 그 안에서 그리

스도의 신비를 발견합니다.

영화 〈교회오빠〉로 잘 알려진 우리들교회의 고(故) 이관희 집사님이 생전에 나누어 주신 간증입니다. 집사님은 어릴 때부터 뭐든지 자기 힘으로 성취해 왔답니다. 아내와의 결혼도 자신이 결혼하고 싶은 여자를 기다려서 한 것이랍니다. 그러다 청천벽력 같은 암 고난이 찾아왔습니다. 죽음의 소식 앞에 누가 의연할 수 있겠습니까. 그러나 집사님은 내가 무너지면 모두가 힘들어진다는 생각에 온 힘을 다해 정신을 붙들었습니다. 그래서인지 스물여덟 번의 항암치료가 전혀 힘들지 않았답니다. 하지만 암이 재발했다는 두 번째 날벼락에 결국 와르르 무너졌습니다. 그제야 하나님 앞에 티끌조차 안 되는 자신의 존재를 직면했답니다. 내 힘으로 이기려는 것이 얼마나 큰 악인지 비로소 깨달아졌답니다.

음녀의 세력은 멀리 있지 않습니다. 내가 가진 권세나 경제력, 끈기와 의지로 다 이길 수 있다는 마음도 많은 물 위에 앉은 음녀의 세력입니다. 이관희 집사님은 이렇게 고백했습니다.

'짠' 하고 하루아침에 건강이 회복되면 좋겠다고 바란 적도 있습니다. 그런데 예레미야를 묵상하면서 한순간에 이루어지는 것보다 길고 힘들어도 하나님이 허락하신 바벨론 포로생활에 순종하여 하루하루 조금씩 고침 받는 것이 은혜라는 걸 알았습니다. 말씀 안에서, 믿음의 공동체 안에서 영육이 회복되는 것이 최고의 복입니다.

몇 해 전 집사님은 하나님 품으로 떠났습니다. 그러나 마지막까지 말씀을 붙들며 많은 사람에게 그리스도의 신비를 보여 주었습니다. 평생 믿었어도 암 사건을 해석하지 못해 예수를 부인하며 떠나는 사람도 많은데, 극한의 고통 가운데 어찌 이리 겸손할 수 있습니까. 그래서 시크릿이 아니라 미스터리입니다. 어떤 상황에서도 겸손한 것이 그리스도의 신비를 보이는 길입니다. 겸손한 사람은 결코 남 탓, 환경 탓을 하지 않습니다.

복음의 비밀을 알지 못하면 악의 비밀도 알 수 없습니다. 마치 동전의 양면과 같습니다. 악의 비밀을 모르면 그 악과 함께 사망으로 갈 수밖에 없습니다.

• 암, 죽음, 부도, 질병 등의 기가 막힌 상황에서 그리스도의 신비를, 그리스도의 비밀을, 그리스도의 미스터리를 보이고 있습니까? 예수의 증인으로 살고 있습니까?

피로써 증인이 될 수 있습니다

또 내가 보매 이 여자가 성도들의 피와 예수의 증인들의 피에 취한지라 내가 그 여자를 보고 놀랍게 여기고 크게 놀랍게 여기니_계 17:6

음녀가 성도와 예수의 증인들의 피에 취했다고 합니다. 그런데 말씀을 자세히 보면 여자, 곧 음녀는 단수이고 성도들과 증인들은 복수입니다. 즉, 음녀는 혼자 놉니다. 혼자서도 얼마든지 예수의 증인들을 죽일 수 있습니다. 역사 속 수많은 독재자가 그러지 않았습니까. 권세가 주어지면 못할 일이 없습니다. 요한도 그 광경을 보고서 얼마나 기가 막혔는지 '놀랍게 여기고 크게 놀랍게 여겼다'며 거듭 강조합니다. 그럴 만도 하지요. 성도와 증인들의 피로 축제를 벌이는 광경을 보고 있자니 꼭 음녀가 이기고 증인들은 망한 것 같지 않겠습니까? 그러나 주의 자녀를 피 흘리게 한 바로 그 악으로 인해 음녀는 멸망할 것입니다. 하나님은 예수의 증인들을 욕하고 박해한 자를 두고만 보지 않으십니다. 반드시 기억하시고 원수 갚아 주십니다.

그런데 본문을 거꾸로 묵상해 봅시다. 성도와 예수의 증인들의 피에 취한 음녀에게는 심판이 기다리고 있다고 했습니다. 이 말씀은 곧 피 흘리며 헌신하는 증인들이 있어야 음녀가 멸망한다는 것 아니겠습니까? 즉, 종말의 때에 예수의 증인에게 피 흘림이 요구된다는 말입니다. 또한 성도'들', 예수의 증인'들'이라고 하셨으니 함께 피 흘리는 공동체가 있다는 것이지요. 왜냐하면 혼자서는 사명을 감당할 수 없기 때문입니다. 그래서 보혈의 공동체가 중요합니다.

돈과 권세가 있으면 혼자 놀고 싶습니다. 내 것을 지켜야 하니까 모두가 경쟁자입니다. 당장 재벌가만 보아도 그렇지 않습니까? 내 기득권을 빼앗길까 봐 늘 전전긍긍하고 평강이 없어 보입니다. 또 비밀이 많습니다. 이때 비밀은 미스터리가 아닌 시크릿입니다. 저는 재벌들의 갑질에 관한 기사를 볼 때마다 '이분들이 우리들교회 목장에 오시면 얼마나 좋을까' 생각합니다. 목장에 가서 "내가 오늘은 누구한테 소리 질렀다" 이야기하면 목장 식구들이 너도나도 "그러시면 안 돼요!" 하며 제동을 걸어 주지 않겠습니까? 가난한 자든지, 부한 자든지 공동체가 필요합니다. 인간은 다 죄인이기에 스스로 죄에서 벗어날 수 없습니다. 증인들의 공동체에 속하지 않으면 죄가 죄인 줄도 모르고 살다가 심판으로 가는 겁니다.

주님은 "예수의 증인들이 되라"고 하십니다. 피 흘림의 삶을 통해 이 세상은 망한다는 사실을 보여 주는 것이 예수의 증인들의 사명입니다. 그렇다고 극단적으로 살라는 말은 아닙니다. 예수에 목숨을 걸고 주어진 오늘을 잘 살아 내는 것, 이야말로 건강한 종말론입니다.

성경을 보아도 그렇습니다. 골로새서와 에베소서는 바울이 옥중에서 쓴 서신입니다. 생각해 보세요. 당장 복음을 전해야 할 때 감옥에 갇혀 꼼짝할 수 없으니 바울이 얼마나 답답했겠습니까. 그러니 "너희가 지금 가정에 매여 있을 때가 아니야, 어서 나가서 한 사람이라도 더 전도해!" 하는 게 맞지 않습니까? 그러나 바울은 골로새서에도, 에베소서에도 가정생활에 최선을 다하라고 강조합니다. "아내들아, 남편에게 복종하라", "남편들아, 아내를 사랑하라", "자녀들아, 부모에게 순종하라" 합니다. 왜냐하면 음녀의 전공과목이 가정을 깨는 것이기 때문입니다. 어제도 아니요, 내일도 아니요 '오늘'을 잘 살라고 음녀의 실체를 보여 주십니다. 목숨을 건 신앙생활은 가정에서부터 시작되어야 합니다.

예수의 증인으로서 피 흘리며 가정을 지키시는 한 남편 집사님의 간증을 소개합니다.

저희 부부는 잉꼬부부가 따로 없을 만큼 사이가 각별했습니다. 교회에 오래 다녔고 성가대 봉사도, 운동도 함께하고 여행도 자주 다녔습니다. 그러던 우리 부부에게 해, 달, 별이 떨어지는 사건이 찾아왔습니다(마 24:29). 아내가 외도에 빠진 것입니다. 자녀들이 연이어 취업에 실패하고 갱년기까지 찾아오면서 아내는 심한 우울증을 겪었습니다. 그런데 3년 전 초등학교 동창회에 다녀온 후로 표정이 밝아졌습니다. 아내의 분위기가 달라지니 저도 처음엔 좋았습니다. 그런데 어느 날부터 아내는 제게 각방을 요구하고 운동도, 여행도 함께하기를 거부했습니다. 낌새가 이상해 뒷조사를 해 보니 다른 사람을 만나고 있더군요. 머리가 하얘지고 꿈을 꾸는 것만 같았습니다. 이때부터 제 삶에 지옥이 펼쳐졌습니다. 저는 아내가 믿음이 없어서 외도에 빠졌다며 아내만 탓했습니다. 나는 무죄하다 여기면서 분노와 억울함, 복수심에서 헤어날 줄 몰랐습니다.

그러다 우리들교회로 인도 받고 말씀을 깊이 묵상하면서 아내가 아니라 제 속의 헛된 기대와 욕심이 진짜 원수라는 걸 깨달았습니다. "나의 실체를 깨달으라"는 담임목사님의 말씀이 꼭 저에게 던지시는 하나님의 음성 같았습니다. 그동안 아내와 보낸 시간은 카이로스가 아니라 크로노스였습니다. "아내에게 속았다"고 부르짖었지만, 실상 인간적인 사랑과 세상적인 즐거움에 집착하는 제 욕심에 스스로 속은 것입니다.

한때는 이혼을 생각한 적도 있었습니다. 의처증에 시달려 거액을 주고 각종 상담을 받았는데 모두가 "아내와 길이 다르니 각자의 행복을 위해서 이혼하라"는 답만 내놓았습니다. 저도 그것만이 답인 줄 알았습니다. 그러나 기브온 주민에게 속아서 한 맹세라도 끝까지 지키는 여호수아를 보면서(수 9:16~27), 내 유익을 위해 하나님 앞에서 한 결혼 서약을 깰 수는 없다는 생각이 들었습니다. 지금도 아내와 각방을 쓰지만 이혼 생각은 접었습니다. 세상 안에서 좋은 환경보다 하나님 안에서 나쁜 환경이 축복이라고 믿습니다. 끝까지 인내하며 무너진 가정을 중수하는 것이 하나님과의 맹세를 지키는 길임을 확신합니다. 속은 자가 구원의 선봉에 서야 한다고 하셨는데 속은 제가 먼저 회개하면서 나아가면 훼파된 우리 가정도 반드시 회복될 줄 믿습니다.

환경이 변하지 않아도 말씀을 통하여 내 죄를 회개하고 은혜를 사모하게 되어 기쁘다는 고백이 이분 간증의 클라이맥스입니다. 보통 아내들보다 남편들이 배우자의 외도를 더 참지 못한다고 합니다. 그런데도 이분이 자기 생명을 내놓고 가정을 지키기로 결단했습니다. 음녀의 증인으로 살다가 피로써 예수의 증인이 되기로 결단했습니다. 그러므로 여러분, 다 무너져 소망조차 보이지 않을지라도 가정은 지킬 만한 가치가 있습니다.

음녀에게는 심판이 기다리고 있습니다. 그러므로 우리는 음녀의 증인이 아니라 '예수의 증인'으로 살아야 합니다. 성령이 나를 이끄신 광야에서 음녀의 실체를 바로 보아야 합니다. 음녀를 바로 알지 못하면 더불어 악에 전염되고 맙니다. 복음이 비밀이듯 음녀의 악도 비밀입니다. 오직 예수의 피로써 복음의 비밀을 깨달은 자만이 음녀의 비밀을 깨닫습니다. 거룩을 목표로 두고 십자가의 길, 순교자의 길을 가면 행복도 따라올 줄 믿습니다.

• 음녀의 증인이 되겠습니까, 예수의 증인이 되겠습니까? 내가 피로써 증인 되어야 할 일은 무엇입니까?

우리들 묵상과 적용

저는 3대째 모태신앙인이지만 어릴 때 겪은 일로 가치관이 바뀌어 믿음을 저버리게 되었습니다. 어머니가 어렵게 돈을 모아 집을 사셨는데 큰어머니가 사업을 하려고 우리 집을 담보로 잡았다가 날리신 것입니다. 큰어머니는 오히려 큰소리치셨고, 큰아버지도 죄책감이 없어 보였습니다. 그때부터 저는 '돈이면 다 된다'라고 생각하며 돈을 우상 삼았습니다. 큰아버지는 간암으로 돌아가시고, 큰어머니는 혈액암에 걸리시고, 두 분의 큰아들은 이혼하는 큰 심판을 보면서도 저는 하나님을 두려워하지 않았습니다(계 17:1). 오히려 음행의 포도주에 취해 더더욱 돈을 섬기며 서울에 집이 있음에도 다른 지역의 미분양 집을 사서 비싸게 팔고자 했습니다(계 17:2). 하지만 그 집은 아직도 팔리지 않고 있습니다.

이후 우리 부부는 큐티하는 교회에 다니게 되었지만, 남편의 직장이 세종시로 이전하면서 저는 광야와 같은 외로운 환경에 처했습니다. 교회가 멀다고 불만을 터뜨리는 제게 주님은 말씀을 통해 '네가 몸, 시간, 감정을 주께 온전히 드리지 못하고 있다'고 알려 주시며 저로 회개하게 하셨습니다. 그러나 집값이 오르는 것을 보니 '세종시에 집을 사면 부와 가치를 손에 넣을 수 있겠다'라는 생각에 욕심이 생겼습니다(계 17:4). 그래서 청약을 넣으려다가 실패하고, 두 번째 청약도 프로그램 에러가 생겨 결국 넣지 못했습니다. 원인을 찾아보니 날짜를 잘못 입력해서였습니다. 이때 저는 하나님이 청약을 막으신 이유를 생각해 보다가 교회에서 말씀으로 양육을 받았을 때 훈련 과정을 쉽게 넘어가려고 한 죄를 보게 되었습니다. 그래서 공동체의 권면을 따라 세종시에 집을 사지 않기로 다짐했습니다.

그런데 얼마 후, 동네에 매물로 나온 집을 보러 가자고 한 지인을 따라갔다가 그 집에 마음을 빼앗겼습니다. 지인은 저에게 그 집을 사라고 했습니다. 저는 시세보다 저렴한 집값을 보니 사고 싶어졌습니다. 그래서 마음을 다잡기 위해 얼른 큐티책을 펼쳤지만, 말씀이 눈에 들어오지 않았습니다. 그래도 교회 공동체에서 말씀으로 권면해 주셔서 '하나님을 믿지 않는 남편은 집 사는 걸 원하지 않으니 내 형제로 부르신 남편이 실족하지 않으려면 사지 말아야겠다'는 생각으로 포기하게 되었습니다(고전 8:13). 이렇듯 저는 광야의 환경을 허락해 주신 하나님 덕분에 음녀의 실체를 볼 수 있었습니다(계 17:3~4). 복음의 비밀을 통해 음녀의 비밀을 알게 하시고, 연약한 저의 간증으로 그리스도의 신비를 보이게 하신 하나님, 사랑합니다(계 17:5).

영혼의 기도

하나님 아버지, 우리에게 예수의 증인 공동체를 허락해 주셔서 감사합니다. 예수의 증인으로 살기로 결단하며 날마다 한 걸음씩 걸어갑니다. 그러나 아직도 죽이지 못하고 뒤돌아보고 합리화하는 죄들이 있습니다. 이 땅에서 모든 죄를 도말하여 하나님 앞에 깨끗하고 거룩한 세마포 옷을 입고 서고 싶은데, 아직도 성령으로 이끌려서 가야 할 광야가 있습니다. 하지만 광야학교에서 피 흘리며 주님을 바라보는 자에게 구원이 있다고 하십니다. 피로써만 예수의 증인이 될 수 있다고, 그것이 비밀이라고 하십니다. 거룩의 길이 참으로 끝이 없지만 허락하신 광야에서 피 흘리는 희생의 삶을 잘 살게 하옵소서.

많은 성도가 광야에 있습니다. 부부 관계의 광야, 자녀 양육의 광야, 물질의 광야, 질병의 광야에 있습니다. 이 광야에서 하나님이 알려 주시는 음녀의 실체를 보게 하여 주옵소서. 내 사모하는 주님, 사명 때문에 와서 사명 때문에 살다가 사명 때문에 가는 인생이 최고라고 고백하게 하옵소서. 우리가 그런 예수의 증인들이 되게 하옵소서. 나의 광야는 하나님이 주셨다고 인정하게 하옵소서. 성령에 이끌려 가는 광야를 기쁘게 맞이하고 거기서 그리스도의 신비를 보일 수 있도록 역사하여 주옵소서.

그리스도의 비밀이 악의 비밀보다 더 승해서 모든 것에서 예수 그리스도의 신비를 보이기를 바랍니다. 겸손해져서 환경 탓, 남 탓만 하지 않기를 바랍니다. 진정한 사명의 인생을 살 수 있도록 은혜 내려주옵소서. 예수님 이름으로 기도드립니다. 아멘.

생명책에 기록된 자

요한계시록 17장 7~18절

06

하나님 아버지, 구원의 생명책에 기록되는
인생이 되기 원합니다.
말씀해 주옵소서, 듣겠습니다.

◇◆◇

제가 몸담은 큐티엠에서는 2014년 10월부터 매년 두 차례 〈목욕탕 큐티목회 세미나〉를 개최하고 있습니다. 우리들교회가 창립된 이후 놀랍게 부어 주신 은혜와 부흥을 한국교회의 목회자들과 함께 나누고 큐티목회의 열매를 열방의 교회와 선교지와 함께 누리기 위해서입니다.

몇 년 전 세미나 마지막 날, 한 목회자 분이 제게 "목사님의 죄패는 무엇입니까?"라고 물으신 적이 있었습니다. 첫날부터 매시간 저의 죄와 수치를 숨김없이 나누었다고 생각했는데 마지막에 그런 질문을 받으니 순간 의도가 의심되더군요. 그러나 곧 '3박 4일 동안 최선을 다해 강의하고 섬긴 상으로 하나님이 죄패를 주셨구나' 깨달아졌습니다. 그래서 마음을 가다듬고 마지막 기도를 했습니다.

"하나님, 지난 3박 4일간 최선을 다해 섬겼다고 생각했는데 하나님은 마지막에 저의 죄패가 무엇인지 물으십니다. 아직도 제게 죄가 많은 것 같습니다. 제 죄를 잘 보고 가겠습니다."

후에 질문하신 목사님은 그런 의도가 아니었다고 편지를 보내셨습니다. 저도 "덕분에 선한 싸움을 다 싸우고도 마지막에 생명책에 기록되지 못할 수 있다는 걸 깨달았으니 오히려 제가 큰 상을 받았습니다"라고 답신을 드렸습니다.

이 땅은 영적 전쟁터입니다. 날마다 승리했어도 마지막에 이겨야 승리의 기록부인 생명책에 기록되지 않겠습니까? 어떻게 예수의 증인이 되어 생명책에 기록될 수 있을까요? 지난 장에서는 음녀의 실체를 보았는데, 이번 장에서는 짐승의 비밀을 살펴보려고 합니다.

음녀와 짐승은 하나입니다

지난 17장 6절에서 음녀가 성도들과 예수의 증인들의 피에 취했다고 했습니다. 1절에서 천사가 요한에게 "음녀가 받을 심판을 네게 보이리라" 했는데 도리어 음녀가 득세하는 모습이니 요한이 놀랐습니다.

> 천사가 이르되 왜 놀랍게 여기느냐 내가 여자와 그가 탄 일곱 머리와 열 뿔 가진 짐승의 비밀을 네게 이르리라_계 17:7

음녀가 일곱 머리와 열 뿔을 가진 짐승을 타고 앉았습니다. 음녀는 쾌락, 짐승은 권세를 상징합니다. 이 둘은 떼려야 뗄 수 없는 관계입니다. 권세와 쾌락이 합력하여 온 세상을 물들입니다. 계시록이 쓰인 때도 그랬습니다. 당시 최고 권세가인 로마 황제 중에 음행하지 않은 왕이 없었다고 합니다. 그 로마가 전 세계를 장악하고, 피지배국들은 로마에 저항하면서도 그들의 음란한 문화에 점점 빠져들었습니

168

다. 로마에서 멀리 떨어져 있던 소아시아 일곱 교회도 예외는 아니었습니다.

몇 년 전, 영국 해리 왕자의 결혼식이 온 세상을 떠들썩하게 했습니다. 세기의 결혼을 보겠다고 10만 인파가 운집하고, TV 방송과 영화관에서 결혼식이 생중계되기도 했습니다. 전문가들은 이 결혼이 1조 5천억 원의 경제적 파급 효과를 내리라고 추정했습니다. 결혼식의 모든 과정도 화제에 올랐습니다. 불참한 신부 아버지를 대신해 시아버지 찰스 왕세자가 신부의 손을 잡고 입장했는데, 항간에는 파파라치에게 자신의 사진을 팔았다는 이유로 신부가 아버지를 초대하지 않았다는 소문이 돌기도 했습니다. 또한 신부는 왕실 결혼식의 전통인 '남편에 대한 복종 서약'을 거부하고 왕자비로서 사회적 역할을 다짐하는 짧은 연설로 대체했습니다.

세상은 왕자비의 이런 파격적인 행보에 박수갈채를 보냈습니다. 그러나 예수의 증인인 우리는 어떤 것도 믿음의 눈으로 보아야 하지 않겠습니까. "남편에게 복종하라"는 말씀은 주 안에서 마땅한 하나님의 명령입니다(엡 5:22; 골 3:18). 세상은 세기의 결혼이라고 추앙할는지 몰라도 하나님 보시기에는 짐승의 권세와 음녀의 쾌락이 총집결된 결혼이었으리라 생각합니다.

"……그 지도자와 재판관은 뇌물을 구하며 권세자는 자기 마음의 욕심을 말하며 그들이 서로 결합하니"(미 7:3b).

짐승과 음녀, 권력과 쾌락의 결합은 구약시대부터 이미 시작됐습니다. 그리고 오늘날 우리의 현실에 더 깊이, 세밀하게 침투해 있습니다. 신앙심이 두텁고 성실한 사람도 관행이라는 이름으로 얼마나 많은 악을 행하는지 모릅니다.

짐승이 권력을 이용해 세상을 압제하고 통치한다면, 음녀는 쾌락을 통해 세상을 혼란과 방탕으로 몰아넣습니다. 짜릿하고 잔혹한 쾌감에 중독되게 만듭니다. 이런 사악한 쾌락을 조금이라도 맛본 자는 음녀의 품을 떠나지 못합니다.

정치인들 사이에서 이런 말이 돈답니다. "정치도 중독이다. 수만 명이 내 이름을 불러 주는 그 쾌감은 무엇과도 바꿀 수 없다." 권세란 마치 아편과 같아서 한번 맛을 보면 끊을 수 없답니다.

또 요즘은 미모가 권세인 세상 아닙니까? 자기 관리를 못 하면 실패자로 낙인찍히는 게 세상 풍조랍니다. 그래서 남녀를 막론하고 정신적인 수양보다는 매력적인 몸매 만들기에 목숨을 건답니다. 이렇게 미모 하나로 인생을 역전시킬 수 있다는 생각도 일종의 신체 쾌락주의입니다. 또한 내 몸은 나의 것이기에 성적 쾌락은 개인이 마땅히 누려야 할 권리라고 주장하는 성(性) 쾌락주의도 있습니다. 그저 사회에서 도태되지 않으려고 이런 조류들을 맹목적으로 따르는 사람도 얼마나 많은지 모릅니다. 모두 짐승을 탄 음녀를 따라가는 겁니다. 그러나 그 배후에 사탄이 있다는 걸 분명히 알아야 합니다. 우리는 늘 실상을 보아야 합니다. 경건의 비밀을 깨달은 자만이 일곱 머리와 열 뿔을 가진 짐승의 비밀을 볼 수 있습니다.

조용히 스며들어 온 음녀의 유혹을 하나님을 의지해 이기신 한 성도님의 간증입니다.

며칠 전 한 회사의 소장님으로부터 현장 설계를 도와 달라는 연락을 받았습니다. 평소 도움을 많이 받고 친분도 두터운 사이라 흔쾌히 수락했습니다. 며칠 후 소장님을 직접 만나 업무에 관한 이야기를 나눴습니다. "작업할 컴퓨터는 있냐"고 물으시기에 "아직 장만하지 못했다"고 하니, 소장님은 선뜻 "백만 원을 줄 테니 노트북을 사라"고 하셨습니다. 순간 기뻤습니다. 특별 대우를 받는 것만 같고, 그 말은 곧 같이 일하자는 뜻이기 때문입니다.

그런데 마음 깊은 곳에서 '잘 분별하라'는 음성이 들렸습니다. 솔직히 덥석 돈을 받고 싶었지만 마음의 소리를 모른 척할 수 없어 완곡히 거절했습니다. 그러나 소장님은 "어차피 나중에 줄 돈인데 미리 받으라" 하며 재차 강권하셨습니다. 그래도 내키지 않아서 "아내와 상의해 보겠다"고 하니, 그제야 소장님은 "자네가 돈을 받으면 급여로 책정돼서 안 되니 아내의 통장으로 넣어 주겠다"고 하며 의도를 드러내셨습니다. 결국 받으면 안 되는 돈이었던 겁니다. 부가세를 줄이려는 목적으로 주는 것이고, 배우자 소득공제도 받을 수 없는 돈이었습니다. 무엇보다 스스로를 속이는 돈이었습니다. 눈 딱 감고 받는대도 누가 뭐라 하지 않겠지만, 양심을 속이는 돈이라는 걸 제가 알고 하나님이 아시지 않습니까. 이렇게 저는 여전히 세상을 좋아하고 쳐내지 못합니다. 하나님의 자녀라 하면서도 돈을 따르는 제 모습을 회개합니다.

이런 일이 비단 이분에게만 벌어지겠습니까. 관행이라 하면서 대수롭지 않게 여길 수도 있을 텐데, '남들 다 그렇게 사는데 뭐 어떠냐' 하면서 뱃심 부릴 수도 있을 텐데 이분이 하나님을 생각하므로 순종하셨습니다. 우리가 늘 "Think"를 잘 해야 하는데, 음녀의 유혹 앞에 하나님을 Think 해 주셔서 참 감사합니다. 여러분도 이렇게 Think를 잘 하기 바랍니다. Think를 잘 해야 예수의 증인으로 우뚝 설 수 있습니다.

• '관행인데 뭐 어때' 하면서 아무렇지 않게 행하는 악은 무엇입니까? 나는 어떤 쾌락에 심취해 있습니까? 단적으로 큐티가 중요합니까, 몸매 만들기가 중요합니까?

짐승의 세력은 끈질깁니다

네가 본 짐승은 전에 있었다가 지금은 없으나 장차 무저갱으로부터 올라와 멸망으로 들어갈 자니 땅에 사는 자들로서 창세 이후로 그 이름이 생명책에 기록되지 못한 자들이 이전에 있었다가 지금은 없으나 장차 나올 짐승을 보고 놀랍게 여기리라_계 17:8

짐승은 "이전에 있었다가 지금은 없으나 장차 나올 자"라고 합니다. "있었다"를 원어로 보면 존재를 표시하는 동사를 활용하고 있습니다. 그런데 어디서 많이 들어 본 말 아닙니까?

"……거룩하다 거룩하다 주 하나님 곧 전능하신 이여 전에도 계

172

셨고 이제도 계시고 장차 오실 이시라"(계 4:8b).

지금 짐승이 창조주 하나님과 예수 그리스도를 모방하고 있는 겁니다. 즉, 짐승의 정체가 그리스도 행세를 하는 적그리스도라는 것입니다. '이전'은 예수님이 성육신하여 이 땅에 오시기 전을, '지금'은 부활하고 승천하신 이후를, '장차'는 재림 직전의 때를 말합니다. 다시 말하면, 예수 그리스도가 성육신하시기 전에 적그리스도가 활약하다가 그리스도의 부활 후에 세력을 잃고, 종말 직전 다시 맹위를 떨친다는 뜻입니다. 그때 놀라지 말라고 예고해 주시는 것이죠.

그런데 땅에 사는 자들로서 창세 이후로 생명책에 이름이 기록되지 못한 자들이 이 짐승을 보고서 놀랍게 여긴다고 합니다. 지난 13장에서도 "짐승의 머리 하나가 상하여 죽게 된 것 같더니 그 죽게 되었던 상처가 나으매 온 땅이 놀랍게 여겨 짐승을 따른다"고 했습니다 (계 13:3). 적그리스도도 기적과 치유를 베풉니다. 세상은 그것을 놀랍게 여기고 짐승을 따른답니다. 같은 말씀을 개역한글판에서는 '이상히 여겨'(계 13:3), '기이히 여겨'(계 17:8)라고 번역했습니다. 짐승을 이상히 여기면서도 따른다는 겁니다. 죽게 된 것 같다가 살아났으니 세상이 이 짐승에게 얼마나 강력히 미혹당하겠습니까. 이처럼 누가 "결코 멸망하지 않는다!"고 하면 정신 못 차리고 쫓아가는 것이 땅에 사는 자들, 창세 이후로 그 이름이 생명책에 기록되지 못한 자들의 특징입니다.

'기적', '치유' 말만 들어도 매혹적입니다. 누군들 666 지옥의 이름표를 받고 싶어 받겠습니다. 분별이 안 되니까 미혹당하는 것이죠. 내가 쫓아다니는 거기가 어디인지, 이단인지 삼단인지도 모릅니다.

이단에 빠졌다가 돌아온 한 새가족에게 거기서 뭘 배웠는지 물으니 하나도 기억이 안 난다고 하시더군요. 이렇게 우리가 잘 모르면서 미혹에 빠져듭니다. 본문에서 짐승이 무저갱으로부터 올라온다고 하니까 어떤 사람들은 '무저갱이 어디인가' 연구합니다. 사탄은 영적 존재인데 어떻게 물리적인 공간에 갇힐 수 있겠습니까. 자꾸 장소를 찾고, 시간 연구하지 마세요. 분별을 잘 하려면 오직 하나님으로부터 난 지혜가 필요합니다.

> 지혜 있는 뜻이 여기 있으니 그 일곱 머리는 여자가 앉은 일곱 산이요_계 17:9

고대 로마는 일곱 개의 언덕에 자리 잡은 작은 부락에서 시작됐습니다. 그래서 계시록이 쓰인 당시 '일곱 산' 하면 자연스레 로마를 떠올렸습니다. 따라서 일곱 머리가 로마라는 해석도 틀린 것은 아닙니다. 그러나 로마뿐만 아니라 사탄의 대리자들은 역사 속에 끊임없이 존재했습니다. 일곱 산은 궁극적으로 하나님과 그분의 백성을 대적하는 가시적인 세력들, 악한 세력들을 총칭합니다.

> 10 또 일곱 왕이라 다섯은 망하였고 하나는 있고 다른 하나는 아직 이르지 아니하였으나 이르면 반드시 잠시 동안 머무르리라 11 전에 있었다가 지금 없어진 짐승은 여덟째 왕이니 일곱 중에 속한 자라 그가 멸망으로 들어가리라_계 17:10~11

앞에 8절과 10, 11절은 결국 같은 이야기입니다. 짐승이 전에 있었다가 지금은 없으나 장차 무저갱으로부터 올라올 것인데, 결국엔 멸망하리라는 이야기입니다. 우리 성령님은 전에도 계셨고, 지금도 계시고, 후에도 영원히 계십니다. 그러므로 아무리 사탄이 예수님을 흉내 내도 그는 전에도 멸망했고, 이제도 멸망하고, 앞으로도 멸망할 것입니다. 그 이야기를 '일곱 왕 중 다섯은 망하였고 하나는 있고 다른 하나는 아직 이르지 않았다'고 은유적으로 표현한 것입니다. 반복해서 말하는 것은 이 핍박의 시대에 사탄의 유혹에 넘어가지 말라는 뜻입니다.

지난 6절에서 성도들과 예수의 증인들의 피에 취한 음녀를 보고서 요한이 크게 놀랍게 여겼다고 했습니다. 마치 축배를 드는 듯한 음녀를 보고 있자니 '하나님이 우리와 함께하신다면 어떻게 이럴 수 있는가. 왜 음녀가 아니라 증인들이 죽는가?'라는 의문이 들지 않았겠습니까. 그러니 지금 주님이 요한을 위해서 친절히, 반복해서 설명해 주시는 겁니다.

그러면 사탄의 대리자인 일곱 왕은 누구를 가리킵니까? 혹자는 이 일곱 왕이 이스라엘을 괴롭힌 강대국들, 곧 애굽과 앗수르, 바벨론, 바사, 헬라, 로마 등을 가리킨다고 주장합니다. 또한 로마 황제들을 의미한다고 주장하는 사람들도 있습니다. 초대 황제인 아우구스투스(Augustus)부터 베스파시안(Vespasian)까지 여섯 황제를 가리키며, 아직 이르지 않은 왕은 디도(Titus)를 의미한다는 것입니다. 또한 11절에 '전에 있었다가 없어진 여덟째 왕'이 네로(Nero) 황제라고 주장하는 사람들이 있었습니다. 당시 네로가 자결한 게 아니라 살아 있으며 곧 파르티아 기병대를 이끌고 쳐들어올 것이라는 이른바 '네로 환생설'이 세간에 떠돌았기 때문입니다.

그러나 일곱 왕은 어떤 한 세력을 지칭하지 않습니다. 다만 강대국이라는 둥 로마 황제라는 둥 여러 주장이 끊임없이 제기된 것은 그만큼 일곱 왕이 막강하고 끈질긴 세력이라는 뜻입니다. 죽었나 했는데 살아나고, 이제는 멸망했나 했는데 또 살아나고, 진짜 끝난 줄 알았는데 또다시 살아나고…… 그렇게 인류 역사 내내 끈질기게 존재하며 하나님의 백성을 핍박한 적그리스도 세력이 바로 일곱 왕입니다. 이들은 가고 오는 세대에 여러 모양으로 나타나며 인류를 현혹했습니다. 또한 사람들이 이상히 여기면서도 따를 만큼 가공할 만한 힘을 가졌습니다.

"일곱 왕 중에 다섯은 망하였고, 하나는 있고, 다른 하나는 아직 이르지 아니하였으나 이르면 반드시 잠시 동안 머무르리라"는 말씀은 구체적으로 어떤 의미입니까? 사탄의 세력은 이미 십자가에서 허리가 꺾였습니다. 다만 하나는 있고 아직 이르지 않은 다른 하나 즉, 여섯째와 일곱째 왕으로 상징되는 말세의 기간에 하나님이 자신의 백성을 양육하시고자 사탄에게 잠시 권세를 허락하신다는 겁니다. 그러나 걱정할 필요는 없습니다. 사탄은 최후까지 발악하겠지만 11절 말씀처럼 그 마지막 왕도 결국 멸망으로 들어가게 될 것입니다. 그러므로 말세에 우리로 고난을 겪게 하시는 것이 얼마나 축복입니까. 짐승의 세력에게는 멸망만 기다리고 있는데, 믿는 우리는 고난을 통해 거룩의 훈련을 받으면서 구원을 향해 가고 있지 않습니까.

> 네가 보던 열 뿔은 열 왕이니 아직 나라를 얻지 못하였으나 다만 짐
> 승과 더불어 임금처럼 한동안 권세를 받으리라_계 17:12

짐승의 "열 뿔은 열 왕"이라고 합니다. '뿔'과 '왕'은 힘과 권세의 상징이고, 성경에서 '10'은 온 우주 만물을 포괄하는 숫자입니다. 따라서 열 뿔, 열 왕은 곧 온 세계를 통치하는 대단한 권세를 의미합니다. 그런데 열 왕이 아직 나라를 얻지 못했으나 짐승과 더불어 한동안 임금의 권세를 받는답니다. 즉, 열 왕의 통치가 미래에 속한 것임을 알 수 있습니다. 계시록이 기록된 당시 적그리스도 세력이 로마 제국이라고 한다면, 열 왕은 아직 나타나지 않은 주변 국가 왕들을 가리킨다고 볼 수도 있습니다. 이와 더불어 열 왕에 관해 여러 해석이 있겠지만 결국 사탄을 도와서 하나님을 대적하는 악한 세력인 것만은 분명합니다. 주님이 재림하시기 직전 막강한 힘을 가진 적그리스도가 출현할 때 이들에게도 잠시 권세가 주어진다는 겁니다.

일곱 머리와 열 뿔은 본체인 짐승의 의도대로 움직이는 짐승의 대리자입니다. 이들은 정치와 경제를 쥐고서 온 세계를 호령하며 잠시간 하나님의 백성을 미혹하고 핍박합니다. 그러나 이 말씀을 거꾸로 생각해 보면 성도에게 핍박은 피할 수 없는 길이지만 반드시 끝이 있다는 것 아니겠습니까? 그러므로 소망을 가지라는 겁니다.

짐승과 음녀, 곧 권세와 음란의 세력은 얼마나 끈질긴지 쉬이 떨

치기가 어렵습니다. 우리들교회의 한 권사님께 사랑 고백을 해 보았는지 물으니 평생 학벌에게 사랑을 고백하며 살았노라고 하시더군요. 나이가 들어도 학벌 욕심을 내려놓기가 어렵답니다. 우리가 다 그렇습니다. 예수를 믿어도 권세가 좋고 돈, 학벌, 명예, 여자, 남자가 좋아서 그 실체가 뭔지도 모르고 따라갑니다. 그리스도가 아니라 짐승을 좇아가는 겁니다. 그러나 예수 없는 세상은 반드시 망합니다. 무엇도 영원한 것은 없습니다.

• 지금 내가 의지를 불태우며 끈질기게 좇는 것은 무엇입니까? 나는 그리스도를 따릅니까, 짐승을 따릅니까?

짐승은 잠시 강한 단결력을 보여 줍니다

그들이 한뜻을 가지고 자기의 능력과 권세를 짐승에게 주더라
_계 17:13

열 왕이 일치된 견해로 짐승에게 협조합니다. 사탄은 이 세상 모든 사람이 자기를 닮아서 타락하고 악해지기를 원합니다. 그래서 예수를 따르지 않는 자들은 늘 사탄의 일을 도모합니다. 의로운 일에는 한마음이 되기 어려운데 악한 일에는 얼마나 의기투합하는지 모릅니다. 누가복음 23장에도 "헤롯과 빌라도가 전에는 원수였으나 당일에

서로 친구가 되니라"고 했습니다(눅 23:12). 전에는 원수였던 두 사람이 예수님을 죽이는 일에는 한마음이 되었다는 말입니다. 원수지간이던 바리새인과 사두개인들도 예수님을 죽이는 일에는 일치단결했습니다. 경건의 대명사라 할 수 있는 교회 지도자들이 예수님을 죽이는 데 앞장선 것입니다.

> 16 네가 본 바 이 열 뿔과 짐승은 음녀를 미워하여 망하게 하고 벌거 벗게 하고 그의 살을 먹고 불로 아주 사르리라 17 이는 하나님이 자 기 뜻대로 할 마음을 그들에게 주사 한뜻을 이루게 하시고 그들의 나라를 그 짐승에게 주게 하시되 하나님의 말씀이 응하기까지 하심 이라_계 17:16~17

열 왕이 짐승과 한마음, 한뜻이 되어 벌이는 일이 무엇입니까? 음녀를 미워하여 망하게 하고 심지어 벌거벗겨서 그녀의 살을 먹고 불로 사른다고 합니다. 음녀와 친구짱구 놀이할 때는 언제고, 어제의 동료가 오늘의 적이 된 겁니다. 정말 하나님 외에는 누구도 믿음의 대상이 될 수 없습니다. 선한 미소로 따뜻한 친절을 베푸는 사람일지라도 나의 영원한 보호자는 될 수 없습니다.

그런데 말씀을 자세히 보면 이 모든 것은 하나님이 하신 일이라고 합니다. 거대해 보이는 불신 세력을 파멸하시려는 하나님의 선한 뜻이 이루어진 것이랍니다.

또 네가 본 그 여자는 땅의 왕들을 다스리는 큰 성이라 하더라
_계 17:18

여기서 '성'으로 번역된 '폴리스(πόλις)'는 본래 '도시'를 의미하는 말입니다. 그런데 '큰 성'이라고 표현한 것으로 보아 그만큼 음녀가 강력한 힘을 가졌다는 걸 알 수 있습니다. 과연 이 말씀대로 오늘날 음녀의 세상 문화가 전 세계를 소리 없이 강타하며 인류를 미혹하고 있습니다.

일곱 머리, 일곱 산, 열 왕은 짐승의 권세를 가지고서 하나님을 끊임없이 대적하는 세력입니다. 그들은 지상천국을 만들 수 있다고 확신하면서 끊임없이 이 세대를 미혹합니다.

한 예로, 요한계시록에서 말하는 '천년'(계 20장)이라는 기간을 두고 서로 달리 해석하여 여러 학설이 등장할 정도입니다. 구체적으로 전천년설, 후천년설, 무천년설로 나뉩니다. 전천년설은 천년왕국이 임하기 전에 주님이 재림하시리라는 주장입니다. 이는 성경을 문자적으로 해석하여 천년이라는 기간을 물리적인 시간으로 보는 것입니다.

둘째로 후천년설은 주님이 재림하시기 전에 천년왕국이 실현되리라는 주장입니다. 즉, 마지막 때 지상낙원이 도래한 이후 예수님이 다시 오신다는 것인데 전반적인 성경의 가르침과 많이 상충됩니다.

마지막 무천년설은 천년을 문자적인 시간이 아니라 예수의 초림과 재림 사이의 상징적인 시간으로 봅니다. 이 기간에 지상교회가 그리스도와 더불어 왕 노릇 한다는 것이 그 핵심입니다. 저는 이 무천년

설을 지지합니다. 오늘 내게 주신 하나님의 말씀을 믿고 살고 누리는 것이 천국을 맛보며 그리스도와 함께 세상을 다스리는 것입니다. 이 단들이 자꾸 말씀을 이상하게 해석하여 사람들을 치우치게 하고 삶으로 살아내지 못하게 하는 것이 문제입니다.

악한 세력들이 이 세상을 지배합니다. 그런데 그 역시 하나님이 허락하신 일이랍니다(계 17:17). 주의 백성들을 적대 세력의 핍박 아래 두셔서 하나님 나라를 충만하게 하시는 것이 하나님의 뜻입니다. 이 세상 어디도 핍박 없는 땅은 존재하지 않습니다. 공산주의는 권력으로, 자본주의는 물질로 이 세대를 핍박하고 미혹합니다. 그러나 신앙은 권력이나 물질세계를 넘어서는 영적인 문제이기에 성도의 성숙을 위해서는 핍박 받는 환경이 훨씬 좋습니다. 아무리 노력해도 스스로 깨어 있기란 정말 어려운데, 핍박 아래 있으면 저절로 깨어 있지 않겠습니까?

이스라엘만 보아도 그렇습니다. 이스라엘을 자기 백성 삼으시고자 하나님이 택하신 방법이 무엇입니까? 강력한 애굽 아래 두셔서 사백 년 동안 노예 생활을 겪게 하셨습니다. "우리가 잠시 받는 환난의 경한 것이 지극히 크고 영원한 영광의 중한 것을 우리에게 이루게 함이라"는 말씀처럼(고후 4:17), 잠시의 환난은 영원한 영광으로 가는 통로입니다.

그러므로 신앙생활은 '전투'입니다. 대적의 실체를 알고 묘략을 세워서 날마다 승리하는 자가 생명책에 올라갑니다. 어제 승리했다고 오늘도 승리하리라는 법은 없습니다. 한 주간 승리했다고 다음 주도 승리하리라는 법도 없습니다. 대단한 간증이 승리를 보장해 주지도 않습니다.

- 나는 누구와 한뜻이 되고, 누구와 말이 안 통합니까? 부모와 배우자, 자녀, 동료, 지체들과 한마음이 됩니까?
- 내가 의기투합하여 이루고자 하는 일은 무엇입니까? 하나님의 말씀이 응하는 일입니까, 나의 즐거움과 유익을 위한 일입니까?

짐승은 결국 내부 분열로 망합니다

15 또 천사가 내게 말하되 네가 본 바 음녀가 앉아 있는 물은 백성과 무리와 열국과 방언들이니라 16 네가 본 바 이 열 뿔과 짐승은 음녀를 미워하여 망하게 하고 벌거벗게 하고 그의 살을 먹고 불로 아주 사르리라_계 17:15~16

음녀의 권세가 얼마나 대단한지 백성과 무리와 열국과 방언들 위에 앉아 있을 정도입니다. 그러나 큰 힘을 누린 것도 잠시, 열 뿔과 짐승이 음녀를 미워하여 망하게 하고 심지어 그녀의 살을 먹고 불로 사릅니다. 내부 분열이 일어난 겁니다. 이처럼 악은 악으로 심판당하게 돼 있습니다. 가만두면 알아서 자멸합니다. 완벽한 파멸을 맞습니다.

마태복음에 보면 귀신의 왕 바알세불을 힘입어 귀신을 쫓아낸다고 비난하는 바리새인들에게 예수님은 이렇게 말씀하십니다.

"……스스로 분쟁하는 나라마다 황폐하여질 것이요 스스로 분쟁하는 동네나 집마다 서지 못하리라 만일 사탄이 사탄을 쫓아내면 스스로 분쟁하는 것이니 그리하고야 어떻게 그의 나라가 서겠느냐"(마 12:25~26).

사탄의 속성은 스스로 분쟁하는 것입니다. 그런 사탄이 이 땅과 인간을 접수했기에 예수가 없는 자 역시 스스로 분쟁하게 마련입니다. 자기 자신을 파괴합니다. 스스로 부패하고, 파멸을 향해 갑니다. "의심하고 먹는 자는 정죄되었나니 이는 믿음을 따라 하지 아니하였기 때문이라 믿음을 따라 하지 아니하는 것은 다 죄니라"라는 말씀처럼 스스로 죄를 먹고 마십니다(롬 14:23). 죄는 믿음의 과녁을 벗어나는 것이기에 예수가 없는 자에게 파멸은 시간문제입니다.

세상 공동체도 마찬가지입니다. 처음에는 화목하게 연합하는 듯보여도 결국 분쟁 끝에 분열되고 맙니다. 그러므로 내게 쾌락과 돈, 지위와 권력을 가져다준다고 다가 아닙니다. 예수 없는 모든 것은 잠깐 머물다 사라질 먼지에 불과합니다. 파멸만 기다리고 있습니다. 세계를 주무르는 권력자들이 대단해 보입니까? 하나님이 잠시 힘을 허락하신 것뿐이지 그들도 예수가 없으면 결론은 멸망입니다.

어제의 적이 오늘의 친구가 되고 어제의 친구가 오늘의 적이 되기도 합니다. 세상사가 다 그렇습니다. 왜냐하면 마귀가 세상을 접수했기 때문입니다. 영원한 적도, 영원한 동지도 없습니다. 정말 사람은 믿음의 대상이 아니라는 말이 딱 맞습니다. 그러니 사람을 의지하지도, 두려워하지도 마십시오. 또 내가 원수를 처단하려 해서도 안 됩니다. 열 왕이 짐승에게 권세를 준 듯 보여도 전부 하나님이 허락하신 일이라고 하지 않았습니까. 서로 없으면 못 살 것처럼 굴다가도 금세 미워하며 죽이려 드는 것이 짐승 공동체의 특징입니다. 그러므로 짐승의 세력이 교회를 핍박하고 나를 괴롭힌대도 "오직 의인은 믿음으로 말미암아 살리라" 하면 됩니다(롬 1:17).

세상 역사를 봐도 그렇잖아요. 바벨론을 메대가 물리치고 메대는 헬라에 의해 멸망했습니다. 악은 악에 의해서 멸망합니다. 권력을 빌려 한마음, 한뜻으로 악을 행하다가 자중지란(自中之亂)에 빠진 사람들을 우리가 얼마나 많이 보았습니까. 그러니 우리는 "오직 믿음으로" 살아가면 됩니다. 내가 원수를 손대려 해서는 안 됩니다. 옳고 그름으로 따진다고 해결되는 것이 아닙니다.

세상 친구 사이도 그렇지요. 서로에게 유익이 될 때는 그만한 조력자가 없어 보입니다. 도무지 분별이 안 됩니다. 그러다 조금만 마음이 안 맞으면 서로 증오하고 시기, 질투하기가 말도 못 합니다. 돈 떨어지고 명예를 잃으면 관계도 끝입니다. 교회 안에도 망하고 수치스러운 일이 생기면 공동체를 떠나 버리는 성도가 많습니다. 적어도 교회 공동체만큼은 망해도 더 머물고 싶은 곳, 더 오고 싶은 곳이 되었으면 좋겠습니다.

• 나는 지금 어떤 내부 분열을 겪고 있습니까? 부부간에, 부자간에, 회사에서 분열이 일어났습니까? 모든 일이 내가 악을 도모한 결과라는 것이 인

정됩니까? 내가 믿음의 과녁에서 벗어났다는 것을 깨닫고 하나님께로 돌이키고 있습니까?

● 오직 믿음으로 말미암아 살고 있습니까? "내가 악을 처단하겠다!" 하며 칼을 휘두르는 일은 무엇입니까?

어린 양 옆에 서 있어야
이기고 생명책에 올라갑니다

온 세상이 짐승의 영향 아래 있습니다. 결국 짐승의 세력은 스스로 분열하여 멸망하겠지만, 그러기까지 그들이 한뜻 되어 끈질기게 던지는 핍박과 유혹을 우리는 도무지 뿌리치기가 어렵습니다. 그러면 짐승의 손아귀에서 벗어나 하나님의 생명책에 올라가는 비결은 무엇일까요?

그들이 어린 양과 더불어 싸우려니와 어린 양은 만주의 주시요 만왕의 왕이시므로 그들을 이기실 터이요 또 그와 함께 있는 자들 곧 부르심을 받고 택하심을 받은 진실한 자들도 이기리로다_계 17:14

어린 양과 더불어 싸우는 자, 어린 양과 함께 있는 자, 곧 부르심을 받고 택하심을 받은 진실한 자들은 이기리라고 합니다. 그러므로 하나님께 사랑 받고 쓰임 받는 것이 인생 최고의 기쁨입니다. 부르심을 받고 택하심을 받아서 어린 양 옆에 서 있는 자는 짐승의 비밀을 깨우치게 됩니다.

음녀와 짐승은 사탄에게서 권세를 받은 세력이라고 했습니다. 그들이 총력을 다해 전쟁을 걸어올 때면 이길 방도가 없어 보입니다. 주변을 보아도 그렇지 않습니까? 요즘 아이들에게도 음녀와 짐승의 세력이 침투해 말하기도 무서운 사건들이 날마다 벌어집니다. 학교폭력이 성행하고, 청소년 범죄가 나날이 늘고 죄질도 더 악랄해집니다.

그에 비해 어린 양은 너무 초라해 보입니다. 고운 모양도, 풍채도 없고, 우리가 보기에 흠모할 만한 아름다운 것 하나 없습니다(사 53:2). 그러나 보이는 게 다가 아니지요. 초라해 보여도 어린 양은 "만주의 주시요, 만왕의 왕"이십니다. 어떤 권세자도 비길 수 없는, 가장 큰 권능을 가지신 분입니다. 우리가 이기려면 이 어린 양 옆에 서야 합니다. 부유하다고 예쁘다고 이기는 것이 아닙니다. 세상을 이기는 지혜는 십자가뿐입니다.

그러면 어떻게 어린 양 옆에 설 수 있습니까? 바울 사도는 "육체의 연단은 약간의 유익이 있으나 경건은 범사에 유익하니 금생과 내생에 약속이 있느니라"고 했습니다(딤전 4:8). 그러므로 일곱 머리, 열 왕의 세력이 전쟁을 걸어와도 우리가 넘어가지 않으려면 '경건의 훈련'을 해야 합니다. 내게 주신 사명을 감당하려면 영적 훈련이 필요합니다. 피를 흘리고 대가를 치러야 합니다. 세상은 멸망할 세력이라는 것을 알고 날마다 주님의 이름을 부르는 훈련을 해야 합니다. 그런 자가 생명책에 올라갑니다.

날마다 말씀을 묵상하고 주신 말씀대로 살아 내는 것이 곧 경건의 훈련입니다. 예배와 목장의 자리, 목자와 부목자, 목원의 자리를 잘 지키는 것 또한 경건의 훈련입니다. 누가 시켜서 앉아 있는 것이 아니라 스스로 자리를 잘 지켜야 합니다.

간혹 목자 직분을 내려놓고 싶다고 호소하는 분들이 있습니다. 힘든 목원들을 오래 감당하다 보니 숨이 턱 끝까지 찬 것이죠. 물론 이해는 됩니다. 그러나 내가 목자 직분을 내려놓는 순간 내 속의 짐승과 음녀가 힘을 회복한다는 걸 잊지 마십시오.

지난 6절에서 음녀가 성도와 예수의 증인들의 피에 취했다고 했습니다(계 17:6). 이 말씀은 곧 피 흘리며 헌신하는 증인이 있어야 음녀가 멸망한다는 뜻입니다. 그러므로 내 속의 음녀가 멸망하려면 내가 피를 흘려야 합니다. 희생하고 헌신해야 합니다. 다름 아닌 나를 살리려고 목원들이 자꾸 발버둥 치는 겁니다. 내 속의 음녀가 너무 강해서, 내 죄가 곪을 대로 곪아서 목원들이 수고하며 바늘로 내 고름을 짜 주는 것이죠. 그럴 때마다 아프겠지만 피와 희생의 양이 차기까지 잘 인내하면 내 속의 음녀가 힘을 잃을 것입니다. 디모데전서에도 "네가 네 자신과 가르침을 살펴 이 일을 계속하라 이것을 행함으로 네 자신과 네게 듣는 자를 구원하리라"고 했습니다(딤전 4:16). 가르침을 살피는 것이 결국 나 자신을 위한 일이랍니다. 어린 양 옆에 서는 것이 다른 게 아닙니다.

어린 양이요, 말씀이신 예수님 옆에 선 자들, 곧 부르심 받고 택하심 받고 진실한 자들만이 짐승과 음녀를 이깁니다. 생명책에 기록되는 자는 완전한 자가 아닙니다. 주님은 짐승의 비밀을 깨닫고 겸손히 내 죄부터 보는 자에게 사명을 맡기십니다. 그러므로 누구를 가르치기보다 내 죄부터 보는 것이 짐승을 이기고 경건의 비밀을 소유하는 비결입니다.

우리들교회 목장보고서에서 읽은 나눔입니다. 이 집사님은 최고위직을 지낸 법조인인데 이분으로서는 참 어려운 나눔을 하셨다고 생각합니다.

법조인으로 살다 보면 자기 약점을 좀체 드러내지 않고 이중적으로 사는 데 익숙해집니다. 저 역시 그렇게 살아왔습니다. 음녀의 증인으로 살아온 겁니다. 이제 남은 생은 예수의 증인 되어 삶으로 믿음을 보이고 싶은데 참 쉽지 않습니다. 음녀가 받을 심판을 보여 주어야 하지만 여전히 제게는 세상이 강합니다. 재벌 총수에게는 복음을 전하기가 어렵고, 수감 중인 어느 국회의원에게도 아무 말 못 하고 담임목사님 저서만 넣어 주고 말았습니다. 주님은 이웃과 열방, 그리고 세력 있는 자에게도 복음을 전해야 한다고 하시는데 제가 어떻게 담대히 전도할 수 있을까요? 유력한 사람 앞에서는 복음의 '복' 자도 꺼내지 못하는 제가 참 부끄럽습니다. 그러나 예레미야를 도와 유다의 멸망을 전하다가 실의에 빠진 바룩에게 하나님이 "네 생명을 지켜 주겠노라"고 약속해 주시는 말씀을 보면서 많은 위로를 받았습니다(렘 45장). 그런 하나님에게 저도 지혜를 달라고 기도합니다.

그래도 후배들에게는 이런저런 말씀을 스스럼없이 전합니다. 제가 두 차례의 수술을 통해 하나님을 만난 간증을 전하면 후배들은 깜짝 놀랍니다. 그런 제게 여자 후배들은 결혼을 꼭 해야 하는지, 자녀를 꼭 낳아야 하는지 종종 묻기도 합니다. 많은 법조인이 동료가 자기보다 잘되는 것을 가장 못 견디는데 결혼 때문에 경력에 발목을 잡힐까 봐 걱정하는 겁니다. 그때마다 저는 "결혼생활과 자녀를 통해서 몰랐던 나의 진짜 모습을 끊임없이 보게 된다"고 말해 줍니다. 이것을 겪어 보아야 좋은 법조인이 되고, 더 나아가 좋은 사람이 될 수 있다고 조언합니다. 많이 부족하지만 주님이 보내신 사명지에서 예수의 증인으로서 담대히 나아가기를 원합니다.

세상 사람들은 오직 인정받기 위해서 살아갑니다. 마귀가 예수님을 시험한 내용도 "네 힘을 이용해 자신을 증명해 보라"는 것이었습니다. 모두가 자기를 증명해서 더 높이 올라가기를 원합니다. 그런데 이분이 권세를 내려놓고 이렇게 겸손히 섬기고 계십니다. 목장예배를 위해 매주 자신의 집을 내놓고, 특별히 혼자 된 분들과 형편이 어려운 분들을 극진히 섬깁니다. 또 아무리 바빠도 매일 아침을 큐티로 시작한답니다. 짐승의 비밀을 깨닫고서 날마다 경건을 훈련하며 나아가는 겁니다. 이야말로 생명책에 기록되는 삶 아니겠습니까. 할렐루야!

생명책에 올라가는 자는 사탄의 하수인인 음녀와 짐승의 실체를 깨달은 사람입니다. 권세를 상징하는 짐승과 쾌락을 상징하는 음녀는 떼려야 뗄 수 없는 관계입니다. 사탄의 세력은 끈질기고, 잠시 강한 단결력을 보여 주기도 합니다. 그러나 스스로 분열하여 곧 멸망할 것입니다. 그러므로 우리는 어린 양 옆에 서야 합니다. 어린 양과 더불어 싸워야만 짐승의 세력을 이길 수 있습니다. 그것만이 지혜입니다. "주 예수밖에 없다!" 외치며 말씀과 교회 공동체를 사모하는 자가 생명책에 올라갑니다.

- 지금 나는 누구 옆에 서 있습니까? 어린 양 옆에 서 있습니까, 음녀의 쾌락이나 짐승의 권세 옆에 서 있지는 않습니까?
- 날마다 큐티하고 예배와 목장의 자리를 잘 지키며 경건의 훈련을 열심히 하고 있습니까?

초라해 보여도 어린 양은
"만주의 주시요, 만왕의 왕"이십니다.
어떤 권세자도 비길 수 없는,
가장 큰 권능을 가지신 분입니다.
우리가 이기려면 이 어린 양 옆에 서야 합니다.
부유하다고 예쁘다고 이기는 것이 아닙니다.
세상을 이기는 지혜는 십자가뿐입니다.

우리들 묵상과 적용

14살에 류머티즘 관절염을 앓은 저는 열이 떨어지자 나은 줄 알고 제대로 치료를 받지 않았습니다. 그런데 그 후유증으로 심장에 판막협착증이 생겨 큰 수술을 받았습니다. 이후 잘 회복된 저는 사법시험에 합격해 판사 생활을 하며 결혼도 했습니다. 하지만 속으로는 늘 건강을 염려했고, 건강한 사람처럼 보이려고 수술 받은 사실을 숨기고 지냈습니다.

그러다 미국 명문 법대로 유학을 갔습니다. 함께 간 아내는 제 건강이 악화될까 봐 염려하고, 홀로된 시어머니를 모시고 사느라 지쳐 있었습니다. 저는 아내에게 도움이 되길 바라며 대학 동기의 권유대로 함께 교회에 다녔습니다. 그런데 귀국하니 두 아들의 학교생활이 엉망이었습니다. 앞이 캄캄했던 저는 그저 기복적인 마음으로 기도하며 교회 중등부 교사로 섬겼습니다. 그러다가 알게 된 큐티 모임을 통해 큐티하는 교회에 다니게 되었습니다.

그런데 어느 날, 병원에서 판막이 좁아지는 걸 방지하고자 제게 재수술을 권했습니다. 수술을 앞둔 저는 영생도, 천국도 믿지 못하는 제 믿음의 밑바닥을 보았습니다. '혹여 내가 죽으면 남은 가족은 어쩌지', '왜 부모님은 나를 제대로 치료해 주지 않으셨지' 하면서 원망의 날들을 보냈습니다. 이렇게 제 한계를 직면하면서 저는 한순간도 생명을 연장할 수 없는 연약한 존재임을 깨닫게 되었습니다.

하지만 하나님의 은혜를 경험하고도 약해 보이기 싫어서 문제가 없는 척했습니다. 그런데 교회 지체들의 솔직한 나눔을 듣고 마음이 열려서 저도 2번의 수술과 짐승의 가치관으로 자녀들을 키운 일을 나누게 되었습니다. 또 회사 후배들에게도 제 간증을 들려주며 말씀으로 권면하게 되었습니다. 이렇게 저는 고난을 통해 경건의 비밀을 깨닫고, 세상 자랑과 탐심을 좇아 멸망의 길을 걸어온 제 죄를 회개하게 되었습니다(계 17:12~13). 그러자 하나님이 심장 수술을 통해 예수님과 함께 있도록 저를 부르신 것에 감사했습니다(계 17:14).

그러나 여전히 세상의 큰 권세를 내려놓지 못하고 있습니다(계 17:13). 세상의 권력자들 앞에서 복음을 전하기가 어렵습니다. 하지만 사명대로 말씀을 전하다 실의에 빠진 바룩에게 하나님이 "네 생명을 주께서 지켜 주겠다" 약속해 주시는 말씀을 보면서 격려를 받았습니다(렘 45:5). 주님이 제게도 악한 세력을 이길 주의 능력과 지혜를 부어 주시길 원합니다(계 17:14). 우리 가족이 생명책에 기록되도록 인도하시며 짐승의 권세를 부러워 말라고 하시는 하나님, 사랑합니다(계 17:8).

영혼의 기도

하나님 아버지, 생명책에 올라가는 길이 참 어려워 보입니다. 일곱 산, 일곱 머리, 열 뿔의 대단한 세력을 우리가 무슨 수로 물리치겠습니까? 음녀와 짐승의 공격을 받을 때마다 속수무책으로 무너집니다. 내 힘으로는 아무것도 할 수 없습니다. 그래서 어린 양의 이름을 부를 수밖에 없습니다.

주님, 문제를 만날 때마다 초라한 나를 발견합니다. 겉보기에는 고운 모양도 없고 풍채도 없는 흠모할 만한 아름다운 것 하나 없는 예수 그리스도보다 짐승의 일곱 머리와 열 뿔이 더 화려하고 멋있어 보입니다. 그러니 어떻게 짐승의 비밀을 알 수 있겠습니까? 이런 우리에게 날마다 말씀을 통해 어제도 망했고, 지금도 망하고, 내일도 망할 사탄의 속성을 알려 주셔서 감사합니다. 또한 전에도 계셨고 지금도 계시고 나중에도 영원히 계실 주님 곁에 있게 해 주셔서 감사합니다.

주님, "생각하건대 현재의 고난은 장차 우리에게 나타날 영광과 비교할 수 없도다"라는 말씀을 붙들고 나아갑니다(롬 8:18). 사명대로 왔다가 사명대로 살고 사명대로 갈 수 있게 해 주셔서 감사합니다. 어린 양 옆에 선 자, 하나님께 부르심을 받고 택하심을 받은 진실한 자 되어 이 전쟁을 이기기 원합니다.

내가 핍박과 유혹을 당할 때마다 나보다 더 아파하시는 주님, 그

194

주님을 붙들고 주님의 이름을 부르면서 갈 수 있게 해 주시니 감사합니다. 주님을 참으로 사랑합니다. 나와 모든 식구가 다 같이 생명책에 이름을 올릴 수 있도록 은혜 위에 은혜를 내려 주시옵소서. 우리를 불쌍히 여겨 주옵소서. 예수님 이름으로 기도드립니다. 아멘.

재앙들을 받지 말라

요한계시록 18장 1~8절

07

하나님 아버지, 세상이 받을 재앙들을
받지 않기 원합니다.
세상에서 나오기 원합니다.
말씀해 주시옵소서, 듣겠습니다.

◆◆◆

어느 주일, 부목자 모임을 인도하면서 "나를 끈질기게 유혹하고 미혹하는 것은 무엇인가?"라는 질문을 던졌습니다. 한 부목자님은 "여자의 다리를 나도 모르게 쳐다보게 된다"라고 답하셨습니다. 며칠 전에도 지나가는 여자들을 흘끔거리니까 곁에 있던 딸이 "제발 좀 그만 봐!"라는 책망(?)을 했다는 겁니다. 그 외에도 많은 부목자님이 자신이 무엇에 자주 넘어지는지 나누어 주셨습니다. 참 여러 중독이 있더군요. 우리가 어떻게 이런 중독들에서 벗어날 수 있겠습니까? 그보다 더 좋은 것, 더 큰 행복을 가져다주는 것이 생겨야겠지요.

〈현대인의 성경〉은 요한계시록 1장 3절을 "이 예언의 말씀을 읽는 사람과 듣고 그 가운데 기록된 것을 지키는 사람들은 행복합니다"라고 번역했습니다. 계시록은 심판의 시간표도 아니요, 무서운 책도 아닙니다. 우리에게 행복하라고 주신 책입니다. 그런데 사소한 죄 같아도 지나가는 여자들의 다리를 자꾸만 쳐다본다면 불행한 재앙들을 초래하게 될 것입니다.

18장에 들어서자 주님은 우리에게 "재앙들을 받지 말라!" 말씀하십니다(계 18:4). 음녀 바벨론은 반드시 멸망하리라고 거듭 말씀하십니다. '아니, 그 말이 그 말인데 성경은 왜 자꾸 같은 소리만 하는 거야' 하는 분도 있을지 모르겠습니다. 그러나 정말 중요하니까 성령님이 반복해서 경고하시는 것 아니겠습니까. 마지막까지 잘 듣기 바랍니다. 본문을 통해 어떻게 우리가 재앙들을 피할 수 있는지 알아보겠습니다.

세상은 마귀가 접수했다는 것을 알아야 합니다

> 이 일 후에 다른 천사가 하늘에서 내려오는 것을 보니 큰 권세를 가졌는데 그의 영광으로 땅이 환하여지더라_계 18:1

17장에서 음녀 바벨론에 임할 멸망에 관해 설명한 요한은 18장에서 같은 내용을 다른 환상으로 보고 기록합니다. 17장의 천사가 환상을 해석해 주는 역할이었다면 18장의 다른 천사는 심판을 직접 선포합니다. 큰 성 바벨론에 완전한 파멸이 이르리라고 외칩니다. 그런데 말씀을 자세히 보니 이 천사가 '큰 권세'를 가졌다고 합니다. 지금까지 계시록에서 천사가 큰 권세를 가졌다는 언급은 없었습니다. 왜 주님은 이 천사에게만 특별히 큰 권세를 허락하셨을까요? 그가 전할 심판의 메시지가 그만큼 중요하기 때문입니다. 일의 중요도에 따라서 권한과 영광이 다르게 주어지는 것은 당연합니다. 주님은 이 천사와 같이 마지막 때에 "세상은 반드시 멸망한다" 선포하는 자에게 큰 권세를 주실 것입니다.

저도 지금까지 늘 오늘이 마지막 날이라는 비장한 마음으로 십자가와 부활, 멸망의 메시지를 전했습니다. 사실 얼마나 듣기 싫은 이야기입니까. 그야말로 성도를 내쫓는 설교입니다. 그래서 때로는 '왜 나만 이런 이야기를 전할까' 조금은 억울(?)하기도 했습니다. 그러나 덤으로 사는 인생인 걸 알기에 어제도, 오늘도 한결같이 "세상은 반드시 멸망한다!" 선포할 수밖에 없었습니다. 그러자 하나님이 상상 못할 큰 권세를 제게 허락하셨습니다. 맨날 멸망만 선포하는데 어찌 교회가 이렇게 부흥할 수 있습니까! 내 생각과 하나님의 생각이 너무너무 달랐던 겁니다.

천사가 가진 말씀의 영광이 얼마나 밝은지 땅이 환하여졌다고 합니다. 말씀의 빛이 비추자 거대한 로마 땅에 똬리를 튼 음녀와 짐승, 모든 죄악이 환히 드러납니다. 지금 내가 죄 가운데 있더라도 경고의 말씀을 듣고 음녀의 실체가 환히 보인다면 아직 소망이 있는 겁니다. 이 종말의 때에 심판의 메시지가 들리는 것이 얼마나 축복입니까. 말씀으로 내 더러움이 환히 보이는 것이 복 중의 복입니다. 내 죄를 보는 것은 죽은 자를 살리는 것보다 위대하다고 했습니다. 어떤 사건에서도 말씀의 빛으로 내 죄를 환히 보고 회개하는 사람은 얼굴도 환해지게 마련입니다.

• 말씀의 빛으로 내 죄가 보여서 얼굴이 환해졌습니까? 아직도 죄가 안 보여서 얼굴이 어두컴컴하지는 않습니까? 스스로 진단해 보십시오.

세상은 더러운 영이 모인 곳임을 알아야 합니다

힘찬 음성으로 외쳐 이르되 무너졌도다 무너졌도다 큰 성 바벨론이
여 귀신의 처소와 각종 더러운 영이 모이는 곳과 각종 더럽고 가증
한 새들이 모이는 곳이 되었도다_계 18:2

똑같은 이야기가 구약성경 이사야에도 나옵니다.

"……함락되었도다 함락되었도다 바벨론이여 그들이 조각한 신
상들이 다 부서져 땅에 떨어졌도다 하시도다"(사 21:9).

이처럼 성경은 성도를 대적하는 세력을 향해 끊임없이 멸망을
선포했습니다. 계시록이 쓰인 당시 로마가 얼마나 대단했습니까? 그
위세에 주눅 들어 누구도 망하리라 외치거나 멸망을 예상하기도 어
려웠을 것입니다. 그런데 성경은 '무너질지도 모른다'도 아니라 "무너
졌도다"라고 확신합니다. 두 번 반복하는 것은 심판이 확정되었다는
의미입니다. 또한 항상 바벨론 앞에 붙는 '큰 성'이라는 표현은 그 규
모를 의미한다기보다 느부갓네살 왕처럼 자신을 과대평가하는 교만
함을 상징적으로 묘사한 말입니다.

큰 성 바벨론이 귀신의 처소와 각종 더러운 영이 모이는 곳, 각종
더럽고 가증한 새들이 모이는 곳이 되었다고 합니다. '귀신의 처소'는
'악령들의 소굴, 감옥, 무덤'이라는 의미이고, '더럽고 가증한 새'는 구
약에서 부정한 동물로 언급되는 썩은 시체를 먹는 새들을 염두에 둔
표현입니다. 모두 천국을 상징하는 생명과는 반대되는 개념입니다.

빛과 생기, 기쁨이라고는 찾아볼 수 없습니다. 황폐함뿐입니다.

여러분 인생에 빛도 생기도 없다면 어떨 것 같습니까? 그야말로 사는 게 사는 것이 아니겠지요. 그런데 모든 것을 가지고 누리는 바벨론의 실상이 그렇답니다. 큰 성처럼 멋있어 보여도 세상은 귀신의 처소입니다. 더러운 영이 모이는 곳, 가증한 새들이 모이는 곳입니다. 즉, 감옥과 다름없다는 말입니다. 그런데 모두가 감옥에 갇혀 살면서 그 사실을 인지하지도 못합니다. 왜 그렇습니까? 사탄이 세상을 접수하고서 우리로 하여금 하나님을 보지 못하도록 각종 중독으로, 더러운 영으로 이끌기 때문입니다.

세상은 입을 쫙 벌리고 있는 공동묘지와 같습니다. 아무리 들어가고 들어가도 끝이 보이지 않는 어두운 굴입니다. 또 세상은 얼마나 모이기를 좋아하는지 모릅니다. 겉으로는 화기애애해 보입니다. 그러나 속은 권모술수와 거짓, 탐욕, 음욕 같은 각종 더러운 영들로 가득 찼습니다. 하나님이 없는 모임은 영혼 없는 죽은 자, 귀신의 모임일 뿐입니다.

세상 사람들은 오직 성공하기 위해, 인정받기 위해서 살아갑니다. 세상을 이끄는 원동력은 오직 돈과 성공입니다. 성공하고 싶어서 끝없이 모입니다. 사탄이 광야에서 예수님을 시험한 내용이 무엇입니까? "네가 가진 힘으로 너를 증명해 보라"는 것이었습니다. 따라서 세상 모든 모임은 나를 증명하려는 만남입니다. 다양성을 가장하여 각종 더러운 사상과 이단이 만납니다. 그러나 성도는 "나는 죽고 예수로 사는 자"입니다. 우리는 세상과는 거꾸로 살아야 합니다.

등산이나 사진, 댄스 등 취미 삼아 동호회 활동에 참여할 수 있 겠지요. 그러나 예배보다 취미생활을 앞세우면서 주일에도 놀러 다 니기 바쁘다면 문제 아닙니까? 취미 삼아 시작했다가 중독이 되고, 끝 에는 음행에 빠진 사례들을 정말 많이 보았습니다. 하나님보다 더 좋 아하는 것이 우상이고, 우상숭배의 끝은 음행이기 때문입니다. 하나 님 없는 자들의 모임이 너무 즐겁다면 내 신앙에 적신호가 켜졌다는 걸 아십시오.

우리들교회의 한 목자님은 뇌종양 말기였다가 하나님의 은혜로 완치되었습니다. 그런데 요즘 이분이 그렇게 세상 모임을 기웃거린 답니다. 세상 친구들과 어울리며 즐거웠던 20대 시절을 회상하면서 그때처럼 즐길 만한 취미활동이 없을까 자꾸 찾게 된다는 겁니다. 주 의 은혜로 살아났어도 바벨론 가치관이 좀체 죽지 않는 겁니다. 정말 그렇습니다. 오늘 승리했어도 내 속의 바벨론은 내일 또 살아나서 끈 질기게 유혹합니다. 정말 깨어 있지 않으면 나도 모르는 사이 재앙을 향해 가고 맙니다.

비단 이분만의 이야기겠습니까? 우리들교회 목자님들이 목자 모임에서 서로 고백한 나눔들을 소개합니다. 이분들의 나눔을 통해 어둠의 영이 임할 수 있는 모임이 도처에 얼마나 많은지 함께 보겠습 니다.

A 목자님: 제가 나온 초등학교는 규모가 작아서 남학생 스물한 명, 여 학생 스물한 명이 6년 내내 한 반에서 공부했습니다. 그러다 보니 쌓

인 추억도 많고 가족만큼이나 사이가 가까웠습니다. 남녀가 함께 개천에서 멱 감고 놀기도 하고, 그 안에서 서로 좋아한 짝도 있었습니다. 사회에 나와서도 자주 만났죠. 그러다 사업이 망한 후로는 동창회에 발길을 뚝 끊었습니다. 동창회에 오라는 메시지를 계속 받았지만 말씀을 적용하여 절대 참석하지 않았습니다. 경제적 문제로 아내를 힘들게 했는데 여자 문제까지 일으켜서는 안 된다고 생각했기 때문입니다. 그런데 얼마 전 제가 그중 한 친구와 연락하며 지내는 걸 아내가 알고서 불같이 화를 냈습니다. 사실 그 동창생은 한때 제가 호감을 느꼈던 친구입니다. 지금은 이혼하여 혼자 살고 있는데 사정이 딱해서 따로 만나 밥을 사 준 적도 있었습니다.

장로님: 밥을 사 준 동창생에게 유혹의 감정을 느끼세요?

A 목자님: 아니요, 한때 좋아했던 친구가 홀로 아이들 키우며 사는 게 안타까웠을 뿐, 거기까지입니다.

장로님: 원래 외도는 긍휼한 마음에서부터 시작됩니다. 그러니까 동창회에 안 가시는 것이 믿음의 적용입니다. 저는 과거에 바람을 피우면서도 죄라고 생각하지 않았습니다. 당연히 심판이나 재앙이 임하리라고도 생각하지 못했지요. 여후배와 잘못된 관계를 유지하면서도 인터넷에서 불륜의 정의를 찾아볼 정도였습니다. 오히려 힘든 사람을 도와주는 거라면서 성적인 관계 외에는 부도덕하다고 여기지 않았습니다. 이런 저를 하나님도 잠시 이해해 주시리라고 확신했죠. 어둠의 영, 음녀에게 이끌려 살았던 겁니다. 이제는 어쩔 수 없이 여직원들과 부대껴야 하는 환경에 있는 분들에게 저의 지난 경험과 아픔을 나누

며 그분들이 죄에 빠지지 않도록 돕고 있습니다. 저의 음란에 따른 징벌이 얼마나 무거웠는지 모릅니다. 딸의 이혼, 아내의 불면증과 우울증, 아들의 구직난, 교회 분쟁 등 험악한 사건을 많이 겪었습니다. 직분자인 제가 음행한 결론으로 교회가 무너졌다는 걸 인정하지 않을 수 없었습니다. 예수의 증인으로서 이런 저의 죄패를 나누며 가는 것이 제가 보여 주어야 할 심판입니다.

목자님은 이혼한 동창생을 측은히 여긴 것뿐이라고 이야기했지만 자칫하면 바람으로 이어질 냄새가 솔솔 나지 않습니까? 사람은 나이가 들수록 향수에 젖어 옛친구들을 그리워합니다. 그런데 사탄은 그 틈을 놓치지 않고서 기회를 노리지요. 장로님이 정말 지혜롭게 권면해 주었다고 생각합니다. 세상 모든 모임이 이렇다면 얼마나 좋겠습니까? 또 다른 목자님도 자신의 이야기를 나누었습니다.

B 목자님: 평소 안면이 있는 여자 헬스 트레이너를 통해서 그녀가 다니는 골프장 이용권을 끊은 적이 있습니다. 그녀에게 이성적인 끌림을 느낀 것은 아닙니다. 그런데 이 일 후 미국에 간 아내가 몸이 아프다고 전화가 온 겁니다. 순간 '이것도 하나님이 싫어하시는 일인가 보다' 해서 찔렸습니다. 생각해 보니 아무리 제가 상대에게 관심이 없더라도 아내가 알았다면 마음이 상했을 것 같습니다.
장로님: 골프 연습장에 여자 회원도 많죠. 그들과 특별히 대화를 나누지 않더라도 그런 장소를 자주 찾는 것은 옳지 않습니다.

B 목자님: 맞습니다. 오래전 손주가 유산되는 사건을 겪었습니다. 그 일이 저의 젊은 날 음행의 결론인 것 같아서 얼마나 마음이 아팠는지 몰라요. 회개가 절로 되었습니다.

또 다른 목자님은 여동창생이 따로 만나자고 하기에 응했는데 알고 보니 이단이었답니다. 우리가 그렇습니다. 미인계로 접근해 오면 이단이고 삼단이고 다 따라갑니다. 그래서 모든 환상을 깨야 합니다. "악은 어떤 모양이라도 버리라" 했는데(살전 5:22), 이런 권면을 해 주는 우리들교회 목장 만세, 만만세입니다! 그러니까 여러분도 세상 모임 기웃거리지 말고 목장에, 믿음의 공동체에 반드시 들어가십시오. "공동체 따위, 지체 따위 필요 없어" 하는 사람은 지금 죄 가운데 있어서 그런 겁니다. 물론 목장에 속해도 죄에 넘어질 수 있지만, 우리가 믿음의 공동체에서 서로 죄를 고백하면 할수록 죄는 힘을 잃습니다. 솔직하게, 구체적으로 나의 이야기를 나누는 것이 우리를 얼마나 건강하게 하는지 모릅니다.

모두가 영국의 로열패밀리를 부러워하는데, 값비싼 드레스와 현란한 모자로 치장하고 만나서 그들이 무슨 이야기를 나누겠습니까? "아무개의 이혼을 막아야 해", "누구 공작 집 아이를 살려야 해" 이런 이야기를 할까요? 한 집사님이 자신은 우리들 공동체에서 천국을 누리는데 육십 평생 교회는 안 오고 세상 모임만 기웃거리는 남편이 안타까워서 물었답니다. "당신은 친구들 만나면 도대체 무슨 이야기를 해요?" 그런데 부자에다 엘리트인 이 남편이 봐도 세상 모임이 별 볼

일 없나 봅니다. 그저 부동산 투자한 이야기나 재산을 불린 이야기, 자녀 자랑만 한다는 겁니다. 듣다 보면 상대적 박탈감이 느껴져서 늘 찜찜한 마음으로 돌아온답니다. 그런데도 이분이 교회에 안 오시니 바벨론 세력이 정말 강하긴 강한가 봅니다. 세상을 차단하지 않으면 무엇이 선인지, 악인지 분별하지 못하기에 서로 만나 어떤 이야기를 나눠야 하는지도 모릅니다. 저는 단연코 우리들교회 목장이 가장 수준 있는 모임이라고 자부합니다. 왜냐하면 안식은 진솔함에서 비롯되기 때문입니다. 진정성 있게 대화하는 모임에는 안식이 있습니다.

• 내 주된 모임은 무엇입니까? 거룩한 모임입니까, 성공을 향한 세속적인 모임입니까? 그 모임에는 왜 열심히 나갑니까?
• 이 세상에서 제일 수준 있는 모임인 목장(교회 소그룹 모임)에 참여하지 않겠습니까?

세상은 음행과 사치로 멸망한다는 것을 알아야 합니다

그 음행의 진노의 포도주로 말미암아 만국이 무너졌으며 또 땅의 왕들이 그와 더불어 음행하였으며 땅의 상인들도 그 사치의 세력으로 치부하였도다 하더라 _계 18:3

17장이 정치와 종교의 멸망에 관한 말씀이라면 18장은 물질의 멸망에 관한 말씀입니다.

큰 성 바벨론이 무너지는데 '만국이 무너졌다'라고 표현합니다. 왜 그럴까요? '음행'은 로마 황제, 곧 세상 권세를 숭배하는 것을 말합니다. '땅의 상인들도 그 사치의 세력으로 치부(致富)하였다'라는 말씀은 온 땅이 로마 황제의 세상에 가치를 부여하고 그와 결탁하여 부를 쌓았다는 의미입니다. 그러니 로마가 무너지면 자연스레 만국도 무너지는 것이죠. 왜, 큰 기업이 망하면 부속 회사들도 줄줄이 도산하지 않습니까? 그만큼 음녀 바벨론의 영향력이 대단합니다. 음녀 바벨론은 계시록에서 말하는 짐승과 같은 존재로, 열 뿔과 일곱 머리를 가졌고 그 뿔에는 열 왕관이 그 머리들에는 하나님을 모독하는 이름들이 있다고 했습니다(계 13:1). 실제로 바벨론 제국도 우상숭배와 향락과 사치를 일삼다가 B.C. 539년 바사 왕 고레스와 메대 왕 다리오의 연합군에 의해 멸망했습니다.

요즘 세상만 보아도 그렇지요. 영국 왕세손비 한 사람의 패션이 창출해 내는 경제적 효과가 수조 원을 넘는답니다. 정말 가공할 만한 액수입니다. 우리도 예쁘고 멋진 사람들을 부러워하면서 따라 하고 싶어 하지 않습니까. 예수 없는 권세는 사탄이 준 것인지도 모르고 세상 권위자처럼 되고 싶어서 온갖 사치와 음행에 가담합니다.

또 사람은 죄지을 때 자기만 짓지 않습니다. 남을 꼭 끌어들입니다. 술을 안 마시는 동료에게 기어이 술을 권하고, 돈 내기를 제안하며 옆 사람까지 악에 빠뜨립니다. 그러면 또 분위기를 망치고 싶지 않아서 다 따라갑니다. 세상 힘으로 나를 치장하고 자랑거리 삼는다면 우리도 음녀 바벨론과 똑같은 처지가 되는 것입니다.

> 그의 죄는 하늘에 사무쳤으며 하나님은 그의 불의한 일을 기억하신
> 지라_계 18:5

'그의 죄는 하늘에 사무쳤다'라는 말씀은 곧 '그의 죄가 하늘에 쌓였다'라는 뜻입니다. 하나님 없이 사는 하루하루의 삶이 죄로 쌓이고 있다는 의미입니다. 세상은 '우리가 하나님처럼 높아지자!' 하면서 날마다 바벨탑을 쌓습니다. 인간 승리를 외치면서 하루하루 죄를 쌓습니다. 성경은 이렇게 날마다 죄의 바벨탑을 쌓는 세상을 가리켜 바벨론이라 부릅니다. 그러나 세상이 아무리 수고해도 하나님은 예수 없이 하는 모든 일을 '불의한 일'로 기억하신답니다.

반면에 성도들의 기도는 금 대접에 받으시는 주님이십니다(계 5:8). 억울하게 핍박당하는 성도들의 기도를 하나도 땅에 떨어뜨리지 않고 다 들으십니다. 그러므로 우리는 하늘에 사무치는 기도를 해야 합니다. 바벨론이 나를 괴롭히며 하늘에 사무치도록 죄를 쌓을수록, 우리는 더더욱 하늘에 사무치는 기도를 해야 합니다. 그러면 하나님이 그 기도를 금 대접에 쌓으시며 바벨론이 행한 불의한 일을 기억하신답니다.

> 6 그가 준 그대로 그에게 주고 그의 행위대로 갑절을 갚아 주고 그
> 가 섞은 잔에도 갑절이나 섞어 그에게 주라 7 그가 얼마나 자기를

영화롭게 하였으며 사치하였든지 그만큼 고통과 애통함으로 갚아 주라 그가 마음에 말하기를 나는 여왕으로 앉은 자요 과부가 아니라 결단코 애통함을 당하지 아니하리라 하니 8 그러므로 하루 동안에 그 재앙들이 이르리니 곧 사망과 애통함과 흉년이라 그가 또한 불에 살라지리니 그를 심판하시는 주 하나님은 강하신 자이심이라
_계 18:6~8

《웨스트민스터 소요리문답》의 제1문은 "사람의 제일 된 목적은 하나님을 영화롭게 하고 영원토록 그를 즐거워하는 것이다"입니다. 그런데 바벨론은 자기를 영화롭게 하며 "나는 여왕으로 앉은 자요 과부가 아니라"고 자신 있게 내뱉습니다. 하나님 없이 사는 자는 앞날의 심판을 보지 못합니다. 부족함이 없기에 그렇습니다. 누구의 도움도 필요 없고 스스로 만족한다고 합니다.

그러나 하나님이 보응하기로 작정하시면 제아무리 대단한 바벨론일지라도 하루 만에 불살라집니다. 8절의 '사망'은 여왕을 자처하며 과부를 업신여긴 대가이고, '애통함'은 적그리스도의 힘을 믿고 과부를 애통하게 한 대가입니다. '흉년'은 자신의 부를 의지하여 사치와 자만에 빠진 대가입니다. 일류로만 먹고 마시고 도배하다가 하루아침에 사망과 흉년을 맞았으니 얼마나 고통입니까. 그래도 하나님이 심판의 칼을 빼셨다면 징계를 잘 받아야 합니다. 그것이 생명을 얻는 길입니다. "결단코 애통함을 당하지 아니하리라" 하면 불사름만 기다리고 있습니다. 하나님이 왜 우리를 심판하십니까? 우리의 죄를 도말

하시기 위함입니다. 그러므로 이 땅에서 심판을 잘 받는 것이 최고의 축복입니다.

저도 몇 년 전 암이라는 큰 환난을 겪었습니다. 그러나 이 고난을 당한 것이 제게는 유익이 되었습니다. 온갖 고문 속에서도 예수님을 부인하지 않은 믿음의 선배들을 보면서 '어떻게 그럴 수 있을까' 했는데, 고문처럼 힘든 항암치료를 받으면서 그런 두려움이 많이 사라졌기 때문입니다. 끝까지 주님을 부인하지 않을 자신이 조금 더 생겼다고 할까요? 또 항암과 같은 죽음의 고통이 계속되는 곳이 지옥이라고 생각하니까 제 마음이 더 급해졌습니다. 한 사람이라도 더 구원하려는 긴급한 마음으로 말씀을 전하게 됐습니다. 그러니 항암의 고통을 겪어 본 게 얼마나 축복입니까!

남편의 죽음도 그렇습니다. '하루 동안에 재앙들이 이르리라'는 말씀처럼, 하나님의 심판이 정확하고 신속하게 이르러 남편은 하루 아침에 세상을 떠났습니다. 그러나 날마다 말씀을 묵상하며 내 주제를 알고 걸어가니까 제게는 이 심판도 구원의 사건이 되었습니다.

남편이 생전에 문밖출입을 못 하게 해서 저는 관공서나 시장에 가 본 일이 별로 없었습니다. 그때는 꼭 감옥생활 같게 느껴져서 제가 굉장히 당하고 산다고 생각했습니다. 그런데 남편이 하루아침에 떠나고 나니까 집안의 모든 일이 제 몫이 되었습니다. 해 본 적이 없으니 작은 일에도 서툴고…… 갑자기 처지가 곤란해진 겁니다. 그러니 만일 제가 병원장 아내로 사치하고 여왕 행세하며 사는 게 인생의 전부인 줄 알았다면 하루 동안 이른 이 심판이 제게 얼마나 재앙이 되었겠습니까. 대부분 갑자기 고난을 만나면 자기가 누리지 못하는 것 때문에 슬퍼합니다. 그러나 사모님 노릇, 여왕 노릇 하고 싶은 마음에서 제가 미리미리 해방되었기에 제게 심판이 재앙이 되지 않았습니다. 날마다 주시는 말씀을 통해 나도 다른 사람과 똑같이 과부가 될 수 있다는 걸 미리 알았기에 심판의 사건이 오히려 구원의 사건이 되었습니다. 이사야 47장에 보면 정말 그런 말씀이 있다니까요.

"그러므로 사치하고 평안히 지내며 마음에 이르기를 나뿐이라 나 외에 다른 이가 없도다 나는 과부로 지내지도 아니하며 자녀를 잃어버리는 일도 모르리라 하는 자여 너는 이제 들을지어다. 한 날에 갑자기 자녀를 잃으며 과부가 되는 이 두 가지 일이 네게 임할 것이라 네가 무수한 주술과 많은 주문을 빌릴지라도 이 일이 온전히 네게 임하리라"(사 47:8~9).

큐티하면서 제가 이 말씀을 줄 쳐 가며 읽은 기억이 납니다. '야, 이런 일이 있을 수 있구나' 했습니다. 이렇게 미리 들어 둔 말씀이 제게 얼마나 능력이 되었는지 모릅니다. 6절에 '그의 행위대로 갚아 주리라' 하는데, 과연 하나님은 제가 말씀을 따라 내 주제를 인정하는 것만큼 갚아 주셨습니다.

하나님이 나를 심판하시는 것은 내 죄를 도말하시기 위함이라고 했습니다. 그러니 고아와 과부가 되는 고통을 당하더라도, 어떤 심판을 당하더라도 그로써 하나님이 내 죄를 기억하지 않으시는 것이 축복입니다. 여러분도 이 심판의 메시지를 듣고 환해지기를 바랍니다. 요한계시록은 환해지라고, 행복하라고 주시는 말씀입니다. 우리를 사랑하시므로 주시는 메시지입니다.

"나는 여왕이다" 외쳐 댄다고 정말 여왕처럼 삽니까? 오히려 세상의 종노릇만 하다가 영원한 멸망에 이르게 될 것입니다. 그러나 미리 내 주제를 알고 주님의 종으로 살면, 어떤 때에도 구원의 새 노래를 부르는 진정한 여왕으로 살게 하실 줄 믿습니다. 하나님이 하루아침에 모든 것을 가져가신대도 내 속의 음녀 바벨론이 이미 무너진 자는 구원의 새 노래를 부릅니다. 만약 남편의 죽음이 저를 집어 삼켰다면 저 역시 사망과 애통함과 흉년의 세월을 살지 않았겠습니까. 그런데 오히려 이렇게 많은 사람을 살리게 하시니 이게 웬 은혜입니까!

강단에서 이 설교를 전하기 며칠 전에 한 집사님의 소천 소식을 들었습니다. 떠나시기 전날까지도 목장예배에 참석하셨는데 이튿날 주일에 갑자기 돌아가셨다는 겁니다. 마지막 예배가 된 목장이 있던 날, 사실 집사님은 몸이 아파 목장예배를 빠지려 하셨답니다. 그런데 부목사님이 탐방을 온다는 소식을 듣고 마음을 돌이켜 참석하셨습니다. 그날 함께 말씀을 나누며 부목사님이 이 집사님에게 물었답니다.

"집사님은 예수의 증인이세요, 아니면 음녀의 증인이세요?"

집사님은 질문이 떨어지기가 무섭게 자신은 음녀의 증인이라고 대답하셨습니다. 목사님이 다시 물었죠.

"아니, 집사님은 세례도 받으셨고 목장예배도 정말 좋아하시잖아요. 오늘도 힘들지만 교역자를 사랑하시는 마음에 이렇게 한걸음에 달려오셨잖아요. 그런데 왜 음녀의 증인이라고 하세요? 다시 한번 생각해 보세요."

그래도 집사님은 "나는 음녀의 증인이 100% 맞다"라고 대답하셨답니다. 이것은 눈물의 신앙고백, 회개의 고백이었습니다. 그리고 이튿날 하나님의 부르심을 받아 갑자기 소천하셨습니다.

과거에 이 집사님은 바벨론 가치관을 따라 살며 가족들을 무척이나 힘들게 했습니다. 그러다 우리들교회에 오신 후 거듭나셔서 세례도 받으시고, 예배와 목장을 얼마나 사모하셨는지 모릅니다. 비록 하루 만에 떠나셨지만, 마지막에 자신은 음녀의 증인이었노라고 회개의 고백을 하셨으니 야곱의 분깃을 따라 이분도 하나님의 역사에 기록된 줄 믿습니다. 장례예배를 드리던 날, 아내 집사님도 "남편을 양육해 주시고 구원 받게 해 주셔서 감사하다"고 눈물로 고백하셨습니다. 그 자리에 있던 모든 성도가 함께 눈물을 흘리며 이분의 마지막을 함께했습니다.

이렇게 내가 음녀의 증인이라고 고백하며 회개하는 자는 하루 만에 죽어도 구원을 받습니다. 그러나 "나는 여왕이다, 나는 결단코 애통함을 당하지 아니하리라" 단언하는 자는 마치 불에 태워지듯 심판의 세월을 살게 될 것입니다.

• 나는 하늘에 사무치는 기도를 하고 있습니까? '하나님이 계시면 어떻게 내게 이럴 수가 있는가' 하고 원망의 기도만 하지는 않습니까?
• "나는 여왕으로 앉은 자다. 결코 내가 과부가 되는 일도, 자녀가 잘못되는 일도 없을 것이다" 외치고 있지는 않습니까? '예수를 믿는데 왜 애통한 일을 당해'라고 생각하지는 않습니까?

세상의 죄악에서 나와야 합니다

그러면 우리가 세상이 받을 재앙들을 받지 않으려면 어떻게 해야 할까요?

또 내가 들으니 하늘로부터 다른 음성이 나서 이르되 내 백성아, 거기서 나와 그의 죄에 참여하지 말고 그가 받을 재앙들을 받지 말라 _계 18:4

"내 백성아, 거기서 나와 그의 죄에 참여하지 말라!" 주님은 말씀하십니다. 즉, 세상에 대한 환상을 깨라는 것입니다. '나는 결코 과부가, 고아가 될 리 없어' 눈먼 장담 하지 말고 죄악 된 세상에서 나오라는 겁니다.

땅의 왕들과 땅의 상인들은 음녀와 더불어 음행하고 사치하다가 결국 망하리라고 했습니다. 땅에 사는 자들과 달리 성도는 거룩하신 하나님을 따라 거룩하게 살아야 할 존재입니다(레 11:45). 세상과 완전히 분리되어 살 수는 없겠지만 세상을 차단하지 않는다면 거룩을 이룰 수 없습니다. 세상 모든 것에는 악이 침투해 있습니다. 정치나 경제는 물론이고 음악, 미술, 철학도 마찬가지입니다. 아무리 아름답게 가장해도 악이 스며들지 않은 것이 없습니다. 그런데 모두가 숨은 악을 알아채는 것은 아닙니다. 복음의 비밀을 알아야 악의 비밀도 보입니다.

"거기서 나오라"는 말씀을 원어로 보면, 부정과거 명령형을 사용하여 매우 단호하고 시급하게 명령하고 있다는 걸 알 수 있습니다. 오늘날 강단에서 선포되어야 할 말씀도 바로 이것입니다. 여러분, 세상에서 나오십시오. 세상의 죄에 참여하지 마십시오. 세상이 받을 재앙들을 받지 마세요. 세상의 죄악에서 나오지 못하면 각종 중독과 음란, 불륜, 비난과 권모술수, 무시와 차별, 편 가르기, 비교, 시기, 질투와 같은 재앙들에 휩쓸릴 수밖에 없습니다. 우리가 그토록 부러워하고 내려놓지 못하는 세상은 실상 귀신의 처소요, 각종 더러운 영이 모이는 곳입니다. 그곳에서 나와야 합니다. 세상 세력에 점수를 주고 타협하라는 복음을 선포해서는 안 됩니다. 말씀대로 적용하면 오히려 세상에서도 잘되는 것을 봅니다. 왜요? 더러운 것들을 끊임없이 수술하고 잘라 내니까요.

우리들교회 부목자 모임에서 한 부목자님이 이런 나눔을 하셨습니다.

"저는 요즘 자동차와 골프에 빠져 있습니다. 지금까지 자동차를 쉰세 번 바꿨고, 작년에만 여덟 번을 바꿨어요. 현재는 다섯 대를 소유하고 있습니다. 또 골프를 시작한 지 2년밖에 안 됐는데 싱글을 치고 있습니다."

세상에서는 이런 말에 박수를 쳐 주지 않겠습니까? "아이고, 젊은 분이 돈도 많고 대단하네요" 하면서요. 그런데 이분의 나눔을 한참 듣던 한 장로님이 이런 이야기를 하셨답니다.

"젊고 돈도 있으니 세상에 재미난 것이 많겠지요. 그런데 하나님이 집사님을 참아 주시는 것 같아요. 집사님보다 돈이 많은 사람도 일

년에 차를 여덟 번이나 바꾸지는 않습니다. 탐심이 지나치세요. 중독입니다. 굉장히 심각하신 상태입니다. 병원에 가 보셔야 할 것 같아요."

우리는 이런 복음을 선포해야 합니다. 부와 명예, 권세와 쾌락이 행복을 가져다주는 게 아닙니다.

하버드대 연구진이 1938년부터 75년간 724명의 삶을 추적한 결과, 인간을 가장 행복하고 건강하게 만드는 것은 '좋은 관계'라고 합니다. 여기서 좋은 관계란 사회적인 연결을 의미합니다. 가족이나 친구, 지역 사회와 관계가 좋은 사람일수록 행복하게 오래 산다는 겁니다. 반면에 혼자 고립되어 고독하게 사는 사람은 불행할 뿐만 아니라 건강과 뇌 기능도 일찍이 쇠락한다고 합니다. 80대 노인을 대상으로 조사해 보니 수가 적더라도 친밀한 친구를 둔 사람이 훨씬 오랫동안 기억력이 유지되었다고 합니다. 한마디로 좋은 공동체, 좋은 친구가 행복의 제일 조건이라는 겁니다.

물론 인간관계는 복잡하고 머리가 아프고 갈등이 끝이 없습니다. 다투고 사과하고 가슴앓이하는 시간을 감내해야 합니다. 그럼에도 함께 이야기하고 또 이야기하며 접촉점을 찾아가는 것이 중요합니다.

그런 의미에서 우리의 목장은 좋은 관계를 맺을 수 있는 최고의 모임이 아닌가 합니다. 목장에 좋은 사람들만 있어서 그런 것이 아닙니다. 목장마다 머리를 콱 쥐어박고 싶은 사람이 한두 명씩은 꼭 있지요. 그럼에도 불구하고 목장은 자타가 공인하는 최고의 공동체입니다. 차별 없는 죄인들의 공동체, 하나님이 값 주고 사신 보혈의 공동체입니다. 서로 다른 너와 내가 목장 식구로 만나 아웅다웅하지만, 결국 힘든 한 사람 때문에 우리가 은혜를 받고 좋은 관계가 되잖아요. 하버드 연구진이 75년에 걸쳐 알아낸 사실을 우리는 이미 실천하고 있습니다. 그러니 경건의 비밀이 최고 아닙니까? 우리가 다 어마어마한 박사들입니다. 할렐루야!

"세상에서 나오라, 그들이 받을 재앙들을 받지 말라" 하시지만 짐승과 음녀의 세력이 만만치 않습니다. 음녀의 세상은 우리를 쉬이 놓아주지 않습니다. 내 힘으로는 세상을 나올 수 없습니다. 그러므로 내가 실력 없다는 걸 인정하고 하나님의 전신 갑주를 입어야 합니다. 복음으로 무장하고, 날마다 하나님의 말씀을 가지고 싸워야 합니다. 이것이 중독을 넘어 더 큰 기쁨으로 가는 길입니다.

'바벨론에 있을 것인가, 하나님의 백성이 될 것인가' 우리는 날마다 선택해야 합니다. 실제적으로도 내가 나와야 할 곳은 어디이고, 들어가야 할 곳은 어디인지 분별해야 합니다. 칼날 위에 선 물방울처럼 깨어서, 견디고 인내하고 절제하고 충성하는 순교의 적용을 해야 합니다. 죽고 못 살 만큼 사랑해서 결혼했다가 마음이 식으면 이혼하는 겁니까? 내 맘대로 들어갔다가 나올 수 있는 게 결혼입니까? 결혼은 책임입니다. 이를 어기면 음녀와 같이 졸지에 과부가 되는 심판이 찾아옵니다. 내가 재물을 의지하여 사치한 만큼 고난과 애통의 삶을 살게 될 것입니다. 바벨론의 불의함을 결코 잊지 않으시는 하나님입니다. 그러나 회개하고 돌아오는 백성의 죄는 다시 기억하지 않겠다고 확실히 약속하셨습니다.

"또 그들의 죄와 그들의 불법을 내가 다시 기억하지 아니하리라

하셨으니"(히 10:17).

예레미야 51장에도 보면, 주님은 바벨론을 향해서는 반드시 멸하리라고 자신의 목숨을 두기까지 맹세하시지만, 이스라엘은 야곱의 분깃으로, 하나님의 소유로 인 치겠다고 약속하십니다.

"만군의 여호와께서 자기의 목숨을 두고 맹세하시되 내가 진실로 사람을 메뚜기같이 네게 가득하게 하리니 그들이 너를 향하여 환성을 높이리라 하시도다…… 야곱의 분깃은 그와 같지 아니하시니 그는 만물을 지으신 분이요 이스라엘은 그의 소유인 지파라 그의 이름은 만군의 여호와시니라"(렘 51:14, 19).

이 말씀은 곧 내 안팎의 바벨론 세력을 멸하면 하나님의 소유로 인 쳐 주시겠다는 것입니다. 이렇게 심판을 이야기하시다가도 내 백성은 반드시 구원하겠노라고 늘 도장 쾅쾅 찍어 주시니 이 얼마나 큰 사랑입니까!

폐허와 같은 환경 속에서도 내 죄를 깨닫고 회개하여 재앙들을 받지 않은 한 집사님의 간증을 소개합니다.

옷 잘 입는 청소부 ○○○ 집사입니다. 제가 어릴 적부터 아버지가 노점을 하셨지만 집안 형편은 늘 녹록지 않았습니다. 우리 가족은 클럽이 자리한 상가 건물 3층 셋집에서 살았습니다. 집에 가려면 반드시 클럽을 지나야 했는데 그때마다 얼마나 수치심이 들었는지 모릅니다. 이런 환경에서 행여 자식들이 주눅 들까 걱정하셨던 어머니는 "없는 사람이 무시당하지 않으려면 옷을 잘 입어야 한다"면서 늘 옷차림을 강조하셨습니다. 그래서 수업료는 밀려도 옷만은 잘 입혀 보내셨던 기억이 납니다.

이후 저는 제 열등감을 해소해 줄 것 같은 이상형의 남편을 만나 불신결혼을 했습니다. 마냥 행복할 줄 알았지만 얼마 못 가 모든 기대가 와르르 무너졌습니다. 결혼생활 7년쯤 접어들었을 때 남편의 사업이 부도나면서 집마저 경매로 넘어간 것입니다. 설상가상 남편이 이혼녀와 수년간 두 집 살림을 지내 왔다는 사실까지 드러났습니다. 그러나 제게 독립할 능력이 없고 아이들도 어려서 이혼은 꿈도 꾸지 못했습니다. 그러다 남편이 평생 노점을 하신 친정아버지에게서 돈을 빌려 딴살림을 마련했다는 걸 알고서 끝내 폭발하고 말았습니다. 그길로 저는 내연녀의 자녀가 다니는 학교에 찾아가 모든 사실을 고발하는 유인물을 뿌렸습니다. 남편도 간통죄로 고소하고, 경찰서와 법원을 드나들며 진흙탕 싸움을 한 끝에 이혼했습니다. 그러나 남은 건 심장을 찌르는 것 같은 절망감과 돈 한 푼 없는 현실이었습니다.

한순간에 기초생활수급자로 전락한 저를 살려 준 건 우리들 공동체였습니다. 저는 공동체의 권면을 따라 청소 일을 시작했습니다. 쓰레기봉투와 집게를 들고 다니며 거리의 쓰레기를 줍고, 힘들면 다리 밑에서 잠시 쉬다가 취객들과 노숙자들이 여기저기 저질러⟨?⟩ 놓은 토사물과 오물을 치웠습니다. 남자 화장실을 청소하다가 가끔 지인과 마주치기도 했는데 그럴 때면 수치심에 숨어 버리고 싶었습니다. 일주일에 세 번 드리는 예배가 제가 유일하게 숨 쉬고, 웃고, 때로는 통곡할 수 있는 안식처였습니다. 하나님은 예배를 통해 악을 악으로 갚고

자 했던 나의 죄를 깨닫게 하시고, 내 속에 깊이 자리한 물질 우상을 불사르셨습니다. 그러면서 저는 점점 하나님만 바라보게 되었습니다. 비로소 하나님이 나의 하나님이 되어서 모든 치욕을 견딜 수 있었습니다. 이혼녀, 기초생활수급자, 청소부로 살아도 내 죄가 내 고난보다 크다는 것을 인정하게 되었습니다.

아빠 없이 자라며 우울한 엄마와 경매업자, 빚쟁이들에게 시달린 아이들을 생각하면 마음이 아픕니다. 그러나 이렇게라도 제 악을 뽑아내실 수밖에 없는 하나님의 깊은 슬픔이 깨달아지니 할 말이 없습니다. 다행히 아이들은 교회학교 선생님들의 사랑 속에서 잘 자라고 있습니다. 또 나의 구원을 위해 전남편이 수고했다고 깨달아진 후부터 남편을 위해서도 기도하게 되었습니다. 아브라함을 생각하사 롯을 구원해 주신 것처럼 남편도 구원해 주시기를 원합니다. 이런 모든 사연을 말씀드렸을 때 저의 악행을 꾸짖지 않고 오히려 격려하고 박수 쳐 주신 목사님의 모습이 잊히지 않습니다. 그 기억을 원동력 삼아 이후로는 감사하는 마음으로 청소하게 되었습니다.

지난달, 그동안 청소한 것이 경력이 되어 고용노동부 미화원직에 지원해 최종 면접을 보았습니다. 면접관은 제게 젊은데 어떻게 청소 일을 하게 됐는지, 청소가 적성에 맞는지 물었습니다. 아무래도 청소부에 어울리지 않는 외모다 보니 의아했나 봅니다. 저는 대답했습니다.

"기초생활수급자 신세가 되어 어쩔 수 없이 청소 일을 시작했습니다. 사실 저도 자녀들 학교생활에 도움이 안 될 것 같아 걱정되었습니다. 그래서 청소하는 엄마를 어떻게 생각하는지 아이들에게 물어보았습니다. 그런데 중학생 딸이 이러더군요. '엄마, 나는 학교에서 청소하시는 분들을 보면 엄마 생각이 나서 얼마나 열심히 인사하는지 몰라. 또, 다른 친구들처럼 쓰레기를 막 버리지 않게 됐어.' 이 말을 들은 후부터 청소 일을 부끄럽게 여기지 않습니다. 이제는 자부심을 가지고 일합니다.”

면접 결과, 저는 20대 1의 경쟁률을 뚫고 최종 적임자로 합격했습니다. 할렐루야!

청소는 큐티와 비슷한 점이 많습니다. 청소는 티가 안 나서 아무도 한 줄 모르지만 그렇다고 소홀하면 쓰레기가 쌓여서 주변 사람을 불편하게 합니다. 말씀을 보고 적용하는 것도 그렇습니다. 아무도 한 줄 모르지만 안 하면 자기 죄를 보지 못 보니까 식구들과 다른 사람들을 힘들게 합니다.

청소가 힘들 때면 어머니와 담임목사님을 생각하면서 눈물을 삼킵니다. 잘나가는 CEO였다가 은퇴 후 청소하며 갖은 무시를 견디신 집사님의 간증을 듣고도 위로를 많이 받았습니다. 고난이 축복이 되어, 이제는 목장 식구들에게 웃으며 청소 에피소드를 나눌 수 있게 되었습니다. 저와 함께 울고 웃어 주는 공동체가 있어서 얼마나 행복한지 모릅니다. 하나님은 제 선택을 가장 좋고 옳은 것이 되게 하셨습니다.

저는 바로 이것이 죄를 쌓아 놓지 않고 세상의 재앙들을 받지 않는 비결이라고 생각합니다. 이분이 끝까지 세상을 바랐으면 재앙을 온몸으로 받지 않았겠습니까? 그러나 하나님이 목숨을 두고 이분을 인 쳐 주셔서 심판의 인생이 구원의 인생으로 바뀌었습니다.

세상의 재앙들을 받지 않으려면 세상은 마귀가 접수했다는 것을 알아야 합니다. 이 땅은 더러운 영이 모인 곳임을 알고 음행과 사치하는 세상을 좇아가서는 안 됩니다. 하나님은 우리에게 세상의 죄악에서 나오라 말씀하십니다. 내 힘으로는 할 수 없지만 하나님의 전신 갑주를 입을 때, 복음으로 무장할 때 세상에서 나올 수 있습니다. 말씀으로 발상을 전환하여 내 인생을 해석하기를 바랍니다. 그리하여 여러분이 세상이 받을 재앙들을 받지 않기를 주님의 이름으로 축원합니다.

- 하나님이 자신의 목숨을 두고서 맹세하신 바벨론의 멸망과 성도의 구원에 대한 약속을 확실히 믿습니까?
- 내가 나와야 할 세상, 죄악은 무엇입니까?

여러분, 세상에서 나오십시오.

세상의 죄에 참여하지 마십시오.

세상이 받을 재앙들을 받지 마세요.

우리들 묵상과 적용

가난한 집에서 자란 저는 가난, 학벌, 외모 열등감을 없애 줄 것 같은 남편과 불신결혼했습니다. 하지만 7년 만에 위기가 닥쳤습니다. 남편의 사업이 망하고, 집이 경매로 넘어간 것도 모자라 남편이 한 이혼녀와 바람이 나서 두 집 살림을 살고 있다는 사실을 알게 된 것입니다. 저는 혼자 살 능력이 없고 딸들도 어렸기에 이혼하지 않으려 했습니다. 그런데 남편이 친정아버지가 평생 노점 장사를 하며 모으신 돈으로 내연녀와 살림을 차린 것을 알고서 분노와 배신감이 치밀었습니다. 저는 복수하기 위해 내연녀의 자녀가 다니는 학교에 찾아가 불륜 내용이 적힌 유인물을 뿌리고, 남편을 고소했습니다. 하지만 남편에게 생계비를 받아야 했기에 어쩔 수 없이 이혼해 주었습니다. 저는 이혼녀인 제 모습이 절망스러웠고, 딸들을 볼 때마다 죄책감에 눌렸습니다.

이후 음행의 진노의 포도주로 말미암아 만국이 무너진 것처럼 (계 18:3), 불신결혼의 죄로 가정과 생계가 무너지고 저는 기초생활수급자가 되었습니다. 그때부터 큐티하는 교회에 다니며 청소 일을 시작했습니다. 쓰레기봉투와 집게를 들고 다니면서 거리의 쓰레기를 줍고 술병과 오물을 치웠습니다. 그러나 아무리 힘들어도 세상의 죄에 참여하지 않고 나오고자 힘썼습니다(계 18:4). 청소 일이 수치스럽게 느껴지기도 했지만 일주일에 3번 예배드리며 교회 지체들과 함께 통곡하고 웃을 수 있어서 감사했습니다. 그렇게 하나님은 저의 악행을 직면하고, 주님만 바라보며 치욕을 견디게 하셨습니다. 주님은 제가 이 세상에서 버려진 것 같을 때는 하늘에 사무치는 기도를 하게 하셨고(계 18:5), 내 죄가 고난보다 크다는 것을 깨닫게 하시어 얼굴을 환히 밝혀 주셨습니다. 나아가 친정 식구들과 좋은 관계를 유지하며, 전 남편의 구원을 위해 기도하게 하셨습니다.

그러다 얼마 전, 청소 일을 해 온 것을 경력 삼아 고용노동부 미화원 무기계약직에 지원해 면접을 보게 되었습니다. 면접관은 "아직 젊은데 어떻게 청소 일을 하게 되셨어요? 적성에 맞으세요?"라고 물었습니다. 저는 제 상황을 설명하고, "엄마를 생각하며 청소하시는 분에게 친절히 인사하고 쓰레기를 함부로 버리지 않게 되었다"는 큰딸의 말을 들은 후 보람을 느끼며 일하고 있다고 답했습니다. 그러자 최종 합격을 하여 지금도 청소 일을 하고 있습니다. 때때로 힘들면 비슷한 고난을 겪는 지체의 간증을 떠올리며 위로 받고, 지체들과의 나눔으로 힘을 얻습니다. 청소 일을 한 것이 가장 옳은 선택이 되게 하시고, 세상을 통해 양식과 선물을 허락해 주신 하나님, 사랑합니다.

영혼의 기도

하나님 아버지, 수많은 사람이 "나는 여왕으로 앉은 자요 과부가 아니라" 외치며 살아갑니다. "나는 결단코 애통함을 당하지 아니하리라, 나도 자녀도 잘못되지 않으리라" 장담합니다. 이렇듯 바벨론 가치관에 젖은 세상 속에서 '과부가 될 수 있다'는 말씀을 미리 듣게 하시니 감사합니다. 이것이 우리 인생의 가장 큰 은혜입니다.

주님은 심판이 멸망이 아니라 구원이 될 수 있다고 말씀하십니다. 그러나 우리 속에 음녀 바벨론의 가치관이 강력히 똬리를 틀고 있기에 심판은 싫고 육적인 복만 받고 싶습니다. 그래서 주님이 음녀 바벨론의 실상을 이렇게 알려 주십니다. 멸망할 것들을 붙들고 사치와 음행에서 벗어나지 못하는 우리의 연약함을 보여 주십니다.

'나는 끊임없이 찾아오는 음녀의 유혹에서 과연 졸업할 수 있을까' 생각해 보았습니다. 자신 있다고 말하면서 멸망의 메시지를 선포하지만, 여전히 저는 부족합니다. 그래서 늘 두렵고 떨리는 심령으로 주님 앞에 섭니다. 제가 선포한 대로 살아야 하는데 그러지 못해서, 오히려 하나님의 복음을 훼방하는 것 같아서 주님께 죄송합니다. 주님, 제게 은혜를 허락하여 주옵소서. 제가 하나님의 영광을 가리지 않도록 인도해 주옵소서. 저 때문에 교회의 영광이 무너지면 어떡합니까. 생각만 해도 너무나 두렵고 떨립니다. 음녀 바벨론의 세력에 제가 요동하지 않도록 도와주옵소서. 남편에게 임한 심판이 구원이 된 것처럼, 저의 모든 삶이 구원으로 나아갈 수 있도록 역사하여 주옵소서.

'심판이로다' 하며 예배의 자리에 온 성도들의 인생을 '구원이로다'의 인생으로 바꾸어 주옵소서. 그들이 재앙을 받지 않도록 사고의 전환을 일으켜 주옵소서. 하나님은 회개한 자의 죄를 다시는 기억하지 않으신다는 말씀을 우리가 기억하기 원합니다. 이 언약의 말씀이 내 것이 될 수 있도록 역사하여 주옵소서. 예수님 이름으로 기도드립니다. 아멘.

너희를 위한 심판

요한계시록 18장 9~24절

08

하나님 아버지, 너희를 위해 심판하시는
하나님의 마음을 깨달아
심판 속에서도 나의 악을 보기 원합니다.
말씀해 주시옵소서, 듣겠습니다.

◇◆◇

은빛 목장(60대 이상 여성도 소그룹 모임) 보고서에서 이런 나눔을 보았습니다. 한 권사님의 큰아들이 결혼한 지 5년 만에 이혼하고 재혼을 했답니다. 하루는 새 며느리가 인사하러 교회에 왔는데 아들이 이혼한 사실이 부끄러운 이 어머니가 작은아들과 결혼할 며느릿감이라고 거짓말을 했다는 겁니다. 며느리는 "교회에 다니는 분이 어떻게 그런 거짓말을 하실 수 있느냐"고 노발대발하면서 다시는 교회에 가지 않겠다고 선포했습니다. 권사님이 거듭 사과해도 소용없었습니다. 사실 이 큰아들네에는 사연이 많습니다. 아들은 파산하고 손녀는 2급 장애 판정을 받았습니다. 그런 데다 이제 며느리마저 불신을 선포했으니, 권사님의 마음이 얼마나 찢어지겠습니다. "한 번의 거짓말이 치명타가 될지 몰랐어요. 구원이 멀리 가는 것만 같아 애통합니다." 권사님은 눈물로 고백하셨습니다.

이 집에 그야말로 심판이 왔습니다. 이럴 때 바벨론 가치관을 가진 세상은 어떤 태도를 취하겠습니까? 보통의 시어머니라면 "아이고, 나 죽네, 며느리가 나 잡네" 하지 않겠습니까. 그러면 망하는 심판만 되는 겁니다. 이 일이 망하는 심판이 아니라 하나님이 너희를 위해 주신 심판이 되어, 이 가정이 구원에 이르기를 간절히 바랍니다. 심판이 올 때 세상은 어떤 모습을 보이는지, 하나님은 성도에게 무엇을 바라시는지 본문을 통해 살펴보기 원합니다.

모두가 원통해서 가슴을 치며 웁니다

9 그와 함께 음행하고 사치하던 땅의 왕들이 그가 불타는 연기를 보고 위하여 울고 가슴을 치며 10 그의 고통을 무서워하여 멀리 서서 이르되 화 있도다 화 있도다 큰 성, 견고한 성 바벨론이여 한 시간에 네 심판이 이르렀다 하리로다 11 땅의 상인들이 그를 위하여 울고 애통하는 것은 다시 그들의 상품을 사는 자가 없음이라 12 그 상품은 금과 은과 보석과 진주와 세마포와 자주 옷감과 비단과 붉은 옷감이요 각종 향목과 각종 상아 그릇이요 값진 나무와 구리와 철과 대리석으로 만든 각종 그릇이요 13 계피와 향료와 향과 향유와 유향과 포도주와 감람유와 고운 밀가루와 밀이요 소와 양과 말과 수레와 종들과 사람의 영혼들이라 14 바벨론아 네 영혼이 탐하던 과일이 네게서 떠났으며 맛있는 것들과 빛난 것들이 다 없어졌으니 사람들이 결코 이것들을 다시 보지 못하리로다 15 바벨론으로 말미암아 치부한 이 상품의 상인들이 그의 고통을 무서워하여 멀리 서서 울고 애통하여 16 이르되 화 있도다 화 있도다 큰 성이여 세마포 옷과 자주 옷과 붉은 옷을 입고 금과 보석과 진주로 꾸민 것인데 17 그러한 부가 한 시간에 망하였도다 모든 선장과 각처를 다니는 선객들과 선원들과 바다에서 일하는 자들이 멀리 서서 18 그가 불

타는 연기를 보고 외쳐 이르되 이 큰 성과 같은 성이 어디 있느냐 하며 19 티끌을 자기 머리에 뿌리고 울며 애통하여 외쳐 이르되 화 있도다 화 있도다 이 큰 성이여 바다에서 배 부리는 모든 자들이 너의 보배로운 상품으로 치부하였더니 한 시간에 망하였도다 …… 22 또 거문고 타는 자와 풍류하는 자와 퉁소 부는 자와 나팔 부는 자들의 소리가 결코 다시 네 안에서 들리지 아니하고 어떠한 세공업자든지 결코 다시 네 안에서 보이지 아니하고 또 맷돌 소리가 결코 다시 네 안에서 들리지 아니하고 23 등불 빛이 결코 다시 네 안에서 비치지 아니하고 신랑과 신부의 음성이 결코 다시 네 안에서 들리지 아니하리로다 너의 상인들은 땅의 왕족들이라 네 복술로 말미암아 만국이 미혹되었도다_계 18:9~19, 22~23

땅의 왕들, 땅의 상인들, 선장과 선객과 선원, 악기를 연주하는 대중음악가, 세공업자…… 땅과 바다에서 일하는 여러 종류의 직업이 등장합니다. 이들은 이 땅에서 기득권을 가진 부류를 대표하는 자들로, 바벨론이 멸망하자 이들도 연쇄 도산합니다.

9절에 큰 성 바벨론과 함께 음행하고 사치하던 땅의 왕들이 바벨론이 불타는 연기를 보고 '위하여' 울고 가슴을 친다고 합니다. 마치 멸망하는 바벨론을 위해 슬퍼하는 듯 보이지만 실상은 분해서 우는 겁니다. 함께 어울리다가 망했으니 행여 같은 부류로 볼까 무서워서 가까이 가지도 못하고 멀리 서서 '화 있도다, 화 있도다'만 부르짖습니다. '크고 견고한 성이 어떻게 한 시간에 망할 수 있는가' 그저 원통하기만 합니다.

　이런 일들이 지금도 얼마나 많이 일어납니까. 바벨론에 빌붙어 천하의 우정을 과시할 때는 언제고 바벨론이 망하니까 무서워서 딱 거리를 둡니다. 왜 무서워합니까? 자신들도 멸망의 불길 속으로 던져질까 두려운 것입니다. 세상의 관계가 다 이렇습니다. 아무리 끈끈한 사이라도 위기가 닥치면 한 시간에 끝이 납니다. 좋은 관계가 행복한 삶을 가져다준다는데 세상은 이처럼 쉬이 무너질 관계를 위해서 질주합니다.

　권력이란 것이 참 무상합니다. 최고위직까지 올랐다가 한순간에 범죄자로 전락한 사람을 우리는 얼마나 많이 보았습니까. 끝이 좋은 대통령도 보지 못했습니다. 누가 권세를 쥐면 모두가 앞다투어 보좌하다가, 사건 사고에 휘말리면 멀찍이 서서 바라보기만 합니다. 그의 쇠락을 가슴을 치며 슬퍼하면서 행여 자신에게 불똥이 튈까 봐 전전긍긍합니다.

　하나님 없이 살아가려는 것이 죄인의 첫째 특징입니다. 그러려면 스스로 자신을 보호해야 하기에 힘이 필요합니다. 그래서 세상은 능력이 곧 권세입니다. 주님은 이런 세상을 가리켜 "악하고 음란한 세대"라고 말씀하셨습니다(마 12:39). 모두가 악과 음란을 향해 달려가니 물질주의와 성공주의가 시대 정신으로 자리매김했습니다. 능력으로만 평가하고 능력을 의지하다가 그 능력이 내게 도움이 안 되면 가슴을 치며 슬퍼합니다. 바벨론을 위한 슬픔 같아 보이지만, 결국 자신이 누리지 못해서 우는 것입니다. 슬피 울며 이를 가는 지옥의 고통을 맛

234

보는 겁니다.

10절과 15절의 '고통'이라는 단어를 원어로 보면 '고문'이라는 뜻도 있습니다. 즉, 그동안 희희낙락하며 권세를 누리던 땅의 왕들과 상인들이 바벨론의 멸망을 고문 같게 느끼고 두려워 떤다는 것입니다. 우리가 영원한 생명을 우습게 여기면 마치 날개가 달린 듯 하루아침에 물질이 날아가 버릴 수 있습니다. 예수가 없는 자에게는 물질이 전부니까 하나님이 물질을 빼앗으셔서 지옥의 고통을 맛보게 하시는 것이죠. 그럴 때 '아, 지옥은 정말 있구나' 깨닫고 주께로 돌이키면 얼마나 좋겠습니까? 그런데 이들은 마지막까지 회개하지 못하고 자기 재물이 사라지는 것만 애통해서 웁니다. 이 땅의 소망이 사라져서 웁니다. 종말의 때가 그렇습니다. 큰 피해를 입고 고통을 겪어도 주께 돌이키지 않습니다. 돌아오기는커녕 오히려 하나님의 이름을 비방합니다.

저는 돌아가신 어머니 이야기만 하면 눈물부터 납니다. 그런데 대학생 시절 정작 어머니가 돌아가셨을 때는 전혀 슬프지 않았습니다. 물론 인간적인 연민으로 눈물을 흘리기는 했습니다. 그러나 앞으로 겪을 어머니의 부재가 큰 슬픔으로 다가오지는 않았습니다. '나에게 전혀 도움을 주지 않으신 어머니, 있으나 마나 한 어머니'라고 여겼기 때문입니다. "사람의 마음이 계획하는 바가 어려서부터 악함이라"고 했습니다(창 8:21). 이것이 인간의 실상입니다. 내게 도움이 안 되니까, 내가 누릴 것이 없으니까 슬프지도 않은 겁니다.

그런데 만약 어머니가 나밖에 몰라서 피아노 공부 뒷바라지 다 해 주고, 백화점에서 예쁜 옷만 사다 입혔다면 어머니가 돌아가신 뒤 저는 무너지지 않았을까요? 나의 모든 것을 책임져 주던 존재가 사라졌는데 슬퍼서 어찌 살았겠습니까. 제가 어머니의 삶과 죽음을 영적으로 해석하고 난 뒤 이것이 깨달아졌습니다. 그러니까 여러분, "아유, 예쁘다, 예쁘다" 하면서 자녀들을 너무 끼고돌지 마세요. 말씀을 따라 이타적으로 키우지 않으면 자녀가 악한 본성대로 살도록 방조하는 겁니다. 사람은 어려서부터 악하다고 성경에 이렇게 써 있잖아요.

물론 저도 손녀딸만 보면 예뻐서 "아 예뻐, 예뻐" 하기는 합니다. 그렇다고 "아이 미워, 아니 미워" 할 수도 없고…… 어떻게 어머니는 저 같은 딸보고 예쁘다 하지 않을 수 있었는지 그것이 기적이라는 생각이 듭니다. 그러니 정말 좋은 부모의 기준이 따로 정해진 게 아닙니다. 그저 예수 믿게 해 주는 부모가 최고입니다. 세상적으로 주고 간 것 하나 없는 어머니를 생각하며 지금은 제가 눈물짓고 있다는 게 정말 설명할 길 없는 하나님의 신비입니다.

한 집사님의 나눔을 읽었습니다. 이분의 남편은 몇 년 전 집을 나갔습니다. 가출 후 3년까지는 전과 같이 남편이 생활비를 책임져 주었답니다. 그런데 이 집사님이 남편의 지원만 믿고 옷값으로만 수백만 원을 지출한 겁니다. 카드 내역서를 본 남편은 펄쩍 뛰었고 그때부터 생활비를 팍 줄여 버렸습니다. 사실 이분이 목자이고 먹고살 만한 수입도 있습니다. 그런데도 노후 대책을 마련해야 한다며 베이비시터와 컴퓨터, 간호조무사 자격증을 따려고 애씁니다. 또 훗날을 위해 여러 보험을 들어 놓고서 그 보험금을 내려고 파출부 일까지 한답니다. 이렇게 열심히 살았건만, 보험을 변동금리로 들어서 최근 쪽박을 차게 생겼다는 겁니다. 이분이 "다른 건 몰라도 외모는 못 내려놓겠다"고 하시더군요.

누구에게나 내려놓지 못하는 바벨론 가치관이 있습니다. 남자는 죽으나 사나 여자의 외모만 따집니다. 첫째도, 둘째도, 셋째도 예쁜 여자가 최고랍니다. 지난 말씀에서 여자의 다리만 쳐다본다는 부목사님의 나눔이 신기해서 제가 소개했는데, 알고 보니 이런 남자가 한둘이 아니더라고요. 바벨론이 어디 멀리 있지 않습니다. 다 우리 속에 있습니다. 그러니 하나님이 내게 쪽박을 차는 사건을 주실 수밖에 없는 겁니다. 주님이 나의 바벨론을 불태우실 때 여러분은 그저 가슴을 치고 우는 데서 끝나지 않기를 바랍니다. 어떤 심판도 나를 위하는 심판이 되기를 바랍니다.

- 나는 어떤 사람들과 함께합니까? 예수 공동체보다 사치하고 음행하는 모임을 더 즐거워하지는 않습니까?
- 내게 일어난 사건이 나를 위한 심판이 되고 있습니까? 그저 망하는 심판이 되어 가슴을 치며 우는 데서 끝나지는 않습니까?

멀리 서서 웁니다

10 그의 고통을 무서워하여 멀리 서서 이르되 화 있도다 화 있도다 큰 성, 견고한 성 바벨론이여 한 시간에 네 심판이 이르렀다 하리로

다 11 땅의 상인들이 그를 위하여 울고 애통하는 것은 다시 그들의 상품을 사는 자가 없음이라 …… 15 바벨론으로 말미암아 치부한 이 상품의 상인들이 그의 고통을 무서워하여 멀리 서서 울고 애통하여_계 18:10~11, 15

땅의 왕들과 상인들이 바벨론에 이른 심판을 보고 울며 가슴을 친다고 했습니다. 이 말씀은 곧 우리 그리스도인들은 세상과 같이 힘의 원리로 살아서는 안 된다는 걸 보여 줍니다.

땅의 왕들과 상인들은 바벨론을 위하여 울면서도 혹여 자신에게 피해가 올까 봐, 자기를 망한 세력과 같은 부류로 볼까 봐 두려워합니다. 그래서 "멀리 서서" 운다는 표현이 반복해서 나옵니다(계 18:10, 15). 또한 바벨론이 망하여 슬픈 것이 아니라 그들의 상품을 사 줄 자가 없어서 목 놓아 운답니다(계 18:11).

정치권만 보아도 그렇습니다. 서로 손을 맞잡고 시작한 사람들이 정권이 바뀌면 서로 멀리 서고 싶어 합니다. 권세는 하나님이 주시는 것인데 스스로 차지했다고 착각하고 지위를 이용해 치부하기 바쁜 사람도 있습니다. 그래서 권력의 맛을 한번 보면 평범한 삶으로 다시 돌아가지 못한답니다.

힘든 사람을 섬기라고 하나님이 지위를 주시는 겁니다. 지위를 내 것이라고 착각하면 나도 죽고, 아랫사람도 죽이고 맙니다. 주어진 자리에서 맡기신 일에 최선을 다하되 언제든 떠날 준비를 하고 살아야 하는 것이죠.

저도 다시 평신도의 자리로 돌아가라고 하면 어떨까 생각해 보았습니다. 목회하기 전 평신도로 오래 지내서 지금도 평신도 같은 마음으로 살지만, 사실 아직 당해 보지 않은 일이라 잘 모르겠습니다. 분명한 것은, 경험해 보니 담임목사라는 위치는 책임과 희생이 큰 자리라는 겁니다. 사명 없이는 하루도 갈 수 없는 길입니다. 우리들교회 성도를 양육하기만도 바쁜데, 누군가 메일로 이혼 상담을 해 오면 말릴 수 없는 열심이 발동해서 마치 한가한 목사처럼 최선을 다해 답합니다. 이 책을 읽는 분 중에서도 제게 답신을 받은 분이 참 많으리라고 생각합니다.

우리들교회가 어느덧 큰 교회가 되었는데 저는 여전히 이혼 말리는 일을 주로 합니다. 평신도 시절과 달라진 것이 별로 없습니다. 십자가 지는 사람들을 이해하라고 주님은 늘 제게 십자가의 삶을 겪게 하십니다. 힘들어도 이것이 은혜라는 걸 잘 압니다.

만일 제가 자리에, 권세에 연연했다면 누구도 돕지 못했을 겁니다. 내 이해타산만 생각하면서 힘든 사람을 보아도 멀리 서서 울고 가슴을 치는 게 전부이지 않았을까요. 마찬가지로 목장예배도 세상 모임처럼 이해타산을 따져가며 멀리 서서 드린다면 안식이 없습니다. 세상 가치관이 목장을 압도하면 목원들이 빠져나가게 마련입니다. 부족하지만 목자의 믿음이 음녀의 가치관을 한 수만 압도해도 그 목장은 살아납니다. 칼날 위의 물방울처럼 늘 깨어서 목원들을 대한다면 싫어할 사람이 누가 있겠습니까? 그러나 쉽지는 않습니다. 어느 목장에서는 목자와 목원이 고성방가하며 싸웠다는 이야기도 들었습니다. 모두 내공이 구단은 아니기에 싸웠다는 게 어찌 보면 귀엽고 건강하다는 생각도 듭니다. 이렇게 서로 싸우고 난리 쳐도 빠지지 않는 모임은 우리들교회 목장밖에 없을 겁니다.

어떻게 지체들을 섬길 수 있을까 연구하고, 손과 발이 가는 섬김이 몸에 배기를 바랍니다. 특히 새신자들을 각별히 섬기십시오. 사소한 데서부터, 앉은 자리에서부터 예수의 향기가 나야 합니다. 교회에서조차 내 유익만 구한다면 이 세상 어떤 영혼을 살릴 수 있겠습니까?

가만 보면 우리들교회에는 '저런 분을 누가 싫어할까' 생각될 정도로 성심껏 섬기시는 목자가 많습니다. 섬김이 몸에 밴 사람은 전도도 잘하고, 사업도 잘되는 걸 봅니다. 목장도 내게 유익이 있어야 가고 싶지 않겠습니까? 보혈의 은혜를 먼저 경험한 사람이, 먼저 죽었다가 살아난 사람이 목장을 유익 있는 모임으로 만들기 바랍니다. 다른 이의 아픔에 그저 멀리 서서 울지 말고 가까이 와서 함께 울어 주기 바랍니다. 그런 사람이 한 사람이라도 있다면 우리 목장은 유익 있는 모임이 될 것입니다.

- 내가 힘든 일을 당했을 때 주변 사람들이 멀리 서서 울 것 같습니까, 달려 와서 울어 줄 것 같습니까?
- 나는 힘든 지체들을 섬기고자 손과 발이 가는 수고를 합니까? 나부터 남의 아픔은 나 몰라라 하며 멀리 서서 우는 사람은 아닙니까?

한 시간 만에 망해서 웁니다

10 그의 고통을 무서워하여 멀리 서서 이르되 화 있도다 화 있도다
큰 성, 견고한 성 바벨론이여 한 시간에 네 심판이 이르렀다 하리로
다 …… 17 그러한 부가 한 시간에 망하였도다 모든 선장과 각처를
다니는 선객들과 선원들과 바다에서 일하는 자들이 멀리 서서 ……
19 티끌을 자기 머리에 뿌리고 울며 애통하여 외쳐 이르되 화 있도
다 화 있도다 이 큰 성이여 바다에서 배 부리는 모든 자들이 너의 보
배로운 상품으로 치부하였더니 한 시간에 망하였도다 …… 22 또
거문고 타는 자와 풍류하는 자와 퉁소 부는 자와 나팔 부는 자들의
소리가 결코 다시 네 안에서 들리지 아니하고 어떠한 세공업자든지
결코 다시 네 안에서 보이지 아니하고 또 맷돌 소리가 결코 다시 네
안에서 들리지 아니하고 23 등불 빛이 결코 다시 네 안에서 비치지
아니하고 신랑과 신부의 음성이 결코 다시 네 안에서 들리지 아니
하리로다 너의 상인들은 땅의 왕족들이라 네 복술로 말미암아 만국
이 미혹되었도다_계 18:10, 17, 19, 22~23

지난 8절에서는 바벨론에 '하루 동안에 재앙이 이르리라'고 했
는데, 본문에서는 그들이 "한 시간에 망하였도다"라고 합니다. 이 말
씀이 무려 세 번이나 반복됩니다(계 18:10, 17, 19).

주어진 일을 통해 하나님과 사람을 섬기라고 주님이 직업을 허
락하십니다. 그것이 본래 직업의 정신이요, 목적입니다. 그러나 많은

사람이 직업을 단순히 돈 버는 수단으로만 여깁니다. 본문에 등장하는 땅의 왕과 상인들, 선장과 선객들, 대중음악가들이 그렇습니다. 이들은 큰 성 바벨론과 결탁하여 이익을 누리다가 바벨론이 멸망하자 애가를 부르며 누구보다 안타까워합니다. 이들은 오늘날 물질만능주의에 빠진 자들을 대표합니다.

직업에는 귀천이 없지만 모든 사람이 창조질서에 합당하게 일하는 것은 아닙니다. 의사가 환자를, 주인이 손님을 그저 돈벌이 수단으로만 본다면 바벨론 가치관에 물들어 사는 것 아니겠습니까. 심지어 성도들을 돈으로 생각하여 "교회 매매, 머릿수당 얼마"라는 매매 조건을 내건 교회도 본 적이 있습니다.

또 돈 버는 것 외에 아무 목적이 없는 직업도 있습니다. 지금도 외환, 주식, 채권 투자가 분초 단위로 이루어집니다. 문제는 이런 것들이 쉽게 투기를 조장하여, 투기로 자산을 눈덩이처럼 불리려는 사람들이 생긴다는 것입니다. 투기로 자본을 단시간에 증식하는 것은 결코 성경적인 방식이 아닙니다. 행여 큰돈을 벌었더라도 도박에 가깝습니다. 조금 재미를 보았다고 몇 배 더 투자했다가 하루아침에 모든 것을 잃는 경우도 많습니다. 본문 말씀처럼 하루 만에, 한 시간에 망할 수 있다는 것을 기억하십시오. 비단 부자들에게만 해당되는 이야기가 아닙니다. 높은 이율에 현혹돼서 각종 투기를 벌였다가 돈을 떼이는 서민들도 마찬가지입니다. 대박을 꿈꾸다가 한 시간에 심판을 맞고서 우는 사람들을 너무도 많이 보았습니다. 왜 웁니까? 땅의 왕과 상인들처럼 내가 본 손해만 아까워서 우는 겁니다.

목사님 딸에다 늘 수수하고 경건해 보이던 한 집사님이 있었습니다. 외모와는 달리 이분은 하루가 멀다고 남편과 싸웠습니다. "할 줄 아는 게 없다"면서 남편을 자주 타박하곤 했습니다. 그런데 그 남편이 하루아침에 세상을 떠난 겁니다. 이 집사님이 너무 슬퍼하기에 제가 찾아가 그만 슬퍼하시라고 위로했습니다. 그때 집사님이 했던 말이 아직도 잊히지 않습니다.

"눈이 오면 이제 누가 차에 기름을 넣으러 가요……."

자기가 작게라도 누리던 유익이 사라져서 그렇게 울었던 겁니다. 세상 것이 가치 기준인 사람은 사소한 것 하나 없어지는 게 아쉬워서 땅이 꺼질 듯 웁니다. 이것이 바벨론을 향한 애가의 실상입니다.

멀리 갈 것 없습니다. 저야말로 바벨론의 멸망을 하루 동안에, 한 시간에 경험한 자 아니겠습니까? 힘든 시집살이를 했지만 당시 제 환경만 보면 바벨론이 따로 없었습니다. 시부모님 댁도, 시숙 댁도 저마다 기사와 가정부를 두고 살 정도로 부자였고, 삼십 대인 우리 부부도 개원하여 기사와 가정부를 두고 살았습니다. 그러니 남들이 얼마나 부러워할 집안입니까. 제가 이런 이야기를 하면 '또 자랑하네' 하는 분도 있겠지요? 구속사가 안 깨달아져서 그렇습니다. 목사로서 이런 이야기를 하기가 쉽지 않습니다.

그런데 그중 저만 문자 그대로 큰 성 바벨론이 무너져서 남편도, 기사도, 가정부도 사라지고 덜렁 과부가 되었습니다. 세상적으로는 땅끝까지 내려간 사건 아닙니까? 다른 시댁 식구들은 별 탈 없이 잘사는데 상대적 박탈감이 어마어마하지 않았겠습니까? 보통 이럴 때 가슴을 치고 울면서 '앞으로 어떻게 사느냐'만 부르짖습니다. 23절 말씀처럼 등불 빛이 다시 비치지 않을 것 같은 지옥을 경험합니다.

그러나 어떤 환경이든지 영혼 구원을 위해 충성하면 후회가 없습니다. 제가 겪어 보았기에 확실히 말할 수 있습니다. 지금 환경이 어떠하든지 내가 복음을 듣고 믿음의 공동체에 속해 있다면 후회 없는 인생이라고 말씀드리고 싶습니다. 아무리 목사님 딸이라도 공동체 없이 홀로 지내면 세상 가치관에 젖게 마련입니다. 하나님은 저를 통해 하나님 자체가 상급이라는 걸 보여 주기 원하셨습니다. 그래서 저로 하여금 극과 극을 경험하게 하신 겁니다. 모두가 저보고 '마음만 먹으면 새 인생을 살 수 있지 않을까' 생각했겠지요. 제가 그 정도의 믿음이었다면 남편을 데려가지도 않으셨을 겁니다. 하나님이 저에게 정말 특별한 사명을 주셨다고 생각합니다.

망한 환경 가운데 있습니까? 하나님이 내게 특별한 사명을 주신 줄로 믿으십시오. 그것이 하나님 자체가 상급이 되는 길입니다.

• 한 시간에 망해 본 적이 있습니까? 사업이 망하고, 건강을 잃고, 실연당하고 결혼생활에서 손해만 입은 것 같아 울고 있습니까? 그 사건을 통해 사명을 깨달았습니까?

영혼의 장사꾼이기 때문에 심판하십니다

12 그 상품은 금과 은과 보석과 진주와 세마포와 자주 옷감과 비단
과 붉은 옷감이요 각종 향목과 각종 상아 그릇이요 값진 나무와 구
리와 철과 대리석으로 만든 각종 그릇이요 13 계피와 향료와 향과
향유와 유향과 포도주와 감람유와 고운 밀가루와 밀이요 소와 양과
말과 수레와 종들과 사람의 영혼들이라_계 18:12~13

12절부터 13절까지 땅의 상인들이 사고팔던 스물아홉 항목이 언
급됩니다. 각 상품은 귀금속과 의류, 고급 건축자재와 향과 식품, 가축
과 사람으로 분류할 수 있습니다. 주로 필수품보다 사치품에 해당하는
상품들입니다. 오늘날로 말하면 최고급 명품이라고 할 수 있습니다.

요즘 너도나도 명품 의류만 찾고 가구도 값비싼 것만 고집한답
니다. 과소비를 넘어서 극도의 사치로 옮겨 가는 세태입니다. 부자나
연예인만 명품을 걸치던 과거와는 달리 요즘엔 남녀노소 할 것 없이
명품에 집착합니다. 형편이 안 돼도 월급을 몽땅 털어서라도 산답니
다. 또 소위 짝퉁이라도 사서 명품인 것처럼 속이고 자랑합니다. 육신
의 정욕을 충족시키기 위해서라면 못 할 짓이 없다는 걸 보여 줍니다.
육신의 정욕을 채우려다 보니까 자연스레 안목의 정욕과 이생의 자
랑을 좇아 삽니다.

특별히 13절에 '종들과 사람의 영혼들'까지 매매했다고 합니다.
사치와 타락이 극에 달해 자기 생명을 대신해 줄 사람까지 사들인 겁

니다. 돈이면 영혼도 판다는 말이 바벨론으로 상징되는 세상 권세의 최고 전성기에 나오는 이야기입니다. 실제로 로마 제국 인구의 3분의 1이 노예였다고 하지요. 당시 노예는 주인을 위해 뭐든지 하는 자들이었습니다. 대신 맞기도 하고 심지어 대신 죽기까지 했습니다. 그런데 이런 노예뿐만 아니라 자유의지를 가진 일반인도 매매의 대상이 되었다는 것입니다. 이 말씀은 곧 종말에는 자유인도 종과 마찬가지로 자본에 종속될 수 있다는 의미입니다. 돈의 노예가 되어서 자기 영혼도 팔아 버립니다. 돈을 위해서라면 남을 배반하는 일쯤은 아무것도 아닙니다. 사람 위에 사람 있고, 사람 밑에 사람이 있습니다.

바벨론이 멸망하자 땅의 상인들이 가슴을 치며 우는 것은 결국 그들도 돈의 노예이기 때문입니다. 돈이 그들 인생의 절대 가치이기 때문입니다. 그렇게 돈을 모은들 뭐 하겠습니까? 어리석은 부자처럼 오늘 밤 하나님이 자기 영혼을 찾으실 것도 모르고 그저 더 큰 곳간에 재물만 쌓으려 하는 인생일 뿐입니다(눅 12:16~21). 오늘 밤 죽는다면 이생에 재물을 쌓아 두는 게 무슨 소용입니까? 우리는 이 땅에서 돈의 노예가 아니라 천국 백성이 돼야 합니다. 우리 인생이 짧습니다.

한 집사님의 어머니가 여든이 넘은 나이에 요양보호사 자격증을 땄답니다. 아버지에게 드는 간병 비용을 아끼려는 의도였습니다. 그런데 어머니는 정작 아버지는 돌보지 않고 세상 친구들을 만나고 돈을 벌기에만 바쁘답니다. 아버지가 파킨슨병을 앓고 시력까지 잃었는데도 나 몰라라 한다는 겁니다. 또 이 어머니가 30년 전에 지인이 땅을 살 때 명의를 빌려주었는데 "오랜 시간이 지났으니 이제 내 땅이 아니겠냐"고 우기면서 소송을 걸었답니다. 이분이 나름 권사님인데, 딸이 "하나님을 믿는 사람이 그러면 안 된다"고 아무리 말려도 귓등으로도 듣지 않는답니다.

이렇게 사람 욕심은 끝이 없습니다. 권사라도 못할 일이 없습니다. 무엇이 본질인지도 모르고 겉만 치장합니다. 명품으로 두르고 비싼 술을 마시면서 자녀들 성적 이야기나 남의 스캔들, 음담패설만 늘어놓습니다. 누구라도 예외가 없습니다. 그러나 하나님은 이렇듯 사치하고 불의를 행하는 자에게 무섭게 진노하십니다. "하나님을 영화롭게 하고 그를 영원토록 즐거워하라"는 사람의 제일 된 목적을 어기고 자기를 영화롭게 하는 자들을, 영혼 구원의 사명은 잊고 도리어 사람의 영혼을 사고파는 자들을 결코 모르는 척하지 않으시고 반드시 심판하십니다.

● 나의 이익을 위해서 사람을 이용하거나 배반한 적이 있습니까?

성도들은 즐거워하라고 하십니다

20 하늘과 성도들과 사도들과 선지자들아, 그로 말미암아 즐거워하라 하나님이 너희를 위하여 그에게 심판을 행하셨음이라 하더라 …… 24 선지자들과 성도들과 및 땅 위에서 죽임을 당한 모든 자의 피가 그 성중에서 발견되었느니라 하더라_계 18:20, 24

하늘의 성도와 사도와 선지자들에게 "즐거워하라" 명령하십니다. 지난 12장에서도 주님은 성도를 향해 즐거워하라 명하셨습니다.

"그러므로 하늘과 그 가운데에 거하는 자들은 즐거워하라 그러나 땅과 바다는 화 있을진저 이는 마귀가 자기의 때가 얼마 남지 않은 줄을 알므로 크게 분 내어 너희에게 내려갔음이라 하더라"(계 12:12).

성도가 잘나서 즐거워하라는 것이 아닙니다. 땅의 사람들이 아무리 서럽게 울어도 큰 성 바벨론, 로마는 반드시 멸망할 것이기 때문입니다. 이전에 바벨론이 누리던 영화를 '결코' 다시 보지 못하게 될 것입니다. 요한은 이 '결코'라는 표현을 본문에 일곱 번이나 사용해 말씀이 반드시 성취될 것을 강조합니다. 구약의 예레미야 선지자도 똑같이 이야기했습니다.

"말하기를 바벨론이 나의 재난 때문에 이같이 몰락하여 다시 일어서지 못하리니 그들이 피폐하리라 하라 하니라 예레미야의 말이 이에 끝나니라"(렘 51:64).

바벨론은 완전히 몰락하여 결코 다시 영광을 누리지 못하리라고 합니다. 우리는 바벨론의 멸망에 관한 이 말씀을 보면서 세상에 이를 멸망도 볼 수 있어야 합니다. 세상이 굉장해 보이고 영광을 누리는 것 같아도 하나님을 대적하는 세상 문화와 권력과 구조는 반드시 무너질 것입니다. 갑자기, 모조리, 조금도 남김없이 무너져 버릴 것입니다.

그런데 바벨론이 멸망하는 이유가 "그 성중에서 선지자들과 성도들의 피가 발견되었기" 때문이라고 합니다. 그러므로 성도의 피, 곧 성도의 희생과 헌신과 사랑은 결코 헛되지 않습니다. 거대한 로마에서 내가 흘린 피가 아무것 아니게 보여도 하나님이 그 피를 보시고 우리를 위해 원수 갚아 주신다고 합니다. 내가 밀알이 되고자 죽어지고 썩어지며 흘린 그 피를 우리 주님이 기억하신답니다.

예수님이 팔복(八福)을 가르치실 때 다른 복은 다 미래형인데 심령이 가난한 자와 의를 위하여 박해를 받는 자가 누릴 복은 현재형으로 말씀하셨습니다. 심령이 가난한 자와 의를 위하여 박해를 받는 자는 '이 땅에서' 천국을 누리리라고 하십니다.

"심령이 가난한 자는 복이 있나니 천국이 그들의 것임이요……의를 위하여 박해를 받은 자는 복이 있나니 천국이 그들의 것임이라"(마 5:3, 10).

그 이유가 무엇일까요? 이 땅에서 가진 것이 없으니까, 이 땅에서 천국을 소유하게 되는 것입니다. 현재 천국을 가장 잘 누리는 자가 되는 것입니다. 어떤 분들은 이렇게 말합니다. "내가 잘나갔을 때 우리들교회를 만났다면 얼마나 좋았을까요? 헌금도 많이 했을 텐데……." 그럴 일 절대 없습니다. 망했으니까 교회에 왔지요. 다 가진 사람은 세상에서 누릴 게 많으니까 허벅지를 꼬집혀도 교회에 안 옵니다. 주일이면 골프 치러 가고 놀러 다니기 바쁠 테죠.

제가 그랬습니다. 대학생 시절 겉모습은 경건해 보였겠지만 세상 가치관으로 가득 차서 천국을 누리지 못했습니다. 남편이 떠난 뒤로는 겉모습은 과부이지만 영육 간에 가난함과 십자가를 경험했기에 심령이 천국을 누리고 있습니다.

바벨론이 망했는데 왜 즐거워하라 하십니까? 나를 박해하던 사람이 멸망했으니까 고소해하라는 뜻이 아닙니다. 주께서 우리를 갈등과 고난 가운데서 건지사 '과연 하나님이 통치하시는구나, 모든 악인을 심판하시고 구원을 완성하시는구나' 일깨워 주셨으니 즐거워하라는 것입니다.

우리는 바벨론에 살지만 바벨론에서 나오기를 매 순간 힘써야 합니다. 예수를 믿으면 좋아하는 것부터 달라지게 마련입니다. 가장 귀한 것을 붙들었기에 세상 것은 포기하기 시작합니다. 또한 "부당하게 고난을 받아도 하나님을 생각함으로 슬픔을 참는 자는 아름답다"라는 말씀처럼(벧전 2:19), 애꿎은 고난을 받는대도 인내할 수 있게 됩니다. 이유 없이 박해를 받으면서 전에는 몰랐던 나의 악을 알아 가기 때문입니다. 그러니 정말 즐거워할 일 아닙니까.

이에 한 힘 센 천사가 큰 맷돌 같은 돌을 들어 바다에 던져 이르되 큰 성 바벨론이 이같이 비참하게 던져져 결코 다시 보이지 아니하리로다_계 18:21

주님을 제대로 만난 사람은 결코 다시 바벨론 방식대로 살지 않습니다. 예를 들면, 내가 고된 시집살이를 당했다고 며느리에게 그대로 행하지 않습니다. 시집살이를 통해 내 악의 실체를 깨달았는데 어찌 악을 행하겠습니까? 그런데 내가 당한 대로 똑같이 갚아 주겠다고 아랫사람을 괴롭힌다면 악을 대물림하는 것이나 다름없습니다.

우리는 자꾸 사람을 믿으려 합니다. 인간이 얼마나 악하고 음란한지 모르기에 그렇습니다. 그래서 주님이 "너희가 그토록 부러워하는 로마가 실상 얼마나 악한(惡漢)인지 보라!" 하시며 그들의 악을 그대로 보여 주십니다. 로마는 그리스도인들을 무참히 짓밟고 사자 밥으로 던지면서 즐거워했습니다. 로마는 세상의 모든 악이 집결된 가시적인 나라라고 할 수 있습니다. 주님이 그런 로마와 같은 세력을 우리에게 붙이셔서 고통을 겪게 하시는 것은 사실 내 속에 더 악한 로마가 똬리를 틀고 있기 때문입니다. 하나님은 내 속의 로마 세력이 물러갈 때까지 믿음의 시련을 허락하십니다. '나의 악 때문에 배우자가, 자녀가, 부모가 수고하는구나' 비로소 깨닫게 되면 그때 주님이 로마를 던져 버리십니다.

많은 사람이 원수 같은 배우자, 자녀, 부모, 상사를 미워하느라 속을 끓입니다. 상대가 변하기만 바라면서 나는 미움으로 죽어 갑니다. 예수를 믿어도 똑같습니다. 그러나 하나님이 내 속에 들어오시면 원수의 악이 아니라 내 악이 보이기 시작합니다. 나의 악을 직면하기 시작합니다. 그렇게 원수의 죄보다 내 죄가 더 크다는 것을 깨달을 때 비로소 문제가 문제가 아니게 되는 겁니다.

시어머니의 박해가 제게 더는 문제로 떠오르지 않은 것은, 그 문제가 말씀으로 해석되어 오히려 시어머니의 구원을 위해 애통하게 되었기 때문입니다. 또한 남편의 구원을 위해서 생명을 내놓고 기도하게 된 후부터 남편의 핍박 역시 문제로 느껴지지 않았습니다. 그래서 비록 전과 같이 몸은 묶여 있지만, 이후로는 잠깐 시장에 가거나 남편 병원에 갈 때마다 복음 전하기에 부단히 힘썼습니다. 이야말로 제가 남편 문제를 졸업했다는 징표 아니겠습니까?

사람은 되었다 함이 없기에 문제가 끊임없이 찾아옵니다. 장르와 종류만 다를 뿐 죽는 날까지 문제는 계속될 것입니다. 그러나 그때마다 내 악을 보며 회개하는 자는 악이 던져지는 복을 누리리라고 믿습니다.

여전히 한 문제를 해결하지 못하고 태산 같은 로마만 쳐다보며 한숨 쉽니까? 내 속에 바벨론이 똬리를 틀고 있어서 그렇습니다. 말로는 "구원, 구원" 하면서 온몸으로 사랑 타령, 돈 타령, 관심 타령만 한다면 구원과 상관없이 사는 겁니다. 다른 사람뿐만 아니라 나의 구원도 막는 겁니다. 하나님 자리에 끝없이 사람을, 돈을 놓고 겨루는데 어떻게 내 속 바벨론이 던져지겠습니까.

내가 비록 박해를 받아도 구원을 위해 살면 그런 나로 인해 나의 공동체가 복을 받습니다. 로마에게 무참히 짓밟혔어도 그리스도인만큼 로마를 사랑하고 그들의 구원을 위해서 기도한 이들이 어디 있겠습니까? 저도 저보다 남편을 사랑한 사람은 없으리라고 자부합니다. 남편 생전에 가장 잘한 일은 저를 아내로 고른 것입니다. 남편의 구원을 위해서 제가 생명을 내놓고 기도하지 않았습니까? 이 기도에 주님이 응답하셔서 마침내 구원을 이루어 주셨습니다. 그러나 모든 일이 저절로 된 것은 아닙니다. 남편에게 핍박을 당하니까 제 심령이 가난해졌습니다. 가난한 마음으로 말씀을 찾고, 저와 같이 가난한 심령들이 모여 함께 말씀을 나누면서 제가 천국을 누리기 시작했습니다.

그러므로 여러분, 좋은 사람끼리 모인다고 천국을 누리는 게 아닙니다. 악의 실체를 깨닫도록 돕는 지체가 있어야 우리가 천국을 절실히 갈구하며 이 땅에서도 천국을 누리게 되는 겁니다. 지난 말씀에서 좋은 관계가 좋은 삶을 만든다고 했습니다. 세상은 좋은 사람들이 모여 좋은 관계가 형성된다고 말합니다. 그러나 진정한 '좋은 관계'는 자기 악을 직면한 사람들이 모일 때 만들어집니다.

남편이 육적인 안정을 누리게 해 준 것은 맞지만, 제게 진정 안식을 가져다준 관계는 함께 큐티하며 자기 악을 보고 나눈 지체들이었습니다. 그런 지체들이 곁에 있었기에 제가 바벨론 같은 남편에게 죽어질 수 있었습니다. 천국을 누릴 수 있었습니다. 앞서간 믿음의 선배들도 이렇게 자기 악이 던져져 결코 보이지 않게 되었기에 기쁘게 순교의 길을 간 것 아닐까요? 그러나 로마는 성도들이 당하는 고통은 모른 채 오로지 고통을 주는 역할만 하다가 끝났습니다. 그러므로 훨씬 세고 영원한 고통을 당하리라고 지금 주님이 본문을 통해 처절하게 보여 주시는 겁니다. 지옥은 반드시 있다고 말씀하십니다.

우리들교회 한 목자님의 나눔입니다. 외국 생활을 오래 하신 이 목자님은 중국에서 벌인 사업이 망해 어쩔 수 없이 한국으로 들어오게 되었습니다. 이후 사업을 새로 시작했지만 실은 다른 회사의 시설을 빌려 간판만 바꾸어 단 것이었습니다. 그런데 이게 웬일입니까. 외국 바이어를 상대로 브리핑만 했다 하면 계약이 척척 성사되는 겁니다. 그러나 아무리 이득을 보아도 목자님은 마냥 기쁘지 않았습니다. 남의 회사를 자기 회사라고 속이는 것이잖아요. 찔림을 견디지 못해 목자 모임에서 나누었더니 모임을 인도하는 장로님도 "그만두는 것이 맞다"고 권면해 주었답니다. 이럴 때 누가 그만둘 수 있겠습니까? 돈을 포기해야 하잖아요. 믿지 않는 사람은 죽었다 깨나도 못할 적용입니다. 그러나 이 목자님은 말씀에 의거해 바벨론에서 나오기로 결정하고 그길로 사업을 정리했습니다. 그러고는 철근 운반과 용접 일 등 일용직으로 생계를 유지해 왔습니다.

그런데 더 놀라운 일이 벌어졌습니다. 이분이 한 구직 사이트에 올린 이력서가 돌고 돌아 한 회사에 접수되었고, 심사 끝에 그곳에서 함께 일하자는 연락이 왔다는 겁니다. 그런저런 회사도 아닙니다. 30년 된 규모 있는 중공업 회사로, 국내에서 도로포장 장비 판매율 90%를 자랑하는 곳이랍니다. 게다가 이분이 유압계통 경력을 인정받아 그냥 직원도 아니고 부장으로 떡하니 입사했습니다. 그러니 이분의 입에서 "하나님이 아니면 할 수 없는 일"이라는 고백이 터져 나올 수밖에 없지 않겠습니까.

이 목자님의 아버지는 주지승이고 어머니는 무속인에 작은형도 박수무당입니다. 그런데 어쩌다 보니 이분이 카자흐스탄에 가서 그곳 선교사를 통해 복음을 영접하게 되었습니다. 이후 중국에서 신앙생활을 시작하고 지금은 우리들교회에서 믿음을 키워 가고 계십니다. 이분이 오랜 타지 생활을 겪게 하신 이유를 모르다가 이제야 깨달아졌답니다. 가족과 떨어져 지내지 않았더라면 이분이 어찌 예수를 믿었겠습니까. 그뿐만이 아닙니다. 두 딸도 신결혼하고 다섯 가족 중 네 명이 목자랍니다. 온 가족이 한 말씀을 보며 걸어가니까 서로 부족해도 사랑하고 감싸 안아 주며 살아간답니다. 이 가정보다 말씀을 잘 나누는 집 있다면 손 들어 보십시오. 이분이 너희를 위한 심판에 순종하여 그야말로 수지를 맞았습니다.

"너희를 위하여" 심판하시는 하나님입니다. 바벨론 가치관을 따라 사는 자는 심판을 당하면 그저 가슴 치고 우는 것이 전부입니다. 자기 유익만 구하면서 사치하고 사람의 영혼까지 팔다가 영원한 멸망을 맞습니다. 그러나 모든 심판에서 나의 바벨론이 던져질 것을 바라며 즐거워하는 자는 영원한 구원을 얻습니다. 그러므로 내게 이른 심판 속에서 나의 악을 직면하기 바랍니다. 나의 바벨론이 던져져 다시는 보이지도, 들리지도 않게 해 달라고, 심판이 내 삶의 결론임을 인정하고 오직 하나님을 즐거워하게 해 달라고 기도하기 바랍니다.

• 내게 임한 심판 속에서 내 악을 직면하며 즐거워하고 있습니까? 가난한 심령이 되어 천국을 누리고 있습니까? 나를 괴롭히는 사람이나 환경만을 탓하면서 지옥을 살지는 않습니까?

우리들 묵상과 적용

아버지는 제가 태어난 지 100일 즈음 주지승이 되셨습니다. 이후 어머니마저 신내림을 받고 무속인이 되셨습니다. 그런 환경에서 저는 성공하고자 이기고 또 이기려 하는 삶을 살았습니다. 대기업 중직을 맡기도 하고 퇴사 후 사업으로 작게 성공하자, 모든 것이 제 노력과 어머니가 빌어 주신 덕 때문이라고 여겼습니다.

그런데 자만하던 저에게 중국에서 벌인 사업이 한 시간에 망하는 사건이 일어났습니다(계 18:10, 17, 19). 결국 우리 부부는 신용불량자가 된 채 한인 교회 목사님께 뱃삯을 빌리고, 한 권사님이 주신 집 보증금을 받아 어렵게 한국에 돌아왔습니다. 이후 아내의 강권으로 큐티하는 교회에 다니다가 말씀이 들리자, 모든 일이 하나님의 뜻대로 일어난 것임을 알게 되었습니다. 하나님은 먼저 제가 우상을 섬기는 가족을 떠나 중국에 가게 하셨습니다. 그런데도 제가 말씀이 안 들리자 지인을 도와 일하도록 카자흐스탄으로 보내시어 선교사님들을 통해 복음을 듣게 하셨습니다. 카자흐스탄을 떠나 정착한 중국에서 망하게 하신 것도 저의 구원을 위해서였습니다. 예수를 믿어도 여전히 내려놓지 못하는 세상 욕심을 내려놓으라는 뜻이었습니다.

한국에 돌아온 저는 지인의 무역 회사에 입사했습니다. 기술자인 저의 입사를 계기로 회사는 기술이전을 기획했습니다. 하지만 외국 회사에 기술이전을 할 때 필요한 생산 라인이 없어서 다른 회사 시설을 빌렸습니다. 또한 간판부터 서류까지 다 우리 회사 이름으로 바꿔 우리 것인 척 꾸몄습니다. 저는 그곳에 외국 바이어를 초대해 브리핑하며 계약을 성사시켜 실적을 쌓았습니다. 하지만 제가 돈의 노예가 되어 가짜 회사를 소개한다는 생각에 죄의식이 들었습니다. 교회 공동체에 나누니 장로님은 그만두라고 하셨고, 저는 순종하는 마음으로 바벨론 같은 회사를 나왔습니다(계 18:10). 하지만 나이 많고 연봉 높은 저를 써 주는 곳이 없어서 매일 새벽 5시 일용직 사무실로 출근했습니다. 그리고 그곳에서 연결해 준 공사 현장에서 일했습니다.

그러던 어느 날, 헤드헌터가 채용 사이트에 올려 둔 제 이력서를 보고 한 회사와 면접을 잡아 주었습니다. 그곳은 제게 직책과 연봉을 맞춰 주며, 오래 일해 달라고 했습니다. 저는 하나님이 저를 세워 주셨다는 생각에 감격할 수밖에 없었습니다. 이제는 온 가족이 하나님만 의지하며 가고 있습니다. 당대 신앙인인 우리 부부와 더불어 두 딸을 교회 목자로, 막내아들은 《청소년 큐티인》의 간증 필자로 세워 주신 은혜에 감사합니다. 제게 임한 심판 속에서 악을 직면하고 즐거움을 누리게 하신 하나님, 사랑합니다.

영혼의 기도

하나님 아버지, 우리가 구원을 위해서 산다고 하지만 문제를 만나면 믿음의 실체가 딱 드러납니다. 내 자녀, 내 가정, 내 돈, 내 건강에 문제가 생기면 가슴을 치며 그저 원통해서 웁니다. 또 내 처지를 비관하면서 '예수를 믿어도 나는 왜 이것밖에 안 되는가' 합니다. 세상 로마의 화려함과 악독함마저 부러워하면서 슬퍼하고 연민에 빠집니다. 여전히 로마를 내려놓지 못하고 세상과 비교하는 우리를 불쌍히 여겨 주옵소서.

그럼에도 우리가 넘어지지 않도록 싸매서 안아 주시는 주님, 감사합니다. 결국 내 악을 직면하는 것이 최고의 복이라고 말씀하십니다. 어떤 환경에서도 내 악, 내 속의 바벨론을 직면하게 도와주옵소서. 더 나아가 자기 악을 직면하는 사람끼리 모인 좋은 관계 속에 속하게 하옵소서. 그렇게 날마다 내 악을 보며 눈물 흘릴 때, 우리의 바벨론이 바다에 던져져 결코 다시 보이지 않게 될 줄로 믿습니다.

어떤 심판도 하나님이 너희를 위하여, 나를 위하여 주시는 심판으로 깨달을 때 즐거워할 수 있다고 말씀하십니다. 앉으나 서나 그런 기쁜 마음, 즐거운 마음으로 모든 사람을 주께 인도하는 우리가 되기를 원합니다. 하나님을 즐거워하며, 전도하는 삶을 살기를 원합니다. 나를 괴롭히는 바벨론 때문에 때로는 인생이 슬프지만, 내 속의 악이

먼저 던져져 바벨론에게도 예수 그리스도를 전하는 우리가 되게 해
주옵소서. 예수님 이름으로 기도드립니다. 아멘.

PART 4

천국의 초대장을 받으라

승리의 할렐루야

요한계시록 19장 1~8절

09

하나님 아버지, 어떤 때에도
할렐루야 하는 인생이 되기를 원합니다.
말씀해 주시옵소서, 듣겠습니다.

◇◆◇

우리는 너무 기가 막힌 환난을 당하면 말문이 막혀 "아버지, 불쌍히 여겨 주세요"라는 탄식밖에 나오지 않습니다. 반대로 정말 기쁜 일에는 "할렐루야"가 절로 터져 나오지요. 그런데 암에 걸리고, 사업이 망했는데도 "할렐루야!" 외치는 성도들이 있습니다. 무엇이 좋다고 "할렐루야" 하는 걸까요?

'할렐루야'는 '너희는 여호와를 찬양하라'는 뜻입니다. 구약성경에서는 '할렐루야'가 시편에서 여러 번 나오지만, 신약성경에서는 마지막 책인 계시록에 딱 네 번, 그것도 19장에만 등장합니다. 본문을 함께 묵상하며 승리의 외침, 기쁨과 감사의 외침인 이 '할렐루야'에 대해 생각해 보겠습니다.

첫 번째 할렐루야는
구원과 영광과 능력이 하나님께 있기 때문입니다

이 일 후에 내가 들으니 하늘에 허다한 무리의 큰 음성 같은 것이 있어 이르되 할렐루야 구원과 영광과 능력이 우리 하나님께 있도다
_계 19:1

이 일 후, 곧 음녀 바벨론이 멸망당한 후 요한이 들으니 하늘에서 허다한 무리가 "할렐루야" 하고 찬양합니다. 그 내용이 무엇입니까? 음녀 바벨론을 완전히 심판하신 하나님께만 "구원과 영광과 능력이 있다"는 겁니다. 그러므로 할렐루야 하려면 반드시 바벨론의 심판을 먼저 지나야 합니다.

우리가 성경을 차례대로 읽어야 하는 이유도 여기에 있습니다. 그러지 않으면 멸망의 말씀만 읽다가 성경을 집어 던지거나, 승리의 말씀만 읽고서 시도 때도 없이 할렐루야만 부르짖지 않겠습니까? 그러나 멸망과 승리, 심판과 구원은 별개가 아니라 동일한 이야기입니다. 마치 동전의 양면과 같이 심판이 없으면 구원도 없고, 구원이 없으면 심판도 없습니다.

계시록의 큰 성 바벨론처럼 하루아침에 심판이 이른 성읍이 있습니다. 바로 소돔과 고모라입니다. 창세기 19장에 그 멸망 기사가 자세히 기록돼 있습니다.

"여호와께서 하늘 곧 여호와께로부터 유황과 불을 소돔과 고모라에 비같이 내리사 그 성들과 온 들과 성에 거주하는 모든 백성과 땅에 난 것을 다 엎어 멸하셨더라"(창 19:24~25).

소돔과 고모라가 단순히 자연재해로 멸망한 게 아니라 '여호와께서' 그곳에 유황과 불을 내리셨다고 합니다. 즉, 하나님이 내리신 재앙이라는 겁니다. 소돔과 고모라는 사해 부근에 자리했던 고대 성읍입니다. 원래 사해(dead sea)는 마실 물을 내고 생명이 사는 바다였지만, 이때의 불 심판으로 지반이 무너져 내려서 물이 유입만 되고 빠져나가지는 못하는 죽은 바다가 되었다고 전해집니다. 실제로 사해는 지중해 해면보다 420m나 낮은, 지표상에서 가장 낮은 곳입니다. 지금도 해면이 점점 낮아지고 있어서 훗날에는 호수가 아닌 소금밭이 될 수도 있다고 합니다. 그만큼 그 땅에 심판이 철저히 이루어진 것입니다.

마태복음 24장에서 예수님은 말세에 일어날 재난에 대해 알려 주셨습니다.

"민족이 민족을, 나라가 나라를 대적하여 일어나겠고 곳곳에 기근과 지진이 있으리니 이 모든 것은 재난의 시작이니라"(마 24:7~8).

곳곳에서 기근과 지진이 있겠지만 그것이 재난의 끝이 아니라 시작이랍니다. 그런데 소돔과 고모라에 임한 재난은 완전한 심판, 마지막 재앙이었습니다. 다시는 살아날 수 없는 심판, 더 이상 갈 데 없는 심판이었습니다. 그만큼 그들의 죄악이 심각했던 겁니다. 주님은 성경의 시작부터 완전한 심판이 있다는 걸 보여 주십니다. 우리에게 반면교사 삼으라고 이 말씀을 주셨습니다.

그러면 이 말씀을 내게 어떻게 적용할 수 있을까요? 내가 많은 돈을 모으고 건강을 단련하고 학식을 쌓고 자녀를 훌륭하게 길렀다고 해도, 그 모든 것을 주를 위해 쓰지 않으면 갈 데 없는 인생인 것입니다. 그 자체가 완전한 멸망이요, 심판입니다. 그래서 성경은 멸망에서 끝나지 말라고 반드시 회복을 약속해 주십니다. "뽑고 파괴하며 파멸하고 넘어뜨리겠지만 다시 건설하고 심겠다"라고 약속해 주십니다(렘 1:10). 반드시 십자가 지는 심판을 당해야만 부활도 있다는 것이 성경의 골자(骨子)입니다.

그런데도 우리는 자꾸 "망하지 않는다, 안전하다, 내가 못할 일이 무엇인가" 외칩니다. 그래서 심판이 오면 감당하지 못합니다. 심판에 관한 말씀이 창세기부터 계시록까지 이어지는데도 '예수 믿으면 잘돼야지, 왜 내게 이런 일이 오지?', '하나님이 계시다면 이럴 수 없어' 부르짖다가 끝내 무너집니다. 이건 정말 성경적인 태도가 아닙니다. 긍정의 이야기를 들으면 그때는 좋겠지요. 그러나 이 세상이 심판받을 나라라는 건 명명백백한 사실입니다.

세상은 악하고 음란합니다. 내가 이 사실을 알고서 환난을 당하는 것과 아닌 것은 천지 차이입니다. 날마다 말씀을 묵상하면서 환난을 맞는 것과 아무 준비 없이 당하는 것은 천지 차이라는 말입니다. 말씀을 통해 장차 받을 환난을 늘 들으면 정말 심판이 와도 놀라지 않습니다. 그럴 때 우리가 부활을 맛보게 됩니다.

결국 심판과 부활의 예고를 들으러 우리가 교회에 다니는 것입니다. 우리들교회에서 말씀으로 양육 받으며 가는 성도는 무슨 일을 만나든지 구원으로 인도되는 걸 봅니다. 우리들교회 중보기도 게시판에서는 이런 기도 제목을 흔히 찾아볼 수 있습니다.

아버지에게 찾아온 질병의 사건이 구원의 사건이 되게 해 주세요.
이혼의 사건이 구원으로 연결되게 해 주세요.
남편이 부도의 사건을 통해 주님을 만나서 구원 받게 해 주세요.

과연 기도 제목대로 구원되어 만사형통케 되었다는 간증도 수없이 들었습니다. 그러므로 하나님의 말씀을 듣는 것이 심판을 예비하는 길입니다. 어떤 순간에도 예배의 자리에 앉아 있는 것이 축복이고 소망입니다. 교회를 비판하더라도 예배의 자리에 앉아 있다면 후에라도 말씀이 생각나서 구원 얻을 길이 열리지 않겠습니까? 아예 말씀을 듣지 않으면 생각날 것이 없잖아요. 롯이 구원되었을 때 소돔 사람들은 자신을 구원할 수도, 심판할 수도 있는 천사들을 두 눈 멀쩡히 뜨고 보면서도 심판의 때를 전혀 몰랐습니다. 잠시 후에 이를 멸망을 조금도 내다보지 못했습니다. 이야말로 정말 심판 아닙니까?

우리들교회 목장보고서에서 한 집사님의 기막힌(?) 나눔을 읽었습니다.

우리가 죽은 뒤에 가는 천국은 인간이라면 잘 모를 수밖에 없는 영역입니다. 그런데 마치 잘 아는 것처럼 누군가 이야기할 때 거부감이 듭니다. 저는 이생의 복만 좇지 않고 인간의 판단과 욕심을 넘어서는 더 높은 것에 가치를 두고 사는 삶 자체가 구원이라고 생각합니다. 예전에는 저도 천지창조 이야기나 요나 이야기를 믿었습니다. 고등학교를 미션스쿨로 다녔는데 당시 참석한 부흥회에서 감동을 받고 이후 교회에 출석하고 성경을 읽기 시작했습니다. 성경의 가르침에 깊이 감명받아 울기도 하고, 고등학생 때부터 재수생 시절까지는 매일 밤 교회에 들러 간절히 기도하기도 했습니다.

그런데 마흔쯤부터 성경의 기적을 의심하기 시작했습니다. 특별한 계기가 있는 것은 아닙니다. 다만 그동안 읽은 책과 사회생활을 통해서

얻은 관념들이 그 무렵 터져 나온 것 같습니다. 처음에는 지난 세월 신봉해 왔던 모든 것을 무너뜨리는 게 괴롭고, 배교자로 낙인찍혀 저주 받지는 않을까 두려웠습니다. 그러나 하나님은 은혜와 긍휼이 풍성하신 분이지 않습니까? 그래서 용기를 내서 생각의 벽을 허물었습니다.

성경이 앞선 믿음의 세대가 남겨준 소중한 영적 자산이라는 건 인정합니다. 그러나 성경을 무조건 믿어서는 안 된다고 생각합니다. 물론 저만의 개똥철학일 수 있겠지요. 간혹 믿음 좋은 분들이 부럽기도 합니다. 그러나 교회에서 말하는 대부분이 종교적인 환상이 아닐까 싶습니다.

이분이 나름 오랫동안 목자를 지낸 분인데 맨날 목장에서 이런 이야기를 나누시니까 부목자로 강등시킬 수밖에 없었습니다. 기가 막힐 웅덩이와 수렁에서 끌어 올려진 체험이 없기에 바벨론 가치관에서 못 벗어나시는 겁니다(시 40:2). 이 집사님 부부는 결혼 후 십 년이 넘도록 자녀를 갖지 못하다가 몇 년 전 아들과 딸을 연달아 낳았습니다. 그때부터 이분이 본격적으로 자기 생각을 드러내기 시작하시더군요. 그러니 원하는 걸 얻는다고 하나님이 믿어지는 것도 아닙니다. 신앙은 우리 생각과 참 다릅니다. 학벌도, 직업도 좋고 늘 웃는 얼굴로 주변의 칭찬을 받는 분인데 이렇게 구원의 확신이 없습니다. 목자도 지내고 교회에서 잔뼈가 굵을 대로 굵은 분이 할렐루야 하지 못하는 겁니다.

그러나 비록 부목자로 내려갔어도 이분이 특유의 성실함으로 목장보고서를 열심히 쓰십니다. 또 다른 나눔을 읽어 보니까 자신이 겁이 많은데 성경 가치관대로 살아서 보호 받았노라고도 고백하셨습니다. 그러니 교회에, 목장에 오기만 해도 어디입니까. 이러저러해도 예배의 자리에 앉아 있는 게 정말 축복입니다. 이분이 지금은 방황해도 훗날엔 생각나는 말씀이 있으리라고 믿습니다. 그렇기에 제 책임이 더 무겁게 느껴집니다. 이분이 사십 전까지는 교회에 대한 반항심이 없다가 전통 교회들의 위선적인 모습을 보고 분노가 터졌답니다. 이런 이야기를 마음대로 할 수 있는 우리들교회라서 기쁘기도 하지만, '내게도 위선적인 부분이 있어서 이분이 방황하시는 게 아닐까' 하는 마음에 회개하게 됩니다. 이 집사님이 구원의 할렐루야를 부르시기를, 저의 위선이 끝나기를 함께 기도해 주십시오.

시편 40편에서 다윗은 새 노래로 하나님을 찬송합니다.

"새 노래 곧 우리 하나님께 올릴 찬송을 내 입에 두셨으니 많은 사람이 보고 두려워하여 여호와를 의지하리로다"(시 40:3).

그런데 다윗이 어떤 때 이런 찬양을 불렀습니까? 바로 앞 절에 보니 "나를 기가 막힐 웅덩이와 수렁에서 끌어올리시고 내 발을 반석 위에 두사 내 걸음을 견고하게 하셨도다"라고 합니다(시 40:2). 다윗이 사울을 피해 열다섯 광야를 거치면서 기가 막힐 웅덩이에 얼마나 많이 빠졌습니까? 그러나 다윗이 모든 은사를 동원하여 하나님을 찬양하려면 기가 막힐 웅덩이와 수렁이 계속 필요했습니다. 그래서 3절을 다시 읽어 보면 다윗의 찬양을 많은 사람이 '듣는다' 하지 않고 '보고', '두려워한다'라고 합니다.

"할렐루야" 찬양하려면 이렇듯 보여 줄 삶이 있어야 합니다. 기가 막힐 웅덩이를 거쳐야 하고, 거기서 주님이 건져 주신 간증이 있어야 합니다. 또한 간증하되 구원의 태도, 곧 신비한 표정과 말로써 인격적으로 설득해야 합니다. 그때 나의 하나님이 너의 하나님이 되어서 함께 찬양하게 됩니다. 그래서 구원 받은 백성이 부르는 노래를 '새 노래'라고 합니다. 단순한 노래나 찬양이 아니라는 것입니다.

우리들교회에서 수많은 간증과 찬양, 설교가 울려 퍼지는데도 여전히 앞에 집사님과 같은 분이 계신다니 애통, 절통하지 않을 수 없습니다. 이분이 어릴 때부터 교회에 나가고, 주의 은혜로 좋은 학교를 졸업하여 좋은 직장에서 일합니다. 또 주님이 기적처럼 아들딸도 주셨는데 이제 와 성경이 안 믿어진다니 정말 어찌합니까? 어떻게 해야 이분이 예수를 믿으실까요? 목사인 제가 울어도 안 되니…… 힘도 아니요, 능도 아니요 오직 성령으로 이루신다는 말씀이 맞습니다.

- 많은 재물, 학식, 스펙, 인맥을 모았어도 심판의 인생을 살지는 않습니까? 내가 모은 것을 주를 위해 쓰며 구원의 인생을 살고 있습니까? 다시 말하면, 나는 무엇을 위해 모으고 또 모읍니까?
- 구원과 영광과 능력이 우리 하나님께 있다고 고백합니까? 높은 가치를 추구하거나 인간적인 선을 행하며 사는 것이 구원이라고 생각하지는 않습니까?
- 나의 찬양은 '새 노래'입니까, 그냥 노래입니까?

두 번째 할렐루야는
하나님의 심판은 의롭기 때문입니다

2 그의 심판은 참되고 의로운지라 음행으로 땅을 더럽게 한 큰 음녀를 심판하사 자기 종들의 피를 그 음녀의 손에 갚으셨도다 하고 3 두 번째로 할렐루야 하니 그 연기가 세세토록 올라가더라_계 19:2~3

두 번째로 "할렐루야" 합니다. 이는 앞선 찬양을 단순히 반복하는 것이 아니라, 하나님의 참되고 의로우신 심판을 찬송하는 천상의 앙코르입니다.

지난 18장에서 바벨론에 완전하고 영원한 파멸이 이르렀습니다. 19장 3절에 '그 연기'를 원문으로 보면 '그녀의 그 연기'라는 말로, 곧 음녀 바벨론의 멸망을 의미한다는 걸 알 수 있습니다. 즉, 하나님께서 음녀 바벨론을 심판하신 연기가 세세토록 올라간다는 말입니다.

한쪽에서는 로마가 망하여 고난의 연기가 세세토록 올라가고, 한쪽에서는 땅의 왕들과 상인들이 그런 로마를 멀찍이 바라보면서 울고 가슴을 칩니다. 그리고 다른 한쪽에서는 로마의 악을 내던져 버린 성도들이 하나님을 찬양합니다. 하나님께서 성도들의 피를 갚으사 한 치의 오차 없이, 정확히 심판을 이루셨으니 "할렐루야" 찬양하는 겁니다. 겉으로 보기에는 망하고 죽었지만 그로 인해 구원이 이루어졌기에 심판이 의롭고 참되다고 말합니다.

성경은 세상에서 가장 무서운 권세가 사망 권세라고 말합니다.

예수를 만나지 못한 사람은 평생 사망 권세에 눌려 삽니다. 스스로 죄를 끊지 못하기에 그렇습니다. 평생 죄에 매여 종노릇하다가 사망을 월급으로 받고 지옥으로 직행하는 겁니다. 이 사망 권세가 바로 음녀 마귀의 권세입니다. 히브리서 기자도 이렇게 기록합니다.

"한 번 죽는 것은 사람에게 정해진 것이요 그 후에는 심판이 있으리니"(히 9:27).

천국과 지옥은 반드시 있다는 것입니다. 그런데 사탄은 자꾸 심판은 없다고 속삭입니다. 정말 심판이 없다면 복음이 필요 없지 않습니까? 예수께서 십자가에 죽으신 것이 아무 의미 없어집니다. 포스트모더니즘(postmodernism)이 주장하는 바가 바로 이것입니다. "하나님을 부인하라, 네가 하나님이다!", "네가 주인공인데 누구에게 네 인생을 맡기는가!" 그대로 따랐다가는 죽음의 길, 어둠의 길, 지옥 길로 가는 겁니다. 자기 백성들을 지옥으로 이끌려는 마귀의 인도를 나도 모르게 따라가는 것이죠.

마귀가 얼마나 교묘합니까? 인간의 사랑뿐만 아니라 하나님의 사랑까지 교묘히 변질시킵니다. 우리로 하여금 그저 사랑 타령만 하게 합니다. 정욕을 사랑이라고 착각하게 하여 음란으로 인도합니다. 바벨론의 이름이 '음녀'이지 않습니까? 계시록이 2천 년 전에 기록된 책인데, 그때와 비교할 수 없을 정도로 세상은 더 음란해졌습니다. 남녀노소 할 것 없이 음란에서 벗어나지 못합니다. 우리들교회 목장에서도 음란에 관한 나눔이 끊이지 않습니다.

음란뿐만 아니라 각종 부정과 사욕과 악한 정욕과 탐심을 교묘히 합리화하여 우리를 죽음의 길로 인도하는 것이 음녀 마귀의 가장 야비한 수법입니다. 악을 선하게 보이도록 교묘히 포장합니다. 그래서 동성애도 하나님이 허락하신 사랑이라면서 어쩔 수 없다고 주장하는 사람들이 있습니다. 하나님을 운운하는데 우리가 속을 수밖에요.

그러나 예수께서 부활하심으로 모든 사망 권세를 깨뜨리셨습니다. 이 예수를 믿는 자는 어떤 심판이 닥쳐도 사망의 권세에 패배하지 않습니다. 도리어 종들의 피를 갚아 주시는 주의 은혜를 깨닫고 "할렐루야" 외치게 될 것입니다. 내가 의지하는 세상 권세가 무너지기까지 주님이 끊임없이 육을 무너뜨리신대도 "그의 심판은 참되고 의롭다"라고 외치게 될 것입니다.

2008년 12월, 우리들교회가 한창 요한계시록 큐티를 하던 때 교회를 오래 다니신 한 집사님이 뇌종양에 걸렸다는 소식을 들었습니다. 정밀 검사 후 악성이라는 진단을 받았답니다. 그런데 이후 그분의 아내 권사님이 "할렐루야"로 시작하는 큐티 나눔글을 교회 홈페이지에 올려 주셨습니다. 남편이 악성 종양이라는데 어찌 할렐루야 할 수 있습니까?

제가 남편이 구원 받고 떠나서 감사하다고 간증하면 간혹 "그토록 핍박하던 남편이 먼저 떠나서 기뻐하는 게 아니냐"고 오해하는 분도 계시더군요. 구원이 무엇인지 몰라서 그러시는 것이죠. 그러니 이 아내 권사님을 저와 비슷하게 오해하는 분도 있으리라고 생각합니다. 그러나 이 권사님의 남편은 비록 믿음은 연약해도 얼마나 나이스한 분이었는지 모릅니다. 유명 대학의 교수에다 학장까지 지내시고, 누가 보아도 잘생기고, 성품도 좋고, 기타 연주도 수준급 실력에다 노래도 잘하셨습니다. 어찌나 출중한지 한번은 이분이 장년부 수련회에서 장기를 뽐냈는데 여집사님들 사이에 오빠 부대가 생길 정도였습니다. 그런 데다 아내가 주의 일을 마음껏 하도록 허락해 주는 넓은 아량까지 지녔으니, 아내 권사님이 이 멋있는 남편을 내심 우상처럼 여기지 않았겠습니까. 그러니 아내 권사님 입에서 "할렐루야"는 더더욱 나올 수 없는 말이었습니다.

그러나 권사님은 이 일이 하나님께서 자신의 피를 갚아 주신 사건이라고 고백했습니다. 이분이 우리들교회를 개척할 때부터 희생과 섬김을 아끼지 않았는데, 하나님께서 그 피를 보시고 남편의 구원으로 갚아 주셨다는 겁니다. 아래는 권사님의 나눔입니다.

큰 성 바벨론이 하나님의 심판을 받고 완전히 무너진 것처럼, 뇌종양 사건을 통해 그동안 남편 속에 똬리를 튼 모든 악과 음란이 무너지는 것을 봅니다. 이제라도 회개하고 주님 뜻대로 살겠다고 고백하는 남편을 보면서 저는 천국을 누리고 있습니다. 아픔을 통해서라도 남편과 제가 거룩해질 수 있다면 고통의 크기가 어떠하든 얼마나 감사할 일입니까. 이 일로 남편이 구원 받기를 간절히 바랍니다.

사실 권사님은 남편이 워낙 잘생기고 잘나가다 보니 늘 불안했답니다. 남편을 하나님 자리에 두고 있다는 걸 인정할 수밖에 없었습니다. 그래서 남편의 구원을 위해 이분이 더더욱 열심히 기도했습니다. 교회에는 출석하지만 여전히 세상적이고 믿음이 연약한 남편을 위해 창자가 끊어지는 애통함으로 기도했습니다. 그런 와중에 남편에게 환난이 찾아오니까 그동안 들어 둔 말씀이 있어서 절로 믿음의 "할렐루야"가 나온 겁니다. 보통 "내가 열심히 섬겼는데 하나님이 어떻게 이러실 수 있어?" 할 텐데, 이분은 "할렐루야, 이 일이 구원의 사건이 되었으면 좋겠다!" 하며 나아갔습니다.

제 남편도 육의 무너짐을 통해 구원을 받았습니다. 그래서 저 또한 "주의 심판이 참되고 의롭다"라고 고백할 수 있었습니다. 남편이 주님을 영접하고 떠난 그날, 제 큐티 노트에 "남편이 구원되었다, 할렐루야!!!!" 쓰고서 느낌표를 몇 개나 붙였는지 모릅니다. 남편을 하루 만에 떠나보냈지만 할렐루야 외칠 수 있었습니다. 그리고 이 일은 제가 때마다 시마다 진정한 구원을 설명하는 데 가장 좋은 예가 되고 있습니다.

권사님의 남편 집사님은 이후 병환이 호전되어 출강도 하고 10년간 활동하시다가 몇 년 전 천국에 가셨습니다. 10년 동안 권사님이 얼마나 지극정성으로 간호했는지 모릅니다. 그러면서 점점 남편을 우상의 자리에서 내려놓게 되었습니다.

남편 집사님 생전에 이런 일도 있었습니다. 하루는 손위 시누이가 "아픈 남편을 돌봐야지, 무슨 주의 일이냐" 하면서 당장 교회 일을 그만두라고 타박하더랍니다. 권사님은 대답했죠.

"제가 교회를 잘 섬겨서 남편도 잘 돌볼 수 있는 거예요. 자꾸 그런 말 하실 거면 다시는 우리 집에 오지 마세요!"

이전에는 시댁 식구라면 절절매던 분인데 어찌 이런 말을 할 수 있었겠습니까. 주 안에서 강성해지신 겁니다. 이제는 이분이 오직 사명을 위해서 살 준비가 되었다고 봅니다. 남편 집사님도 생전에 사명을 잘 감당하셨고, 권사님도 앞으로 더 잘 감당하시리라고 믿습니다.

주님은 제 남편은 하루 만에 데려가시고, 권사님의 남편 집사님에게는 십 년이라는 시간을 더 허락하셨습니다. 인간적으로 '왜 누구는 더 살게 하시고 누구는 하루 만에 데려가시느냐' 할 수 있지 않겠습니까? 그러나 살든지 죽든지, 모든 일이 참되고 의로운 심판입니다. 어떤 일도 참되고 의로운 심판이라고 인정하면서 외치는 "할렐루야"가 여러분은 이해가 됩니까?

우리들교회의 한 목자님이 친구로부터 사업에 참여해 달라는 요청을 받고 30억 원을 투자했답니다. 그러다 1년도 지나지 않아 문제가 터졌고 결국 이분은 사직하게 되었습니다. 사실 일을 벌이기 전 목장에서 문제를 나누었을 때 모든 목원이 들고일어나 반대했답니다. "목자님, 이 일은 투자하고 안 하고 선택할 수 있는 문제가 아니라 절대로 해서는 안 되는 일이에요" 하며 극구 말렸죠. 그런데도 알아듣지 못했답니다. 아내에게는 "이 일로 돈을 벌면 교회 가까운 곳으로 이사하자"고 설득했습니다. 그러나 욕심을 포장한 말에 불과했습니다. 그래도 이분이 이 멸망의 사건을 참되고 의로운 심판으로 인정하고 여전히 목자로서 공동체를 성실히 섬기십니다. 어떤 때에도 예배의 자리, 믿음의 공동체를 떠나지 않는 것이 구원을 얻는 길입니다. 할렐루야!

• 기가 막힌 상황에서도 참되고 의로운 심판인 것을 인정하며 할렐루야 외

칩니까? 아니면 하나님은 이상한 분이라고 불평합니까?

세 번째 할렐루야는 하늘과 땅의 모든 자가
하나님께 경배하기 때문입니다

4 또 이십사 장로와 네 생물이 엎드려 보좌에 앉으신 하나님께 경배

하여 이르되 아멘 할렐루야 하니 5 보좌에서 음성이 나서 이르시되

하나님의 종들 곧 그를 경외하는 너희들아 작은 자나 큰 자나 다 우

리 하나님께 찬송하라 하더라_계 19:4~5

'이십사 장로'는 구약의 열두 지파와 신약의 열두 사도를 상징합

니다. 즉, 하늘에서 하나님을 예배하고 섬기는 존귀한 자들을 가리킵

니다. '네 생물'은 땅에 사는 모든 자를 의미합니다. 따라서 "이십사 장

로와 네 생물이 엎드려 보좌에 앉으신 하나님께 경배하여"라는 말씀

은 곧 하늘과 땅에 사는 모든 자는 하나님을 찬양해야 한다는 뜻입니

다. 하나님의 심판을 보고서 "맞습니다", "아멘 할렐루야" 찬양해야

한다는 것입니다.

이 말씀의 의미를 더 구체적으로 살펴보겠습니다. 마지막 시편

인 150편은 "할렐루야"로 시작해서 "할렐루야"로 끝납니다. 이스라

엘은 바벨론 포로 생활을 마치고 돌아와서 이 시를 노래했습니다. 이

들이 70년간 바벨론에 사로잡혀 살면서 얼마나 예배가 간절했겠습니까. 여러분도 70년 동안 예배를 못 드린다고 생각해 보세요. 목숨을 걸고서라도 예배드리고 싶지 않겠습니까?

정말 그렇습니다. 강대국 바벨론, 세상 나라에서 구원 받고 보니까 나를 포로 되게 하신 것은 과연 참되고 의로운 심판입니다. 너무나 큰 구원을 이루어 주신 하나님께 내가 복종하지 않을 수 없습니다. "나의 구원자이신 여호와께 절대 복종하겠다!"라는 고백이 바로 "할렐루야"입니다. 또 이 구원을 나만 누릴 수 있습니까? 바벨론에 사로잡혀 보니 그들에게도 하나님이 필요합니다. 바벨론뿐만 아니라 호흡이 있는 자라면 모두가 하나님을 찬양해야 할 대상입니다(시 150:6). 이스라엘이 70년 바벨론 포로 생활을 겪은 뒤 이걸 깨달았다는 겁니다. 세상 사람들은 할렐루야 해도 되고 안 해도 됩니까? 성도만 할렐루야 해야 합니까? 할렐루야는 하늘과 땅의 모든 자가 해야 할 찬양입니다.

저도 "남편이 하루아침에 간 것은 100% 옳으신 하나님이 행하신 일"이라고 날마다 고백했습니다. 이것이 찬양이지요. 저도 신자든지 불신자든지 가리지 않고 하늘과 땅의 모든 사람 앞에서 이 찬양을 하면서 여기까지 왔습니다.

"나팔 소리로 찬양하며 비파와 수금으로 찬양할지어다. 소고 치며 춤추어 찬양하며 현악과 통소로 찬양할지어다. 큰 소리 나는 제금으로 찬양하며 높은 소리 나는 제금으로 찬양할지어다. 호흡이 있는 자마다 여호와를 찬양할지어다 할렐루야"(시 150:3~6).

이렇게 할렐루야 찬양하지 못할 사람은 없습니다. 숨을 쉬는 사람이라면 누구나 하나님을 찬양할 수 있습니다. 하나님을 찬양하는 데는 빈부귀천이 상관없습니다. 악기도 어떤 것이든지 소리를 낼 수 있다면 하나님을 찬양하는 데 쓰일 수 있습니다.

예배도 끊임없이 갱신하고 계발해야 합니다. 다윗은 하나님을 예배하는 데 창조적인 발상을 가진 사람이었습니다. 당시 천하게 쓰이던 악기도 예배 도구로 사용하도록 최초로 제안한 사람이 바로 다윗입니다. 물론 '어떻게 그런 악기를 예배할 때 쓸 수 있느냐'는 저항도 일었겠지요. 그러나 그 악기를 하나님을 예배하는 데 사용함으로써 귀하게 만든 겁니다. 모든 고정관념을 뒤엎은 것입니다.

우리도 그렇지 않습니까? 할렐루야 찬양하며 자신의 수치스러운 약재료를 내놓은 지체들이 있어서 우리의 예배가 거룩해졌습니다. 그들 자신도 귀해졌습니다. 그러므로 어떤 상황에서도 주를 찬양하는 삶이 되어야 합니다. 나팔이든지 비파와 수금이든지, 큰 소리 나는 제금이든지 높은 소리 나는 제금이든지 각종 악기로 "찬양할지어다" 합니다. 각종 악기라면 희귀한 악기도 있겠고 피리처럼 흔한 악기도 있지 않겠습니까? 즉, 어떤 삶이든지 찬양할 수 있다는 겁니다. 주님은 우리 성도를 향해 심판 가운데서도 "즐거워하라" 명령하셨습니다(계 18:20). 그러므로 우리는 기쁜 모습을 보여야 합니다. 교회에서는 찬양하지만 세상에서는 찬양이 안 됩니까? 복음은 세상 따로, 교회 따로 이원론이 아닙니다. 호흡이 있는 자마다 하나님을 찬양하도록, 세상도 하나님을 찬양하도록 믿는 내가 먼저 "할렐루야" 외쳐야 합니다. 하나님을 찬양하는 것이 사람의 본분이기 때문입니다. 할렐루야!

- 나의 악기를 귀하다고 생각합니까, 천하다고 생각합니까?
- 나의 악기, 나의 약재료를 가지고 예배로 나아와 눈물로 할렐루야 찬양합니까? 다시 말하면 나는 예배가 설렙니까?

네 번째 할렐루야는
전능하신 이가 통치하시기 때문입니다

또 내가 들으니 허다한 무리의 음성과도 같고 많은 물소리와도 같고 큰 우렛소리와도 같은 소리로 이르되 할렐루야 주 우리 하나님 곧 전능하신 이가 통치하시도다_계 19:6

요한이 또 들으니 허다한 무리가 큰 소리로 "할렐루야" 찬양합니다. 네 번째 찬양의 내용은 무엇입니까? "주 우리 하나님 곧 전능하신 이가 통치하시도다"라고 합니다.

창세기에 보면 요셉이 애굽의 총리가 되어 그 땅을 다스립니다 (창 41장). 성경은 이를 통해 하나님 나라에도 통치의 개념이 있다는 걸 보여 줍니다. 요셉이 총리의 권세로 가족과 애굽 온 백성을 먹여 살린 것처럼, 전능하신 하나님이 우리의 주인 되어 통치해 주시기에 우리는 "할렐루야" 복된 인생입니다.

7 우리가 즐거워하고 크게 기뻐하며 그에게 영광을 돌리세 어린 양

의 혼인 기약이 이르렀고 그의 아내가 자신을 준비하였으므로 8 그에게 빛나고 깨끗한 세마포 옷을 입도록 허락하셨으니 이 세마포 옷은 성도들의 옳은 행실이로다 하더라_계 19:7~8

5절까지는 하나님이 구원을 이루어 가는 가운데 심판을 완성하신 데 대해 "할렐루야" 했습니다. 6절에서는 하나님의 통치, 하나님의 다스림에 대해 "할렐루야" 합니다. 내 주인을 알고, 주인이신 하나님의 다스림을 받으며 살면 얼마나 좋은지 모릅니다. 매사 혼자 헤쳐 나가야 한다고 해 보세요. 생각만 해도 막막합니다. 과부가 왜 불쌍합니까? 모든 것을 나 혼자 감당해야 하기 때문입니다. "각 남자의 머리는 그리스도요 여자의 머리는 남자요 그리스도의 머리는 하나님이시라"고 했는데(고전 11:3), 머리인 남편이 해야 할 일도 아내가 다 해야 하니 인생이 얼마나 고달픕니까. 그런데 하나님이 주인 되셔서 나의 모든 것을 다스려 주겠다고 하시니 이보다 편한 삶은 없습니다.

바벨론이 멸망하여 이스라엘이 구원되었습니다. 제 남편도 육이 무너지므로 구원되었습니다. 제가 한 일은 하나도 없습니다. 사랑하지도, 인내하지도 못했는데 주님이 구원을 이루어 주셨습니다. 그러니 얼마나 감사합니까! 그러나 한편으로는 '초라한 과부가 돼서 어떻게 하나님께 영광을 돌릴 수 있을까' 막막했습니다. 두 마음 사이에서 왔다 갔다 했습니다.

성도들의 인생이 그렇습니다. 암이라는 질병을 통해서 예수님을 만나 기쁘지만 육체적인 고통은 견디기가 힘듭니다. 자녀 고난을 통해 말씀이 들려서 기쁘지만 여전히 속 썩이는 자녀를 보면 인생이 슬픕니다. 한편으로는 구원의 기쁨을 누리면서도 한편으로는 초라합니다. 그러나 인생이 그리 대단하지 않아도 성도는 새 노래를 부를 수 있어야 합니다. 제가 "초라한 과부가 어떻게 하나님께 영광을 돌리지요?" 했더니, 하나님은 그야말로 카리스마 넘치는 리더십으로 저를 통치해 가셨습니다. 말씀으로 교훈하고 위로해 주셨습니다. 당시 제게 주신 말씀은 베드로전서였습니다.

"아내들아 이와 같이 자기 남편에게 순종하라 이는 혹 말씀을 순종하지 않는 자라도 말로 말미암지 않고 그 아내의 행실로 말미암아 구원을 받게 하려 함이니. 너희의 두려워하며 정결한 행실을 봄이라. 너희의 단장은 머리를 꾸미고 금을 차고 아름다운 옷을 입는 외모로 하지 말고, 오직 마음에 숨은 사람을 온유하고 안정한 심령의 썩지 아니할 것으로 하라 이는 하나님 앞에 값진 것이니라. 전에 하나님께 소망을 두었던 거룩한 부녀들도 이와 같이 자기 남편에게 순종함으로 자기를 단장하였나니, 사라가 아브라함을 주라 칭하여 순종한 것같이 너희는 선을 행하고 아무 두려운 일에도 놀라지 아니하면 그의 딸이 된 것이니라. 남편들아 이와 같이 지식을 따라 너희 아내와 동거하고 그를 더 연약한 그릇이요 또 생명의 은혜를 함께 이어받을 자로 알아 귀히 여기라 이는 너희 기도가 막히지 아니하게 하려 함이라"(벧전 3:1~7).

지위가 높은 사람이 "네가 맞다" 해 주면 우리는 더 큰 위로를 받습니다. 그런데 그 누구보다 높으신 하나님이 "아내의 행실로 말미암아 남편이 구원 받았다"고 제게 도장을 찍어 주시는 게 아닙니까! 비로소 제가 정죄감에서 해방되었습니다. 또 남편에게 순종함으로 자기를 단장하라 하시며, 그것이 남편의 죽음과 같이 두려운 일에도 놀라지 않는 비결이라 하시니 "할렐루야"가 절로 나왔습니다.

이렇게 하나님은 말씀으로 저를 통치해 주셨습니다. 남편의 죽음 앞에서 에스겔 말씀으로 제게 사명을 주셨고, 이후 베드로전서 말씀으로 저를 칭찬하고 위로해 주셨습니다. 그러지 않으셨다면 '더 사랑할걸, 더 참을걸' 하며 제가 얼마나 괴로웠겠습니까? 그런데 하나님이 말씀을 통해 "네가 옳은 행실을 행했다" 해 주시며, 음녀의 영광과는 비교할 수 없는 빛나고 깨끗한 세마포 옷을 제게 입히셨습니다. 제가 잘나서 입히셨습니까? 그저 하나님이 허락해 주신 겁니다. 하나님만이 찬송의 대상이시기에 '내가 기도해서 남편이 구원 받았다', '내가 충성해서 구원되었다'라는 말은 감히 들어설 자리가 없는 겁니다.

성도들의 '옳은 행실'은 오직 예수 그리스도의 은혜로만 가능합니다. 주님이 허락하셔야만 나오는 행실입니다. 주님은 '가정 중수'라는 엄청난 사명을 제게 주시고 쉽지 않은 길을 걸어오게 하셨습니다. 나는 넘어질 수밖에 없는데, 때마다 시마다 하나님이 저를 안고 또 업어 가시면서 "네가 옳은 행실을 했다" 위로해 주셨습니다. 그러니 저는 정말 하나님밖에 의지할 분이 없습니다. 내가 했다고 자랑할 것이 하나도 없습니다. 자랑도, 절망도 말고 오직 하나님을 의지하는 것, 그것이 바로 옳은 행실입니다.

이혼소송 중인 한 집사님에게 판사가 왜 이혼하지 않으려는지 물었답니다. 집사님이 "가정은 지킬 만한 가치가 있다"고 대답하자

판사가 "가정이 혼자 지킨다고 지켜지느냐"면서 비웃었답니다. 여전히 남편을 사랑한다고 해도 "당사자가 싫다는데 무슨 사랑인가, 그건 집착이다" 했다는 겁니다. 판사는 부부 상담을 받으라고 권고하며 조정을 마쳤지만, 마지막까지 "남자는 매달리는 여자를 아주 싫어한다"면서 상담 후 남편을 놔 주는 방향으로 결정하라고 귀띔했답니다. 세상이 이런데 어떻게 제가 이 길을 왔는지 모르겠습니다. 여전히 갈 길이 멀다는 생각이 듭니다.

7절에서 "우리가 즐거워하고 크게 기뻐하며 그에게 영광을 돌리세"라고 합니다. 승리의 할렐루야를 외치려면 '우리'라는 공동체가 중요합니다. 1세기, 제대로 된 교통수단 하나 없던 시절 복음이 전 세계로, 그것도 한 세대 만에 퍼져 나간 비결이 무엇입니까? 바로 '관계'였습니다. 주위 사람과 친밀한 관계를 맺으며 자연스레 복음을 전한 겁니다. 신약성경에서 이 관계 공동체를 가리킬 때 헬라어 '오이코스(οἶκος)'라는 단어가 자주 쓰였습니다. 오이코스는 '집, 가정, 식구'라는 본래 뜻과 더불어 '하나님의 식구, 영육의 집'이라는 확장된 의미로 쓰입니다. 피를 나눈 가족이라도 믿음의 가족이 아니라면 진정한 오이코스라고 할 수 없습니다.

누가 가르쳐 준 것도 아닌데 큐티하면서 저처럼 힘든 사람들을 살리려다 보니까 제가 저절로 관계 전도를 하게 됐습니다. 환난당하고 빚지고 원통한 자들과 친밀히 지내며 말씀과 삶을 나누었더니 정말 수많은 사람이 예수를 믿고 교회에 오셨습니다.

목장에서 우리는 관계 전도를 합니다. 서로 말씀으로 양육해 주며 평생 나를 위해 기도해 줄 후원자를 얻습니다. 목장이 바뀔 때마다 지경도 점점 넓어집니다. 나를 위해, 내 남편을 위해, 내 가족을 위해 눈물 흘리며 기도해 줄 지체가 점점 늘어납니다.

주 안에서 진정한 오이코스를 이루기 위해서 우리는 관계 전도를 해야 합니다. 시내의 거리와 골목에 나가서 사람들을 데려와야 합니다. 구체적으로 누구를 데려와야 합니까? 누가복음 14장에 보면 주인이 큰 잔치를 열고 많은 사람을 초청하지만 자기 밭 사느라, 소 사느라, 장가가느라 바빠서 모두가 거절합니다. 청함 받은 자는 많으나 택자가 없는 겁니다. 그러자 주인이 뭐라 말합니까? "빨리 시내의 거리와 골목으로 나가서 '가난한 자들, 몸 불편한 자들, 맹인들과 저는 자들'을 데려오라" 합니다(눅 14:16~24).

이 말씀대로 저는 인생의 어려움에 빠진 분들이 이 시대의 남은 자, 말씀이 들릴 자라고 생각합니다. 그래서 힘든 분들을 귀히 여기고 존경합니다. 환난당하고 빚지고 원통한 자들이야말로 우리들교회의 주인공이고, 우리들교회를 살린 분들입니다. 제가 세상 로터리클럽에 들고자 이기고 또 이기려 하면서 열심히 살았는데, 과연 그런 모임이 의인들의 모임이겠습니까(시 1:5)? 제가 성경을 깨달아서 아무리 나누어 주어도 잘 먹고 잘사는 분들은 하나도 못 알아듣습니다. 그런데 힘든 분들은 제가 척하면 착 알아듣고 얼마나 말씀을 잘 깨닫는지 모릅니다. 그런 분들이 지금 우리들교회의 주역이 되었습니다.

제가 부귀영화나 권세를 누리려고 목회를 하는 게 아닙니다. 평신도 시절 무려 16년간 13개 큐티모임을 인도했는데, 돈이 생겨서 했겠습니까? 지금도 그때와 다른 것이 없습니다. 오직 한 사람 때문에 목회를 합니다. 한 사람 이혼을 말리면 한 가정이 살아나지 않습니까? 그래서 저는 늘 힘든 사람이 주인공이라 생각하고 호흡이 있는 동안 그런 분들을 살리다 갈 것입니다. 그것이 우리들교회의 사명이고, 우리라는 공동체가 오이코스로 거듭나는 길이라고 확신합니다.

그러니 여러분, 힘든 사람들을 하나님의 집으로 데려와야 합니다. 그분들이 다 하나님 나라의 주인공입니다. 고름이 가득 차서 조금만 건드려도 탁 터질 사람을 데려와야지, 괜찮은 사람만 데려오려고 하니까 내가 한 사람도 전도를 못 하는 겁니다. 힘든 사람을 향한 애통함이 있어야 합니다. 그들의 고통을 체휼해야 합니다. 그렇다고 우리들교회가 지질합니까? 저는 앞으로도 하나님이 우리들교회를 영화롭게 하실 것을 확실히 믿습니다.

구원과 영광과 능력과 심판이 하나님께 있기에 우리는 할렐루야 해야 합니다. 하나님의 심판은 참되고 의롭기에 할렐루야 해야 합니다. 악한 자는 고난의 연기가 세세토록 올라가지만, 주의 성도는 심판을 통해 악이 던져질 것이기에 할렐루야 해야 합니다. 하늘과 땅의 모든 자가 보좌에 앉으신 하나님께 경배하게 될 때까지 믿는 우리가 먼저 할렐루야 해야 합니다. 전능하신 하나님이 나를 통치해 주시기에 할렐루야 해야 합니다. 어떤 환경에서도 할렐루야 하는 여러분 되기를 축원합니다.

- 남편을 주라 칭하며 순종합니까? 아내를 생명의 은혜를 함께 이어받을 자로 알고 귀히 여깁니까?
- 나의 옳은 행실은 무엇입니까? 어떤 일에 절망하고 무엇을 자랑합니까? 옳은 행실은 오직 하나님이 허락하셔야만 나올 수 있다고 믿습니까?
- 나는 어떤 사람을 전도하고 싶습니까? 환난 가운데 있는 사람을 오이코스로 인도하고자 힘씁니까? 힘든 사람은 지질해서 싫다면서 괜찮은 사람만 전도하려 하지는 않습니까?

우리들 묵상과 적용

저는 제사를 중요시하는 불신 가정에서 태어났습니다. 어머니가 딸만 낳으시자 아버지는 제사를 명분 삼아 아들을 얻고자 두 집 살림을 차리셨습니다. 그런 상황에서 제가 고3 때 어머니마저 암으로 돌아가시게 되었습니다. 괴로웠던 저는 방황하다가 대학 친구의 전도로 예수님을 영접하고, 모태신앙인인 남편과 결혼했습니다.

그러나 믿음이 없던 우리 부부는 이기고 또 이기기 위해 대학교수를 꿈꾸며 유학을 갔습니다. 하지만 임용이 되지 않아 좌절하던 중, 남편이 타 대학의 조교수가 되었습니다. 남편은 모교에 임용되지 못한 설움을 풀기 위해 학생들을 가르치는 일에 열을 올렸습니다. 주일에도 학생들을 찾아가고, 방학 때는 학생들에게 외국에서 열리는 전시회를 보여 주었습니다. 또한 졸업생을 위해 북경 집단 창작촌에 스튜디오를 만들어 지원하기도 했습니다. 남편은 목장의 부목자였지만 교회 지체들을 돌보기보다 자신의 경력 쌓기와 인맥 넓히기에만 신경 쓰며 세상 성공을 좇았습니다. 그러다 보니 부부 관계는 삐걱거렸고, 저는 영적으로 불안해졌습니다. 저는 친절하고 잘생긴 남편이 바람피울까 봐 집착했습니다. 그럴수록 남편은 가정에 소홀해졌습니다.

그렇게 성공만 향해 달리던 남편은 학장 승진을 앞두게 되었습니다. 하지만 기쁨도 잠시, 악성 뇌종양으로 얼마 못 산다는 진단을 받았습니다. 저는 그날 큐티 말씀으로 사건을 바라보며 남편에게 임한 하나님의 심판이 참되고 의로움을 깨달았습니다(계 19:2). 남편은 하나님이 주신 건강, 돈, 학식, 외모, 재능을 자신을 위해서만 쓰다가 심판을 받은 것입니다. 이 일로 구원과 영광과 능력이 하나님께 있음을 알게 된 저는 "할렐루야"를 외치게 되었습니다(계 19:1). 남편도 심판을 받아 악과 음란이 무너지자 회개하여 이 땅에서 천국을 누렸습니다. 이후 남편은 온 성도의 기도를 받아 기적처럼 10년을 더 살고 하나님 품에 안겼습니다.

남편을 간병하는 긴 시간 동안 저는 사랑과 인내심이 없는 저 자신을 정죄했습니다. 하지만 한계상황을 경험하며 무너진 덕분에 상대방의 고통을 체휼하게 되었습니다. 또 하나님이 허락하신 환경에 순종하며 기다리는 게 최선임을 배웠습니다. 저에게 말씀과 공동체가 없었다면 이 힘든 시간을 견디지 못했을 것입니다. 고통의 시간을 지나며 나의 죄를 도말하시고자 주님이 심판을 허락하셨다는 것을 확실히 믿게 되었습니다. 심판의 사건을 통해 승리의 할렐루야를 외치게 해 주신 하나님, 감사합니다(계 19:1, 3, 6).

영혼의 기도

하나님 아버지, 남편이 하루 만에 갔을 때 주님이 이루신 구원을 보며 할렐루야를 외쳤습니다. 그러나 한편으로 초라한 과부로 남겨진 저를 보면서 어떻게 하나님께 영광을 돌려야 할지 막막했습니다. 하나님은 말씀을 통해 그런 저를 위로하고 통치해 주셨습니다. 저의 주인이 되어 주셨습니다.

기쁜 일에는 절로 할렐루야가 나오지만 우리는 고통의 환경에 처할 때가 더 많습니다. 그러나 바벨론이 멸망했을 때 이스라엘이 할렐루야 부르짖지 않았습니까. 우리도 육이 무너지는 것만큼 영이 세워지는 것을 알고 어떤 순간에도 할렐루야를 외치게 하옵소서. 사실, 하나님은 참 이상한 분이시라고, 하나님이 계시면 이럴 수가 없다고 말하고 싶을 때가 왜 없겠습니까? 그러나 그것이 얼마나 비성경적인 말인지 우리가 알게 도와주옵소서. 어떤 환경에서도 하나님은 백 퍼센트 옳으시고 우리는 백 퍼센트 죄인이라는 것을 알게 해 주옵소서. 하나님의 말씀으로 우리가 할렐루야를 부르짖고 갈 수 있도록 역사하여 주옵소서.

아버지, 이 땅의 모든 교회가 하나님이 기뻐하시는 교회, 영혼을 구원하는 교회가 되게 해 주옵소서. 환난당하고 빚지고 원통한 심령을 체휼하고, 그들을 위해 기도하는 애통한 마음을 우리에게 주옵소서. 그래서 우리 교회가 힘든 사람들로 가득 차게 해 주옵소서. 영의 분별력을 허락하여 주옵소서. 예수님 이름으로 기도드립니다. 아멘.

혼인 잔치에 청함 받은 자

요한계시록 19장 9~16절

10

하나님 아버지, 어린 양의 혼인 잔치에 청함을 받는
최고의 복을 누리기 원합니다.
말씀해 주시옵소서, 듣겠습니다.

◇ ✦ ◇

베드로전후서는 고난 가운데 있는 그리스도인들을 위로하고 권면하고자 쓴 서신서입니다. 당시 로마 제국 치하에 살던 그리스도인들은 모진 박해를 피해서 카타콤(catacomb)이라는 지하 묘지에 숨어 예배드렸습니다. 저는 베드로전후서를 묵상할 때마다 어두운 지하 묘지에서 베드로의 편지를 읽었을 성도들의 마음은 어땠을까 헤아려 보곤 합니다. 이 고통이 빨리 끝나기만 바라며 편지를 읽었을까요? 나를 위한 편지라면서 눈물로 읽었을까요?

비록 캄캄한 고난 가운데 있어도 이들은 '어린 양의 혼인 잔치에 청함을 받은 자'라는 자신의 정체성을 잃지 않았습니다. 그래서 어떤 무서운 고문을 당해도 어린 양의 신부로서 평안한 얼굴을 보여 주었습니다. 그 결과 A.D. 313년 로마가 기독교를 공인하는 놀라운 일이 벌어졌습니다. 지하 묘지에서 사도 베드로의 편지, 사도 요한의 편지를 나를 위한 편지라면서 감동하며 읽고 눈물을 흘렸던 그리스도인들이 세계 최강대국 로마를 무너뜨린 겁니다. 본문을 통해 우리의 신랑이신 어린 양은 어떤 분인지, 혼인 잔치에 청함을 받은 신부에게 어떤 복이 기다리는지 알아보겠습니다.

혼인 잔치에 청함을 받은 자들은 복이 있습니다

천사가 내게 말하기를 기록하라 어린 양의 혼인 잔치에 청함을 받은 자들은 복이 있도다 하고 또 내게 말하되 이것은 하나님의 참되신 말씀이라 하기로_계 19:9

계시록에 등장하는 어린 양의 혼인 잔치에 대해 정확히 이해하려면 먼저 성경 시대 유대인의 결혼 풍습을 이해해야 합니다. 당시 유대인들은 결혼하기에 앞서 약혼식을 치렀습니다. 약혼한 신랑, 신부는 정식 결혼은 하지 않았어도 법적 부부로 인정을 받습니다. 결혼식은 약 1년 뒤에 치러지는데 이때 신랑은 자신이 마련한 집에 혼인 잔치를 준비해 두고 신부의 집으로 찾아가 신부를 데려옵니다. 이후 신랑의 집에서 열리는 혼인 잔치에서 신랑과 신부는 한 몸이 됩니다.

이에 따라 생각해 보면, 어린 양의 신부인 성도들은 예수님과 약혼한 관계라고 할 수 있습니다. 아직 정식 혼인을 한 건 아니지만 '예수님이 나의 신랑이요, 나는 그분의 신부'라고 신분 보장을 받은 것입니다. 주께서 다시 오시는 그날, 우리는 예수님과 완전한 결혼식을 하게 될 것입니다. 즉, 나는 이미 어린 양의 신부이지만 나의 거룩을 위해서 훈련의 때를 지나게 하신 후에 신부로 청하시겠다는 겁니다.

이 어린 양의 신부가 갖춰야 할 자격이 무엇입니까? 지난 말씀에서 보았듯 어린 양의 신부로 청함 받는 자는 이 땅에서 망해도 "할렐루야" 외치는 자입니다. 어떤 심판에도 즐거워하고 기뻐하며 하나님께 영광을 돌리는 자입니다(계 19:7). 주님은 그런 자에게 "복이 있도다" 말씀하십니다. 이 복은 계시록에서 말하는 일곱 가지 복 중 네 번째 복에 해당합니다. 그러면 나머지 여섯 가지 복은 무엇일까요? 계시록에 등장하는 일곱 가지 복을 차례대로 살펴보겠습니다.

> "이 예언의 말씀을 읽는 자와 듣는 자와 그 가운데에 기록한 것을 지키는 자는 복이 있나니"(계 1:3).
> "주 안에서 죽는 자들은 복이 있도다"(계 14:13).
> "자기의 부끄러움을 보이지 아니하는 자는 복이 있도다"(계 16:15).
> "어린 양의 혼인 잔치에 청함을 받은 자들은 복이 있도다"(계 19:9).
> "이 첫째 부활에 참여하는 자들은 복이 있고"(계 20:6).
> "이 두루마리의 예언의 말씀을 지키는 자는 복이 있으리라"(계 22:7).
> "자기 두루마기를 빠는 자들은 복이 있으니"(계 22:14).

복의 개념이 거듭나지 않으면 계시록의 칠복(七福) 말씀이 도무지 이해되지 않습니다. '이게 무슨 복인가' 합니다. 그런데 생각해 보세요. 말씀을 읽고 듣고 지키기가 가장 어렵지 않습니까? 주 안에서 죽는 것도 누구나 할 수 없는 일입니다. 우리는 죽음이 제일 무섭잖아요. 또 자기의 부끄러움을 보이지 말라는 말씀은 영적 수치를 당하지 말라는 뜻인데, 이것도 정말 어렵습니다. 두루마리의 말씀을 지키고 자기 두루마기를 빨라는 말씀은 세상과 구별되게 살고 늘 회개하라는 의미입니다. 이것 역시 뜻대로 할 수 있는 일이 아닙니다. 그러니 이 일곱 가지 모두가 과연 복입니다. 이것이 성경의 마지막 책에서 말하는 복인데 여러분은 이런 복을 받았습니까, 안 받았습니까? 주님은 이 복을 잘 받는 자에게 "이제 수고를 그치고 쉬라" 하십니다(계 14:13). 그를 모든 것을 가지신 창조주의 아내로 청해 주신답니다. 이 얼마나 감격스럽습니까!

요한계시록의 칠복은 세상의 복과는 다릅니다. 계시록에서 말하는 '복'은 하나님을 섬기며 주 안에서 죽고 주의 말씀을 지키면서 겪는 슬픔에 대한 올바른 반응을 가리킵니다. 하나님의 목적을 이루는 것 자체가 우리에게 보상입니다. 신랑과 신부는 한 몸이지 않습니까. 우리가 그리스도의 신부로서 어린 양의 고난에 동참할 수 있다는 것, 이것이 복입니다. 그래서 우리의 신랑이신 어린 양을 잘 알아야 합니다.

마태복음을 보면 예수님이 팔복을 설명하신 뒤 마지막으로 이렇게 말씀하십니다.

"기뻐하고 즐거워하라 하늘에서 너희의 상이 큼이라 너희 전에 있던 선지자들도 이같이 박해하였느니라"(마 5:12).

그리스도로 인해 욕먹고 박해 받는 자는 하늘에서 상이 크답니다. 그러므로 주님은 어떤 고난에서도 "기뻐하고 즐거워하라" 명령하십니다. 이것이 팔복, 칠복의 결론입니다. 이것이 진정한 복입니다. 우리 복의 개념이 달라져야 합니다. 거듭나야 합니다. 이 땅에서 강하다고 어린 양의 혼인 잔치에 청함을 받는 게 아닙니다.

우리들교회에 소위 '올스타전'이라 불리던 목장이 있었습니다.

진짜 스타들이 아니라 우리들교회 스타들, 즉 문제 목원들의 집합소라는 의미입니다. 그 명성(?)만큼 목장예배 첫날부터 한 분, 한 분 나눔이 범상치 않았습니다.

"저는 꼴통입니다, 우리들교회 블랙리스트에 올라간 사람이에요."

한 부목자님은 자신을 이렇게 소개하면서 이후 30분 동안 열렬히 교회를 욕했습니다. 이분이 도화선이 되어 다른 목원들도 교회에 대한 불만을 토로했죠. 한 목원은 지난 목장의 목자인 한 장로님을 신랄하게 욕하면서 "저는 목장에 기대하는 바가 전혀 없습니다!" 선포했답니다. 또 그날 불참한 한 목원은 목장예배 중에 보란 듯이 "더는 제게 전화하지 마세요. 목장에 안 나갑니다"라고 목자에게 문자메시지를 날렸답니다.

이 목장만 이렇겠습니까? 이런 경우가 수없이 많습니다. 그러나 여러분, 이분들이 진짜 교회와 목장을 거절하시는 게 아닙니다. "가난한 자들과 몸 불편한 자들과 맹인들과 저는 자들을 데려오라" 하셨는데(눅 14:21), 이런 분들은 몸은 건강해도 마음이 약한 자입니다. 그러니 거절해도 끊임없이 초청해야 합니다. 영육 간에 약한 자들을 초청해야 합니다. 욕하더라도 교회에 와서 욕하는 사람들은 청함을 받은 자들입니다. 이런 분들이 거듭난 경우를 제가 수없이 보았습니다. 실제로 이 올스타분들도 다 변화돼서 지금 얼마나 쓰임을 받는지 모릅니다. 할렐루야!

그러니까 욕을 하더라도 교회에 와서 하라고 그러십시오. 또 누가 뭐라고 교회를 욕하면 "그럴 거면 오지 마!" 하지 말고 "아유, 욕해도 괜찮으니까 목장에 가기만 하세요", "술 마셔도, 졸아도 좋으니 예배에 오기만 하세요" 하십시오.

유대인들은 누군가를 잔치에 초청할 때 예복을 함께 보냅니다. 잔치에 참석하는 사람은 주인이 보낸 예복을 입고 기야 합니다. 예복이 일종의 초대장인 것이죠. 주님도 우리에게 빛나고 깨끗한 세마포 옷을 입도록 허락하십니다. 이 세마포 옷은 성도들의 옳은 행실이라고 했습니다(계 19:8). 이 말씀은 곧 그리스도의 은혜로만 우리가 옳은 행실을 행할 수 있다는 뜻입니다. 그러므로 절망하거나 자랑할 것도 없습니다. 나는 아무것도 할 수 없지만 무력함 속에서 오직 주님을 바라보면, 주님이 세마포 옷을 입히시고 혼인 잔치에 초청해 주십니다. 이것이 복이고, 하나님의 참되신 말씀입니다.

우리들교회의 한 부목자님이 자신은 첩의 소생으로 53년째 죄에 빠져 있노라고 고백하셨습니다. 세 번 부도를 맞고 빚이 32억에다 혈기와 음란이 죄패랍니다. 그런데 이분이 목장에 이런 기도 제목을 스스로 내셨습니다.

"내 죄가 더욱더 밝히 보여 허락하신 환경을 기뻐하고 감사하게 해 주세요. 두 아들의 예배와 큐티가 회복되게 해 주세요."

어떤 합당한 자격이 있어서 이분이 주님의 청함을 받았습니까? 아무나 이런 기도 제목을 내놓지 못합니다. 말씀이 들리시니까 이런 기도를 요청할 수 있는 것이죠. 잘난 사람은 말씀이 안 들리는데 이분은 무력함 속에서 예배를 기뻐하시니까 부목자도 되셨습니다. "천부여 의지 없어서 손들고 옵니다." 이것만이 어린 양이 혼인 잔치에 청하시는 신부의 조건입니다.

> 내가 그 발 앞에 엎드려 경배하려 하니 그가 나에게 말하기를 나는
> 너와 및 예수의 증언을 받은 네 형제들과 같이 된 종이니 삼가 그리
> 하지 말고 오직 하나님께 경배하라 예수의 증언은 예언의 영이라
> 하더라_계 19:10

이 구절을 〈공동번역〉 성경으로 보면 다음과 같습니다.

"그때 나는 그에게 경배를 드리려고 그의 발 앞에 엎드렸습니다. 그러자 그는 나에게 '이러지 말라. 나도 너나 너의 형제들과 같이 일하는 종에 지나지 않는다. 우리는 다 같이 예수께서 계시하신 진리를 간직하고 있는 자들이다. 예배는 하나님께 드려라. 예수께서 계시하신 진리야말로 예언자들에게 영감을 주는 것이다' 하고 말했습니다."

밧모섬에 갇힌 요한에게 어린 양의 신부로 청해 주시겠다는 말씀이 얼마나 위로가 되었겠습니까? 얼마나 기뻤는지 요한이 천사의 발 앞에 저절로 엎드려집니다. 절로 경배합니다. 그러나 천사는 경배할 대상이 아닙니다. 경배를 받으실 분은 오직 하나님뿐입니다. 그러니 천사도 요한을 나무라면서 "나도 너와 같은 하나님의 종이라, 너와 같이 예수께서 계시하신 진리를 간직한 자"라고 말합니다. 즉, "이 말씀은 내가 전하는 것이 아니다. 나는 예수께서 전하신 진리를 대언하는 것뿐이다" 하는 겁니다. 베드로 사도도 각지에 흩어진 나그네에게 편지하면서 "동일하게 보배로운 믿음을 우리와 함께 받은 자들"이라

고 했습니다(벧후 1:1). 너나 나나 똑같이 하나님을 찬양해야 하는 존재라는 것입니다.

예수의 증거는 나를 통하여 성령님이 하시는 일이지 내가 하는 일이 아닙니다. 그러므로 항상 나를 드러내지 않도록 조심해야 합니다. 오직 예수님만 증거해야 합니다. 그것이 세마포를 입는 옳은 행실입니다. 그런데 이게 참 어렵지요. 작은 열매만 보여도 잘난 척하고 싶고, 가르쳐 대고 싶습니다. 누가 알아주지 않으면 생색이 납니다. 사람이 다 그렇습니다. 은혜의 순간에도 얼마든지 죄지을 수 있는 연약한 존재입니다.

인 재앙, 나팔 재앙, 대접 재앙 등 우주의 종말에 관한 계시를 직접 받은 요한 아닙니까? 우상숭배가 얼마나 가증한 죄인지 하나님이 얼마나 끊임없이 경고하셨습니까? 그런데도 요한이 피조물에 불과한 천사를 경배하려 했다는 겁니다. 인간은 정말 되었다 함이 없습니다.

우리도 마찬가지입니다. 요한이 은혜를 체험한 순간에 천사를 경배했듯, 우리도 은혜의 절정의 순간에 천사 같은 사람, 돈, 명예를 하나님 자리에 두고 경배할 수 있습니다. 우리 모두가 긴 신앙 싸움 속에 있지 않습니까? 이겨도 이긴 것 같지 않고, 사소하고 은밀한 일에 잘 넘어집니다. 또 오랜 시간 싸워 온 것이 무색하게 하루아침에 무너지기도 합니다. 그래서 저도 예수 잘 믿다가 실수하기 전에 빨리 천국 가고 싶은 소원이 있습니다. "그런즉 선 줄로 생각하는 자는 넘어질까 조심하라"고 했잖아요(고전 10:12).

넘어짐은 순간입니다. 문자적으로도 내가 하나님 자리에 술을 놓고 있으면 술에 취해 어디에서 꽈당 넘어질지 모릅니다. 천사 같은 이성에게 이끌려서 '죽더라도 내가 이 여자, 이 남자 한번 만나 보자' 하다가 땅끝까지 추락하기도 합니다. 이렇게 합리화하는 문제가 저마다 있습니다. 그렇다고 너무 좌절하지는 마십시오. 사도 요한도 실수했지만 주님은 끝까지 사명 감당하도록 요한을 인도하셨습니다. 나 역시 죄짓고 실수해도 주님이 친히 인도해 주실 것입니다. 마침내 어린 양의 혼인 잔치에 청해 주실 것입니다.

- 나는 어린 양의 아내로 청함 받을 자격을 갖췄습니까?
- 나의 기도 제목은 무엇입니까? 나의 죄가 밝히 보이고 자녀의 예배가 회복되기를 기도합니까? 성적이 오르고 사업이 성공하기만 기도합니까?
- 은혜를 체험한 절정의 순간에 어디에 넘어졌습니까? 무엇을 경배했습니까?

내 남편 어린 양은 어떤 이름을 가지셨습니까?

어린 양의 신부로서 내 신랑 어린 양은 누구시기에 이렇게 자신 있게 나를 아내로 청하시는지 알아야 하지 않겠습니까? 성경에서 이름은 그의 인격과 모든 것을 나타냅니다. 어린 양은 어떤 이름을 가지셨는지 살펴보겠습니다.

1) 충신과 진실이라는 이름을 가지셨습니다

또 내가 하늘이 열린 것을 보니 보라 백마와 그것을 탄 자가 있으니
그 이름은 충신과 진실이라 그가 공의로 심판하며 싸우더라_계19:11

이 땅에 절대 권력은 없습니다. 어떤 권세든지 반드시 무너지는
날이 옵니다. 큰 성 바벨론이 무너지자 하나님은 요한을 주목하십니
다. 하나님은 위기의 때에 택하신 자에게 늘 하늘을 열어 주십니다.
'하늘이 열린다'라는 말씀은 하나님이 이 땅에서 하실 일이 무엇인지
밝히 보여 주신다는 의미입니다. 하늘의 일과 땅의 일, 하늘의 역사와
땅의 역사가 절대 이원론이 아니라는 것입니다.

계시록에서 하늘이 열린다는 말씀이 네 번 나옵니다. 4장 1절에
서 하늘을 여시고 일곱 인 재앙과 일곱 나팔 재앙 환상을 보여 주셨습
니다. 11장 19절에서 하늘을 여시고 예수 그리스도의 초림부터 시작
하는 구속사를 보여 주셨습니다. 15장 5절에서 하늘을 여시고 일곱 대
접 심판과 음녀 바벨론의 멸망을 보여 주셨습니다. 그리고 본문 19장
11절에서 하늘을 여시고 예수 그리스도께서 치르실 마지막 전쟁을
보여 주십니다. 하늘이 열릴 때마다 하나님이 이루실 역사를 말씀해
주시며 하늘의 비밀을 밝히 보여 주십니다. 그러므로 계시록을 깊이
묵상하고 나면 만물이 내 손안에 들어오게 돼 있습니다.

인생들은 인류의 시작과 끝을 알지 못합니다. 이 세상에 우연한
일은 없습니다. 모든 것이 하나님의 시간 안에서 일어나는 일입니다.

알파와 오메가이신 하나님이 시작하셨기에 하나님이 끝내지 않으시면 끝낼 자가 없습니다. 그래서 우리는 카이로스의 시간을 살아야 합니다.

"세월을 아끼라 때가 악하니라"(엡 5:16).

이 구절을 〈KJV〉 성경은 이렇게 번역했습니다.

"Redeeming the time, because the days are evil."

'Redeeming'은 구속, 구원을 뜻하는 'redemption'과 같은 어근에서 파생된 말입니다. 그러므로 세월을 아끼라는 말씀은 바쁘게 살라는 뜻이 아닙니다. 내가 구속의 관점으로 살지 않으면 모든 때를 사탄의 시간으로 살아가게 된다는 겁니다. 인생은 사명 때문에 와서 사명 때문에 살다가 사명 때문에 가야 한다는 말입니다. 구원을 위해 살아가는 시간 외에는 전부 악한 시간입니다. 그렇다고 매시간 말씀 보고 전도하러 다니라는 말은 아닙니다. 공부도 하고 일도 해야 합니다. 다만 사명을 찾고 사명대로 쓰임 받는 데 목적을 두어야 한다는 것이죠.

물론 구속의 시간을 살겠노라고 결심한다고 그대로 살아지지는 않습니다. 하루에도 수십 번 바뀌는 게 사람 마음이지 않습니까? 자신을 의존하려 하면 비틀대다가 무너질 수밖에 없습니다. 그런데 결코 변하지 않는 분이 계시니, 바로 '예수 그리스도'이십니다. 예수 그리스도는 배신하지 않으십니다. 그분은 충신이요, 진실이십니다. 충신은 '충성, 성실, 믿을 만한 것'이라는 뜻입니다. 진실은 진리라는 의미입니다. 다시 말하면 진실은 진리인 말씀을, 충신은 말씀이 이루어질 때까지 믿음의 자리를 지키는 태도를 가리킵니다. 예수 그리스도께서는 우리를 구원하기로 작정하시고, 오래 참고 기다려 주시며, 우리가 끝까지 사명을 감당하도록 인도하십니다.

　우리는 오물통에서 건짐 받은 자들입니다. 그러나 아직은 옛 습관이 남아 있습니다. 오랫동안 오물통 속에서 살았기에 내 몸에 남은 오물을 쉬이 떼 버리지 못합니다. 언제든 씻어 낼 수 있다고 사사로이 여기면서 즐기기도 합니다. 그래서 나의 오물을 떼 버리기 위해 바벨론이 수고하고, 남편과 아내와 자녀들이 수고합니다. 충신이요, 진실이신 그리스도께서 여전히 오물을 즐기는 나와 싸우고 계십니다. 날마다 우리는 오물과의 전쟁을 치르고 있는 겁니다.

　우리들교회 한 신임 목자님의 나눔입니다.

　저는 평생 술과 음란을 즐기고 성공복음에 젖어서 살았습니다. 그러다 술집 여자가 흘린 코피를 속옷에 묻혀 온 사건으로 이혼의 위기를 맞았습니다. 2년간 아내와 별거하다가 우리들교회에 와서 말씀을 듣고서야 겨우 가정이 회복되었죠. 이후 저는 주님의 큰 은혜에 보답하는 마음으로 몇 년 전부터는 청소년부 교사로, 얼마 전에는 새 목자로 부름을 받고 섬기고 있습니다.

저희 목장에는 세 분의 부목자님이 계십니다. 그런데 이 세 분의 삶이 참 파란만장합니다. 한 부목자님은 노래방 도우미에게 혼인 빙자 사기죄로 고소당하여 소송 중에 계십니다. 이 일로 깊이 회개하고 지금은 목장 공동체의 권면에 순종하며 가십니다. 다른 한 분은 도박에 빠져 수억 원을 탕진했는데, 그러고도 아내에게 폭력과 폭언을 일삼으십니다. 혈기를 줄이려고 노력하지만 6개월에 한 번은 꼭 폭발하신답니다. 또 다른 부목자님은 공금 횡령죄로 어려움 가운데 있다가 요즘은 목장의 권면에 순종해 빚 갚는 적용을 하고 계십니다.

저는 모 대기업에서 엔지니어로 일하고 있습니다. 그런데 얼마 전, 회사에서 제게 미국 파견 근무를 제안해 왔습니다. 평소 저는 방황하는 청소년부 학생들에게 "망해서라도 하나님을 만나야 한다"고 강조해 왔습니다. 그런데 막상 제게 사건이 닥치니까 제가 말한 대로 살기가 참 어렵더군요. 자녀를 입시 전쟁 없는 좋은 환경에서 양육할 수 있겠다고 생각하니까 저도 모르게 마음이 흔들렸습니다.

고민하고 또 고민하다가 이 문제를 목장 공동체에 묻기로 했습니다. 그러자 어떤 일이 일어났을까요? 평소 제 머리는 못 깎으시는 부목자님들이 제게 불꽃같이 달려 드셔서 "절대 안 돼요!" 뜯어말리시는 겁니다. 결국 저는 목장 식구들의 권면에 순종해 미국행을 포기하기로 결정했습니다.

물론 미국에 가는 게 죄는 아닙니다. 사명에 따라 갈 수도 있고, 안 갈 수도 있습니다. 이 목장 식구들도 목자님의 형편을 고려해서 권면한 것입니다. 그러니 오해 마시기 바랍니다. 마지막으로 목자님은 이렇게 고백했습니다.

이 일을 통해 여전히 큰 성 바벨론을 너무 사랑하는 저의 오물을 보게 되었습니다. '환경이 겸손할 뿐이지 기회만 되면 죄로 달려가는 죄인이구나' 다시금 깨달았습니다. 이렇듯 변하지 않는 저이지만, 믿음의 공동체를 통해 말씀으로 권면해 주시고 내 죄를 보게 해 주시니 감사합니다. 부족한 저를 인도해 가시는 하나님을 찬양합니다.

여러 가지로 속 썩이는 목장 식구들이지만 회개하고 말씀이 들리니까 성령의 권면을 해 줍니다. 그래서 제가 이런 분들이 우리들교회 주인공이라고 이야기하는 것이에요. 세상이라면 어울리기도 싫어했을 텐데, 이 목자님이 말씀이 들리니까 이분들의 권면을 하나님 음성으로 듣고 순종하지 않았겠습니까? 충신과 진실이신 주님의 청함을 받지 않았다면 결코 할 수 없는 순종입니다. 세상 원리로는 이해가 안 되는 일입니다.

사탄을 무너뜨리는 가장 강력한 무기가 '충신'과 '진실'입니다. 따라서 예수 믿는 자도 솔직함, 정직함으로 무장해야 합니다. 사람은 다 죄인이라 쉽게 과장하고 선을 가장하여 슬쩍슬쩍 거짓말도 합니다. 또 앞에서는 호의를 베풀고 뒤로는 서로를 험담합니다. 물론 택자도 똑같습니다. 거짓말도 하고 험담도 합니다. 그러나 내 죄가 보일수록 괴로우니까 차츰 그 빈도가 줄어듭니다. 반면에 불택자는 죄를 죄라고도 생각하지 못합니다. 그래서 하나님 나라에 속하지 않은 불택자는 결코 충신이 될 수 없습니다.

주님이 우리를 위해 충신 되시고 진실하시다면 우리도 그렇게 살아야 하지 않겠습니까? 충신인 사람이 진실하지 않으면 간신이고, 진실한 사람이 충신이 아니라면 그 진실은 거짓입니다. 공평과 정의가 그리스도인의 삶의 주제요, 이를 가장 먼저 적용해야 할 대상은 바로

나 자신입니다. 나 자신을 공의로 심판하는 것이 먼저라는 말입니다.

그러나 불택자는 오물통에서 빠져 사는 사람입니다. 내 힘으로는 그를 끌어 올려 줄 수 없습니다. 물론 내게도 오물 냄새가 나지만 오물 속에 빠져 즐기는 사람과는 차원이 다릅니다. 그래서 불신결혼은 절대 해서는 안 됩니다. 누구는 상대 부모에게 빚이 있어서 결혼을 못 하겠다고 합니다. 그러나 그 고난으로 예수를 깊이 만난다면 축복 아닙니까? 빚이 있고 없고가 중요한 것이 아닙니다. 잘 먹고 잘살다가 결혼하고 나서 빚지는 사람도 얼마나 많습니까. 예수가 없으면 온전히 거듭날 수 없습니다. 결코 충신이 될 수 없습니다.

- 나는 충신입니까, 간신입니까? 거짓됩니까, 진실합니까?
- 나 자신에게 먼저 공의를 들이댑니까, 남에게만 들이댑니까?

2) 자기밖에 모르는 이름을 가지셨습니다

그 눈은 불꽃같고 그 머리에는 많은 관들이 있고 또 이름 쓴 것 하나가 있으니 자기밖에 아는 자가 없고_계 19:12

눈이 불꽃같은 주님은 우리의 죄악을 낱낱이 알고 계십니다. 주님은 모든 비밀을 관통하시기에 누구도 그분의 심판을 피할 수 없습니다. 그러나 어떤 말씀도 '주님이 불꽃같은 눈으로 나를 탐지하여 주시는 음성'으로 들으면, 그는 이미 머리에 많은 관을 쓴 자입니다. 어린 양의 이름을 자기밖에, 곧 예수님밖에 아시지 못하듯이 세상은 모르는 복음의 비밀을 아는 자가 바로 '크리스천'입니다. 그래서 예수 믿는다고, 크리스천이라는 이름을 가졌다고 하면 세상은 비난과 조롱을 쏟아붓습니다. 세상과는 반대되는 이름이잖아요. 심지어 거듭났다고 하면 광신이라고 합니다.

고난 속에서 기뻐하는 것 자체가 비밀 아니겠습니까? 그런데 이 비밀을 누구에게 설명해 줄 수가 없습니다. "주님 나와 동행을 하면서 나를 친구 삼으셨네. 우리 서로 받은 그 기쁨은 알 사람이 없도다"라는 찬송처럼, 정말 자기밖에 모르는 이름입니다. 나만 아는 이름, 예수의 이름에 기쁨과 능력과 권세가 있기에, 내가 그 주님과 한 몸이기에 주의 권세가 내 권세인 것입니다. 할렐루야!

우리들교회 한 목자님이 유달리 변하지 않는 한 목원 때문에 탄식하는 걸 보았습니다. 이 목원이 "도대체 목사님은 설교할 때 왜 그렇게 우시느냐, 우리들교회는 광신자 집단 같다"고 했다는 겁니다. 또 "청년들이 간증할 때 혼전순결을 지키지 못했다는 이야기는 굳이 왜 하느냐"고 비판하더랍니다. 목자님은 거룩에 힘쓰는 우리들 교인들을 폄훼하는 것 같아서 안타까운데, 말로는 해결할 수 없는 문제라서 답답하다고 고백하셨습니다. 이런 분들 때문에 제가 날마다 애통한 것 아니겠습니까. 그래도 교회에 와서 불평하는 사람은 어린 양께 청함 받은 사람입니다. 인내하며 기다려 주십시오.

• 세상이 모르는 예수의 이름을, 복음의 비밀을 나는 알고 있습니까?

3) 피 뿌린 옷을 입으셨고
하나님의 말씀이라는 이름을 가지셨습니다

> 또 그가 피 뿌린 옷을 입었는데 그 이름은 하나님의 말씀이라 칭하더라_계 19:13

로마에 의해 피가 뿌려진 옷을 예수님이 입으셨습니다. 이 말씀은 곧 마지막 날 주님이 다시 오셔서 성도를 박해한 로마에 원수를 갚으사 반드시 그들의 피를 뿌리시겠다는 의미입니다. 그런데 그 주님의 이름이 '하나님의 말씀'이랍니다.

백마를 타고서 공의로 심판하실 어린 양은 우리를 위하여 십자가를 지신 분입니다(계 19:11). 십자가는 지혜이고, 지혜는 타이밍입니다. 그런데 지혜가 바로 말씀이니까 우리가 지금 말씀에 순종하여 십자가를 길로 놓고 가는 것이 주님을 따라 피 뿌린 옷을 입는 적용입니다. 이렇게 내가 십자가를 지고 주님을 따르면 어떤 일이 일어납니까?

> 하늘에 있는 군대들이 희고 깨끗한 세마포 옷을 입고 백마를 타고 그를 따르더라_계 19:14

피 뿌린 옷을 입으면 더럽다고 나를 멀리하는 게 아니라, 도리어 희고 깨끗한 세마포 옷을 입고 백마를 탄 군대가 내 주위를 에워싼답니다. 즉, 내가 말씀에 순종하여 자기 십자가를 잘 지면 믿음이 신실한 형제들이 군대를 이루어서 나와 함께 싸워 준답니다. 함께 싸워 줄 지체가 없으면 교회를 다녀도 이기기 어렵습니다. 우리 교회 지체들이 나를 모르는 척합니까? 그것은 내가 피 뿌린 옷을 입지 않았기 때문입니다. "내가 십자가를 왜 져야 해?", "너러워, 싫어, 지거워" 하니까 중요할 때 나와 싸워 줄 지체가 없습니다. 맨날 욕하고 불평하는 사람 곁을 누가 지키겠습니까?

> 그의 입에서 예리한 검이 나오니 그것으로 만국을 치겠고 친히 그들을 철장으로 다스리며 또 친히 하나님 곧 전능하신 이의 맹렬한 진노의 포도주 틀을 밟겠고_계 19:15

피 뿌린 옷을 입고 싸우시는 예수님의 무기는 예리한 검, 곧 '말씀'입니다. 히브리서에도 이와 같은 내용이 있습니다.

"하나님의 말씀은 살아 있고 활력이 있어 좌우에 날 선 어떤 검보다도 예리하여 혼과 영과 및 관절과 골수를 찔러 쪼개기까지 하며 또 마음의 생각과 뜻을 판단하나니, 지으신 것이 하나도 그 앞에 나타나지 않음이 없고 우리의 결산을 받으실 이의 눈앞에 만물이 벌거벗은 것같이 드러나느니라"(히 4:12~13).

즉, 우리가 칼날 위 물방울같이 깨어서 말씀을 적용할 때 다른 사람을 구원과 심판으로 인도한다는 겁니다. 피 뿌린 옷을 입고서 하나님의 말씀을 대하면 양육도 상담도 전도도 자유자재로 됩니다. 영적 진보가 절로 일어납니다.

- 나의 큐티는 피 뿌리고 받아내는 적용으로 이어집니까? 오늘 주신 말씀에 순종하여 십자가를 길로 놓고 갑니까?
- 큐티는 하지만 누가 말씀을 적용하라고 하면 "싫어", "지겨워", "교회를 떠나겠어" 하지는 않습니까?

4) 만왕의 왕, 만주의 주라는 이름을 가지셨습니다

그 옷과 그 다리에 이름을 쓴 것이 있으니 만왕의 왕이요 만주의 주라 하였더라_계 19:16

6장 2절의 백마와 19장 11절의 백마는 똑같이 승리를 상징합니다. 그러나 6장의 백마 탄 자는 이기고 또 이기려고 했으나 실제로 이기지는 못했습니다. 또한 13장 1절의 짐승은 일곱 머리에 '열 왕관'을 썼고, 19장 12절의 주님은 머리에 '많은 관들'을 쓰셨다고 합니다. 이 말씀은 곧 사탄의 왕관을 쓴 적그리스도가 잠깐은 이긴 것 같았지만 예수 그리스도께서 충신과 진실의 이름으로 이기셔서 사탄의 모든 왕관을 빼앗으셨다는 의미입니다. 그래서 사탄의 열 왕관에 비할 수 없는, '많은 관들'이라고 표현한 것이죠. 그런데 이단들은 백마, 왕관이라는 단어만 보고서 두 구절이 같은 자를 가리킨다고 가르칩니다.

우리 주님은 잠시 권세를 지닌 세상 왕과는 비교할 수 없는, "만왕의 왕, 만주의 주"이십니다. 사탄의 권세가 제아무리 대단하다고 해도 열 뿔, 일곱 머리, 열 왕관에 불과합니다. 한계가 있다는 말입니다.

반면에 어린 양의 혼인 잔치에 청함 받은 자는 세상이 가진 것과는 비교할 수 없는 권세와 능력과 미모를 소유하게 됩니다. '아니, 권세나 능력은 알겠는데 무슨 미모가 생기는가' 합니까? 제대로 예수 믿으면 얼마나 예뻐 보이는지 모릅니다. 예수님을 깊이 만나 보세요. 예수님의 아내가 되어 보십시오. 하나님의 생기가 딱 들어가서 매력이 넘치게 돼 있습니다. 제일 예뻐 보입니다.

또한 그 이름이 그 '옷과 다리'에 쓰였다고 합니다. 옷은 '몸'을, 다리는 '다리로 이르는 모든 곳'을 의미합니다. 즉, 온몸에, 가는 곳마다 '만왕의 왕이요, 만주의 주'라는 이름이 보이도록 새겼다는 의미입니다. 우리도 어린 양의 아내로서 온몸으로, 삶으로 '예수는 만왕의 왕이요, 만주의 주'라는 것을 보여야 합니다. 어디를 가든지 예수의 영광을 나타내야 합니다.

〈목욕탕 큐티목회 세미나〉에 참석하신 한 선교사님의 나눔입니다.

저는 수십 년간 선교지에서 사역하며 중독의 유혹을 크게 받지 않았습니다. 주님이 많은 축복도 허락하셨습니다. 그런데 제가 미처 허물지 못한 딱 한 가지 산당이 있습니다. 바로 음란한 마음입니다. 어떤 때는 그 마음을 절제하지 못해서 아내 몰래 음란 동영상을 보기도 했습니다. 그런데도 열심히 사역하며 열매도 많이 맺고 강의도 잘하니 겉으로는 훌륭한 선교사로 보였습니다. 인정받을수록 저는 더욱 사역에 열심을 냈습니다. 마음으로 수없이 죄지으면서도 회칠한 무덤처럼 살았던 겁니다.

그런데 사역에 여유가 찾아오자 허전함이 밀려들면서 저는 더욱 하나님과 멀어졌습니다. 결국 죄가 잉태하여, 잠깐이지만 불륜에 빠지고 말았습니다. 이 사실이 드러나자 아내는 여태껏 본 적 없는 분을 제게 쏟아냈습니다. 30년간 선교를 후원해 주던 교회마저 "교회 근처에 얼씬도 말라"고 엄포를 놓았습니다. 정말 충격을 받았습니다.

그러나 이 모든 일은 제 삶의 결론입니다. 아내가 하나님 다음으로 믿었던 존재가 바로 저인데 배신감이 얼마나 크겠습니까. 또한 성직(聖職)은 영향력이 큰 자리인 만큼 책임도 클 수밖에 없습니다. 주님이 많은 은혜를 부어 주신 만큼 많은 책임을 묻는 것이 거룩한 기준이라고 생각합니다.

우리들교회도 직분자가 간음을 행하면 반드시 치리합니다. 그것이 교회의 거룩을 지키는 길이기 때문입니다. 어떤 사람은 이렇게 말할지도 모르겠습니다. "그러면 직분을 안 가지면 되겠네요. 죄지어도 치리 받지 않잖아요." 이 말은 "나는 불신자예요"라고 스스로 증명하는 것이나 다름없습니다.

직분이 높을수록 죄를 반드시 치리해야 하지만 회개하고 돌이킨 자를 계속 형벌에 처해서는 안 됩니다. 주 안에서 다시 일어서도록 교회가 도와야 합니다.

선교사님은 모든 것이 끝났다고 생각했습니다. 혼자 산속에 들어갈까 고민도 했답니다. 그런데 다행히 산이 아니라 〈목욕탕 큐티목회 세미나〉로 오셨습니다. 저는 이것이 어린 양의 청함이었다고 생각합니다.

이분이 세미나를 통해 우리들교회의 한 부부목장을 탐방 가셨습니다. 그런데 글쎄, 그곳에 과거에 자신을 도운 후원자 부부가 목장 식구로 앉아 있더랍니다. 선교사님을 무척 존경해서 선교헌금도 많이 내시던 분들이었습니다. 이분들 앞에서 자신의 이야기를 하자니 선교사님이 얼마나 난처했겠습니까. 그런데 놀랍게도 선교사님의 모든 죄 고백을 들으신 남편 집사님이 이렇게 이야기했답니다.

"우리들교회에 오지 않았다면 저도 선교사님을 정죄했을 거예요. 그러나 우리가 다 죄인이잖아요. 누구에게도 꺼내기 어려운 죄를 고백해 주셔서 감사해요. 정말 큰 은혜와 감동을 받았습니다."

사실 이 부부도 외도로 가정이 깨질 뻔한 고난을 겪고서 우리들교회에 왔습니다. 정말 하나님이 기가 막히게 세팅해 놓지 않으셨습니까. 세미나를 마친 후 선교사님은 이렇게 고백하셨습니다.

"진작 이런 공동체를 만났더라면 제가 이렇게까지 죄에 빠지지 않았을 겁니다. 우리들교회라면 저를 받아 줄 수 있을 것 같습니다. 이제는 저처럼 음란의 문제로 갈등하는 이들에게 제 삶을 나누며 그들이 거룩한 길을 가도록 돕고 싶습니다."

우리 가운데 죄에서 자유로운 사람이 누가 있겠습니까? 죄가 드러난 죄인이거나, 드러나지 않은 죄인이거나 둘 중 하나입니다.

"그들은 다 간음하는 자라 과자 만드는 자에 의해 달궈진 화덕과 같도다 그가 반죽을 뭉침으로 발효되기까지만 불 일으키기를 그칠 뿐이니라"(호 7:4).

우리 인생이 이렇습니다. 반죽이 발효되는 동안만 잠시 죄가 힘을 쓸 수 없을 뿐, 달궈진 화덕처럼 환경만 열리면 죄짓는 것은 시간문제입니다. 겸손한 사람은 없고 겸손한 환경만 있습니다. 그런데도 하나님께 나아오기까지 얼마나 어려운지요. 외도를 해도, 수치를 당해도 교회에 오기까지가 너무 어렵습니다.

그래도 제가 보니까 힘들고 연약한 사람일수록 어린 양의 혼인 잔치에 청함을 받습니다. 우리가 다 상처투성이에 열등감투성이, 교만투성이인 자들 아닙니까? 그저 주님의 청함에 응하기만 하십시오. 그러면 우리 주님이 충신과 진실의 이름으로 싸워 주십니다. 그 주님의 날개 아래 거하다 보면 우리도 어린 양의 아내로서 그분과 같은 길을 걸어가게 될 줄 믿습니다.

어린 양의 혼인 잔치에 청함을 받는 자는 복이 있습니다. 무엇이 복입니까? 주님이 내 남편 돼 주시니 복입니다. 내 남편이 너무 대단한 분이니까 그분을 위해서 겪는 고난은 슬프지만 복입니다. 하나님의 목적을 이루는 것 자체가 복인 것입니다.

내 신랑 예수 그리스도는 대단한 이름을 가진 분입니다. 충신과 진실이라는 이름으로 우리와 함께 싸워 주시고, 자기밖에 모르는 이름으로 우리와 친밀히 교제해 주십니다. 피 뿌린 옷을 입고 하나님의 말씀이라는 이름, 만왕의 왕이요, 만주의 주라는 이름으로 우리를 승리로 인도하십니다.

주님은 신부를 넘어 '아내'라고 우리를 불러 주십니다(계 19:7). 신부와 아내는 다릅니다. 아내는 남편과 함께 어떤 고난도 겪어 내는 사람입니다. 어린 양의 혼인 잔치에 청함을 받는 우리가 얼마나 복 있는 인생인지 믿습니까?

• 나의 몸과 다리로 가는 곳마다 만왕의 왕이요, 만주의 주이신 예수 그리스도를 보이고 있습니까? 아니면 쪼그라져 있습니까?

하나님의 목적을 이루는 것 자체가
우리에게 보상입니다.
신랑과 신부는 한 몸이지 않습니까.
우리가 그리스도의 신부로서
어린 양의 고난에 동참할 수 있다는 것,
이것이 복입니다.

우리들 묵상과 적용

저는 평생 술과 음란을 즐기고 성공복음에 젖어서 살았습니다. 그러다 술집 여자가 흘린 코피를 속옷에 묻혀 온 사건으로 이혼의 위기를 맞았습니다. 2년간 아내와 별거하다가 큐티하는 교회에서 부부가 함께 말씀을 듣고서야 겨우 가정이 회복되었습니다. 이후 저는 구속의 관점으로 살지 못한 지난 시간을 회개하고, 주님의 은혜에 보답하는 마음으로 몇 년 전부터는 청소년부 교사로, 얼마 전에는 새 목자로 부름을 받고 섬기고 있습니다.

저희 목장에는 3명의 부목자님이 계십니다. 그런데 이분들의 사연이 얼마나 화려한지, 제 이야기는 명함도 못 내밀 정도입니다. 한 분은 노래방 도우미에게 혼인 빙자 사기죄로 고소당하여 소송 중에 있습니다. 그래도 자기 죄를 보고 회개하며 목장의 권면에 순종도 잘 하십니다. 또 다른 분은 도박으로 수억을 탕진하셨습니다. 저라면 면목이 없을 텐데, 이분은 이런 죄패를 달고도 아내에게 얼마나 혈기를 부리는지 모릅니다. 요즘은 혈기를 줄이려고 노력하지만 6개월에 한 번은 꼭 폭발하게 되신답니다. 또 다른 부목자님은 공금 횡령죄로 어려움 가운데 있다가 목장의 권면에 순종해 빚 갚는 적용을 하고 계십니다. 하나같이 어려움에 처한 분들만 모이다 보니 목장예배가 마치 전쟁터 같습니다.

그런데 얼마 전, 회사에서 제게 미국 파견 근무를 제안해 왔습니다. 평소 저는 방황하는 청소년부 학생들에게 "망해서라도 하나님을 만나야 한다"고 강조해 왔는데, 막상 제게 사건이 닥치니까 마음이 흔들리더군요. 자녀들을 좋은 환경에서 교육시킬 수 있는 기회라고 생각하니까 미국이 꼭 천국 같게 느껴졌습니다. 어떻게 해야 할지 갈팡질팡하다가 저는 이 일을 목장에 묻기로 결심했습니다. 그러자 평소 자기 일에는 순종하기를 머뭇거리던 부목자님들이 제게 득달같이 달려들어서 "절대 미국에 가시면 안 된다!"고 말리는 겁니다. 조금은 아쉬웠지만 결국 저는 목장 식구들과 믿음의 선배들의 권면에 순종해 미국행을 포기했습니다.

이 일로 여전히 큰 성 바벨론을 너무 사랑하는 저의 오물을 보게 되었습니다. '환경이 겸손할 뿐이지 기회만 되면 죄로 달려가는 죄인이구나' 다시금 깨달았습니다. 믿음의 공동체를 통해 다시 죄에 빠지지 않도록 인도해 주신 주님, 감사합니다. 또한 부족한 저를 신부라고 불러 주시며 어린 양의 혼인 잔치에 청해 주시니 감사합니다(계 19:9). 이제는 만왕의 왕이요, 만주의 주이신 나의 예수님만 드높이는 인생을 살기 원합니다(계 19:16).

영혼의 기도

하나님 아버지, 악하고, 상처 많고, 교만하고, 자존심만 강한 내가 과연 예수님의 신부가 될 수 있을까 생각하면 자신이 없습니다. 그러나 주님은 자격 없는 저를 값없이 신부로 맞아 주겠다고 말씀하십니다. 또한 오물통에 빠져 살며 사망을 향해 가던 저를 건져 주셨습니다. 그런데도 내게 남은 오물을 사사로이 여기고 즐기면서 주님의 아내 되기를 거절할 때가 얼마나 많은지요. 내 힘으로는 오물을 제거할 수 없는데, '천부여 의지 없어서 손들고 옵니다' 하는 것이 어린 양의 신부의 제일 자격인데 여전히 내 힘이 빠지지 않습니다. 주여, 불쌍히 여겨 주옵소서.

이처럼 우리가 엇나가고 늘 핑계가 많아도, 충신과 진실이신 주님이 우리와 함께 싸워 주겠다고 하십니다. 때마다 시마다 찾아와 중보해 주시며 천국으로 초청해 주시는 주님이 계시기에 우리가 여기까지 왔습니다. 주님, 감사합니다.

주님, 힘든 인생을 통해 우리가 예수 신랑을 만났습니다. 그러나 이 땅에서의 삶은 주님과의 약혼 기간이고, 완전한 결혼식을 하려면 아직 기다려야 한다고 알려 주십니다. 우리의 인생이 주님이 허락하신 훈련 과정이라는 것을 알고, 어린 양의 혼인 잔치에 청함 받은 아내로서 믿음의 경주를 끝까지 완수하게 도와주옵소서. 주님이 나의 오물을 떼 주실 때마다 감사하면서 한 걸음, 한 걸음 주께 더 가까이 나아가는 우리가 되도록 은혜 위에 은혜를 내려 주옵소서. 주님을 따라 피 뿌린 옷을 입고 내게 허락하신 십자가를 잘 지게 하옵소서. 그리하여 만왕의 왕이요, 만주의 주이신 예수의 영광을 나타내는 신부가 되게 하옵소서. 예수님 이름으로 기도드립니다. 아멘.

하나님의 큰 잔치

요한계시록 19장 17~21절

11

하나님 아버지, 어떻게 하면
우리의 참혹한 잔치가 변하여
하나님의 큰 천국 잔치가 될 수 있겠습니까.
말씀해 주시옵소서, 듣겠습니다.

◇◆◇

동·하계 올림픽, 월드컵, 아시안 게임 등등 세계적인 잔치가 주기마다 열립니다. 근대 올림픽의 창시자인 쿠베르탱(Pierre de Coubertin)이 주창한 올림픽 정신은, 스포츠를 통해 심신을 향상하고 평화롭고 더 나은 세계가 되도록 공헌하자는 것입니다. 그런데 현실은 조금 다릅니다. 경기에서 이긴 나라는 올림픽이나 월드컵이 큰 잔치가 되겠지만 패배한 나라는 참혹한 잔치가 됩니다. 이것이 세상 잔치의 한계입니다. 그러면 하나님의 큰 잔치는 어떤 것이고, 언제 베푸실까요?

구원 받은 자는 어린 양의 혼인 잔치에 청함을 받습니다(계 19:9). 반면에 심판을 받을 자는 하나님의 큰 잔치에 청하겠다고 말씀하십니다(계 19:17). 큰 성 바벨론의 멸망이 성도에게는 큰 기쁨의 날인데, 대적자에게는 심판과 죽음의 날이 되었습니다. 그런데도 하나님은 참혹한 잔치가 아니라 '큰 잔치'라고 표현하십니다. 한 사람이라도 더 돌아오라고 부정적인 표현을 삼가신 겁니다. 본문을 묵상하며 하나님의 목이 메는 그 사랑을 생각해 보기 바랍니다.

회개를 거절한 자들이 심판의 잔치에 참여합니다

17 또 내가 보니 한 천사가 태양 안에 서서 공중에 나는 모든 새를 향
하여 큰 음성으로 외쳐 이르되 와서 하나님의 큰 잔치에 모여 18 왕
들의 살과 장군들의 살과 장사들의 살과 말들과 그것을 탄 자들의 살
과 자유인들이나 종들이나 작은 자나 큰 자나 모든 자의 살을 먹으라
하더라_계 19:17~18

"또 내가 보니"라고 합니다. 이 구절이 중요합니다. 요한은 백마
탄 예수님이 충신과 진실이라는 이름으로 심판하고 싸우시며, 성도
들을 그분의 혼인 잔치의 아내로 청해 주시는 장면을 보았습니다. 그
런데 고개를 돌려 바라보자 다른 장면이 펼쳐집니다. 즉, 시간 순서대
로 일어난 일이 아니라 같은 때에 다른 장면을 본 것입니다.

요한이 또 보니, 태양 안에 선 한 천사가 공중의 모든 새를 향하
여 "왕들과 장군들, 장사들, 자유인들이나 종들이나 작은 자나 큰 자
나 모든 자의 살을 먹으라"고 명령합니다. 이들은 어린 양의 혼인 잔
치에 청함을 받은 자와는 달리, 끝까지 하나님을 대적하고 회개를 거
부한 자들입니다. 17절 말씀을 원문으로 보면, 과거부터 본문의 시점
까지 천사가 태양 안에 자리 잡고서 공중의 새를 통제했다가 때가 이
르러 시체를 뜯어먹는 새를 하나님의 큰 잔치로 초대했다는 의미입
니다. 백마 탄 자와 전쟁하는 군인뿐만 아니라(계 19:19) 왕들과 장군들,
장사들, 자유인들, 종들이나 작은 자나 큰 자나 모든 자의 살을 먹으라

하는 것은, 이들에게도 곧 죽음이 닥친다는 의미입니다. 회개하지 않는 자는 누구든 차별 없이 살을 뜯어 먹히리라는 말입니다.

　고대 사람들은 시체를 소중히 여기고 그것이 훼손되는 것을 금기시했습니다. 전도서에도 보면 "그가 안장(安葬)되지 못하면 나는 이르기를 낙태된 자가 그보다는 낫다"고 했습니다(전 6:3). 그러니 새가 시체의 살을 뜯어 먹는 것은 당시로는 말할 수 없는 치욕이었습니다. 그런데도 요한은 '살'이라는 말을 18절에서 다섯 차례나 언급합니다. 여기서 '살'은 원어로 보면 '고기'라는 의미입니다. 사람은 죽으면 고깃덩어리에 불과하다는 사실을 거듭 강조하는 것입니다. 예수 없이 맞는 죽음이 이렇게 비참합니다. 그런데도 끝까지 회개하지 않는 자가 있습니다. 예수님은 "몸은 죽여도 영혼은 능히 죽이지 못하는 자들을 두려워하지 말고 오직 몸과 영혼을 능히 지옥에 멸하실 수 있는 이를 두려워하라"고 말씀하셨는데(마 10:28), 하나님을 두려워하지 않으니까 이 세상에서 무서운 사람도, 무서운 말씀도 없는 겁니다.

　그러면 이들은 왜 이렇게까지 회개를 거절해서 가장 참혹한 심판의 주인공이 되는 것일까요? 유대인들은 진리인 하나님의 말씀을 받고도 진리와 상관없는 삶, 거짓된 삶을 살았습니다. 예수님은 이런 유대인들을 향해 "너희는 너희 아비 마귀에게서 난 자"라고 하셨습니다. "너희 아비 마귀는 거짓말쟁이요, 거짓의 아비인데 너희도 그대로 행하고자 한다"고 책망하셨습니다(요 8:44). 이 말씀은 곧 하나님의 자녀들이 자기도 모르게 마귀의 간계에 농락당하여 그의 도구로 전락하고 있다는 의미입니다.

마귀의 주된 특기가 바로 '거짓'입니다. 하나님 자녀 속에 거짓의 영을 두어서, 거짓의 사람으로 만드는 것이 사탄의 일입니다. 그러므로 내 속의 거짓 존재를 보지 못하면 나도 언제 마귀의 도구로 전락할지 모릅니다. 하나님의 자녀라지만 실상은 마귀를 돕는 자가 되는 겁니다.

그러면 마귀에게 조종당하는 거짓의 사람은 어떤 자들일까요? 미국의 정신과 의사이자 강연가였던 스캇 펙(Morgan Scott Peck)은 그의 책 『거짓의 사람들』에서 그 특징을 열 가지로 이야기합니다.

첫째, 죄를 인정하는 것을 거부합니다. 그들은 자신의 악을 의식하는 동시에 그 의식을 피하고자 결사적으로 노력합니다. 그래서 의식의 구들장 밑에 자신의 악의 증거들을 꾹꾹 쑤셔 넣는 일에 끊임없이 매달립니다.

둘째, 남에게 죄를 덮어씌우고 책임을 전가합니다. 정신적으로 성장하려면 먼저 자신이 성장을 필요로 하는 사람이라는 사실을 인정해야 합니다. 그러나 거짓의 사람은 자신의 잘못을 직면하는 대신에 다른 사람들을 공격합니다.

셋째, 자기도취에 빠져 있습니다. 그래서 자신의 알량한 자아에 손톱만큼이라도 상처가 나면 견디지 못합니다. 심지어 완전한 파멸이라고까지 생각합니다.

넷째, 위장술의 전문가입니다. 그들은 증오를 덮고 있는 미소, 분노를 감추는 부드러운 매너의 탈, 불끈 쥔 주먹을 감싸는 비단 장갑으로 자신을 위장합니다. 이런 위장은 판독이 불가능하여 치료하기도 어렵고 오래 걸립니다.

다섯째, 빛을 미워하고 피합니다. 자기 모습을 비춰 주는 선의 빛, 자신을 드러내는 성찰의 빛, 자신의 기만을 들춰내 버리는 진리의 빛을 그들은 죽도록 싫어합니다. 그들에게 자기 관찰은 자살 행위와 마찬가지입니다.

여섯째, 자기 양심의 요구에 스스로를 굴복시키지 않습니다. 죄책감과 자기 의지 사이에서 갈등이 일어날 때, 그들에게 사라져야 하는 것은 언제나 죄책감이고 이기고 마는 것은 언제나 자기 의지입니다. 그들은 늘 고집의 의지대로 삽니다.

일곱째, 그들의 고집스러운 의지는 악성 자기도취, 곧 교만에서 비롯됩니다. 그래서 일을 그르쳐 놓고도 자신은 잘했다고 우깁니다.

여덟째, 그들은 정신질환자입니다. 심리학자들은 거짓의 사람들을 정신질환자로 간주해야 한다고 말합니다. 악을 일종의 정신질환으로 보는 것입니다. 그들은 자신을 장애가 있는 사람이라고 생각하지 않지만, 자신의 악을 의식하면서도 그 의식을 피하고자 결사적으로 노력하는 점이야말로 질병의 한 부분이라고 할 수 있습니다.

아홉째, 무조건적인 인정을 집요하게 요구합니다. 상대가 자기 모습을 있는 그대로 인정하고 사랑해 주기를 원합니다. 그러지 않으면 견디지 못합니다.

열째, 자기 자신을 과장하고 자랑하는 데 혈안이 돼 있습니다. 사탄은 속임수의 영이고, 자랑의 영입니다. 따라서 사탄의 조종 아래 있는 거짓의 사람도 속임과 자랑이 주특기입니다. 뛰어난 능력으로 거짓말하고, 어떤 일에도 자기 의지를 굽히지 않습니다. 그러나 이런 극단적인 자기 의지와 고집은 결국 스스로를 무너지게 할 것입니다.

그런데 문제는 이런 미묘하고 교활한 거짓이 이상한 사람에게서 나타나는 게 아니랍니다. 오히려 침착하고 조리 있게 말하고 평범해 보이는 사람, 심지어 합리적인 사람에게서 나타나는 경우가 훨씬 많다고 합니다. 법에 저촉될 만한 거짓말을 하는 것도 아니기에 오히려 그들은 공동체 속에서 원활히 기능하는 사람처럼 보입니다. 그러니 그들이 예수를 거부하면 모두가 그 길을 따라가는 겁니다.

거짓의 사람들이 가진 특성은 곧 우리 본성이기도 합니다. 그러므로 거짓의 사람을 사랑으로 대해야지 미워해서는 안 됩니다. 죄는 미워하되 죄인은 사랑해야 한다는 말입니다. 마귀의 활동과 인간의 거짓 사이에는 분명한 상관관계가 있습니다. 진짜 대적은 거짓의 사람들을 배후에서 조종하는 마귀입니다.

간혹 악이 대물림되는 걸 보기도 합니다. 이렇게 악이 후손에게 내려가는 것은 유전자 때문일까요, 아니면 아이가 부모를 배우고 따라 하기 때문일까요? 만일 부모가 원인이라면 악한 부모를 둔 많은 자녀가 악한 사람이 되지 않는다는 사실을 어떻게 설명해야 할까요? 스캇 펙은 "우리는 모른다"라고 대답합니다. 엄청난 고통이 따르는 과학적 연구 작업이 지속되지 않는 한 우리는 여전히 모를 것이라고 합니다. 맞습니다. 우리는 모릅니다. 그러나 우리는 또 압니다. 왜냐하면 이것은 '사탄의 조종을 받느냐, 성령의 인도를 받느냐'로 설명될 수 있기 때문입니다.

마귀는 거짓의 아비일 뿐 아니라 정신질환의 영입니다. 거짓의 사람들의 특성을 살펴보며 우리는 마귀의 활동이 얼마나 교묘하고 교활한지 보았습니다. 마귀는 감히 하나님의 자녀에게, 심지어 하나님의 사역자에게도 거짓을 침투시켜서 하나님 나라를 파괴하려고 합니다.

가만 보면 거짓의 사람과 마음의 상처가 많은 사람은 공통점이 많습니다. 마귀는 우리가 서로 사랑하지 못하게 만듭니다. 서로 상처 주게 하고, 그 상처를 이용해 또 다른 거짓의 사람을 만들어 냅니다. 그래서 아픈 한 사람이 있으면 악이 전염돼 모두가 병듭니다. 배후에서 조종하는 마귀의 간계를 분별해야 하는데 그저 서로 미워하고 헐뜯다가 너나없이 악에 물드는 겁니다. 결국 회개하지 않는 마음도 병든 상태 아닐까요? 그러나 그런 자라도 주님은 끝까지 하나님의 잔치에 초청하기를 원하신다는 것이 본문의 핵심입니다.

완벽한 모범생인 바리새인들은 하나님은 믿지만 예수님은 믿지 않았습니다. 단지 믿지 않은 것만이 아니라 예수님을 죽였습니다. 바리새인들도 거짓의 사람이었을까요? 그들은 주님이 십자가에 달려 돌아가셔도 눈도 깜짝하지 않았습니다. 회개하지도 않았습니다. 너무 모범생이다 보니까 자기 죄가 좀체 보이지 않는 겁니다. 흔히 끝이 보이지 않는 싸움을 두고 '하나가 죽어야 끝난다'고들 하는데 이런 바리새인들을 위해 예수님이 먼저 죽으셨습니다. 주님도, 바울도 안 되는 사람이 있는 겁니다. 바울이 자신의 골육인 유대인들이 구원 받기를 얼마나 바랐습니까? 그러나 지금까지도 그들은 예수를 그리스도로 인정하지 않습니다.

바리새인의 본분은 백성을 하나님께 인도하는 것이었습니다. 그런데도 도리어 복음을 거절하는 그들을 향해 주님은 "화 있을진저" 하며 분노하셨습니다. 결코 어린 양의 혼인 잔치에 들어오지 못하리라고 하셨습니다. 그러나 주님은 그들을 끝까지 사랑하셨습니다. 바울도 자신이 저주를 받아 끊어질지라도 골육, 곧 이스라엘의 구원을 원한다고 했습니다(롬 9:3).

우리는 다 경건하지 못한 사람들입니다. 모두 죄인입니다. 그러나 죄 때문에 우리가 죽는 것은 아닙니다. 죄가 없어서 천국에 가고 죄가 많아서 지옥에 가는 게 아닙니다. 죽음을 피할 사면장이 나에게 왔는데 필요 없다고 거절했기 때문에 죽는 겁니다. 사면장이신 예수 그리스도를 거절해서 사망으로 갑니다. "나 같은 죄인에게 어찌하여 사면장을 허락하시는가", "천부여 의지 없어서 손들고 옵니다" 하면서 주님 앞에 나아오는 것이 회개입니다. 이 회개가 천국의 초대장인데 딱 거절하는 것이죠.

이렇게 끝없이 말씀을 전해 주어도 들리지 않는 바리새인 같은 사람, 마지막까지 회개를 거절하는 사람이 있습니다. 그러나 그럴지라도 주님처럼 우리도 끝까지 사면장을 들고 찾아가 초청해야 합니다. 마귀의 훼방은 계속될 것입니다. 인생이 아비 마귀에게서 났기 때문입니다. 길고도 지루한 싸움이지만 내 앞에 놓인 경주를 끝까지 달려 나가십시오. 그것이 성도의 인생입니다. 여러분 앞에 힘든 사람이 있습니까? 왜 하나님의 '큰 잔치'이겠습니까? 가장 힘든 사람이 모인 잔치니까 큰 잔치입니다. 그러나 내가 포기하지 않고 끝까지 복음을 전할 때 이 큰 잔치가 천국 잔치로 변하게 될 줄 믿습니다.

〈목욕탕 큐티목회 세미나〉에 참석하신 한 사모님의 나눔입니다.

입양한 셋째에게는 도벽이 있습니다. "도둑질하고 거짓말하면 엉덩이 열 대 맞는다!" 엄포를 놓아도 좀체 고쳐지지 않습니다. 하루는 거짓말한 게 있으면 고백해 보라고 하니 "엄마 지갑에서 동전을 꺼냈어" 털어놓더군요. '또 지갑에서 돈을 가져갔구나……' 허탈했습니다. 잘못은 짚고 넘어가야 했기에 "손바닥 대!" 했지만, 한 대 때리고는 눈물이 나서 더는 매를 들 수 없었습니다. 아빠에게 남은 매를 맞은 아이의 손에는 멍이 시퍼렇게 들어 있었습니다. 멍을 감추려고 한동안 붕대를 감고 다녔는데, 사람들이 이유를 묻자 이때도 아이는 양호선생님에게 맞았다면서 거짓말을 했습니다.

처음에는 이 아이 때문에 우리 부부에게 자꾸 흠집이 생기는 것 같아 속상했습니다. 아이에게는 미안하지만 내 자녀라고 느껴지지 않았습니다. 그러다 〈목욕탕 큐티목회 세미나〉에 참석하여 자신의 치부까지 솔직히 나누는 우리들교회 성도들을 보고서 깊은 감명을 받았습니다. 이후 세미나 후속 프로그램인 〈THINK 양육〉을 받으면서 제 이야기도 솔직히 나눌 수 있었습니다. 제 모든 사정을 들으신 강사님은 이렇게 말씀하셨습니다.

"그래도 아이에게 사랑한다고 고백하셔야 해요. 아이를 때려도 괜찮고 흉봐도 좋은데 반드시 그 아이를 하나님 앞에서 품어야 합니다."

아이의 심리를 잘 모르겠다고 토로하는 제게 강사님이 해 주신 권면이 아직도 잊히지 않습니다.

"목사님과 사모님이 워낙 도덕적인 분이시라 아이를 도덕적인 잣대로만 보시는 것 같아요. 저는 이 아이가 사모님 가정의 복덩이라고 생각합니다. 아이의 나쁜 버릇을 고치기 위해 매도 들어야겠지만, 하나님이 가정에 왜 이런 고난을 주셨는지 묵상하며 이 십자가를 잘 지고 가셔야 합니다."

이 아이는 병일까요, 악일까요? 악인지 병인지 모를, 정말 끝날 것 같지 않은 문제가 가정마다 있습니다. 그런데 그것이 문제가 아니라 사실 복덩이라고 저는 생각합니다. 강사님이 먼저 복덩이를 경험했으니까, 사모님에게 문제 자녀가 아니라 '복덩이'라고 자신 있게 이야기해 주지 않았겠습니까. 우리 집에도 속 썩이는 자녀가 있습니까? 웬수 같은 배우자가 있습니까? 자, 여러분도 따라해 보세요.

"우리 집안에 복덩이가 굴러왔구나."

그 복덩이들이 변하여 수많은 영혼을 살리게 될 것입니다. 몇 년 전, 우리들교회 성도들이 영국으로 아웃리치를 다녀왔습니다. 우리들교회는 해외 아웃리치라고 별다른 게 없습니다. 늘 하던 대로, 여전한 방식대로 그날 주신 말씀과 간증을 나누는 게 전부입니다. 영국에서도 세 성도분이 자신의 간증을 나누었답니다. 그런데 이분들의 진솔한 이야기에 놀라신 선교사님이 현지 목사님에게 간증에 대한 논평을 부탁했다는 겁니다. 여러분에게도 그 내용을 소개합니다.

첫째로, 간증을 통해 영국 신자들이 얼마나 하나님에게서 멀리 떨어져 나갔는지 깨달았습니다.

둘째로, 반면에 하나님께서 멀리 떠난 자녀를 얼마나 사랑으로 기다리고 계시는지 깨달았습니다.

셋째로, 무엇보다 자신의 죄를 진솔하고 구체적으로 고백하는 성도들의 간증에 충격을 받았습니다. 영국 사회는 좀체 자신의 내밀한 이야기를 하지 않습니다. 프라이버시라고 생각해서 서로 묻지도 않습니다. 그런데 이와 반대되는 간증을 들으니 생소하면서도 깊은 감격이 밀려왔습니다.

넷째로, 삶을 나누어 준 간증자들에게 깊이 감사드립니다.

우리들교회 복덩이들의 간증이 전 세계로 흘러나갑니다. 이런 간증이 없다면 무엇으로 차별화된 전도를 하겠습니까? 영국뿐만 아니라 아프리카, 필리핀, 베트남 등등 많은 나라의 영혼들이 우리 간증에 은혜를 받고 하나님께 돌아옵니다. 이 땅의 참혹한 잔치가 변하여 하나님의 큰 천국 잔치가 된 겁니다.

- 거짓의 사람에게 있는 특징 중에 내게 해당되는 항목이 있습니까? 책임 전가, 위장, 교만, 인정 중독, 자랑 중에 무엇입니까?
- 내가 문제아, 문제 부모, 문제 남편, 문제 아내라고 여기는 그 사람이 사실은 나와 가정의 구원을 위해 하나님이 보내 주신 복덩이라는 걸 인정합니까?

심판의 세력은 이적으로 모으고
그리스도의 군대는 십자가로 모읍니다

19 또 내가 보매 그 짐승과 땅의 임금들과 그들의 군대들이 모여 그 말 탄 자와 그의 군대와 더불어 전쟁을 일으키다가 20 짐승이 잡히고 그 앞에서 표적을 행하던 거짓 선지자도 함께 잡혔으니 이는 짐승의 표를 받고 그의 우상에게 경배하던 자들을 표적으로 미혹하던 자라 이 둘이 산 채로 유황불 붙는 못에 던져지고 21 그 나머지는 말 탄 자의 입으로부터 나오는 검에 죽으매 모든 새가 그들의 살로 배불리더라_계 19:19~21

"또 내가 보매"라고 합니다. 우리도 이렇게 하나님을 바라보기에 바빠야 합니다. 요한이 또 보매, 짐승과 땅의 임금들이 어린 양의 군대에 대항하여 전쟁을 일으킵니다. 드디어 아마겟돈 전쟁이 시작된 것입니다. 16장에서 예고된 아마겟돈 전쟁이 19장에서 시작되어 20장까지 이어집니다. 이것은 구약성경 에스겔 38장과 39장의 내용을 인용한 말씀이기도 합니다. 시간의 흐름을 따라 일어나는 별개의 전쟁이 아니라 반복 진행형으로 같은 전쟁을 세 번에 걸쳐 이야기하고 있는 것입니다.

엄밀히 비교하자면 16장은 육적 전쟁의 관점으로, 19장 17~18절은 육적 전쟁으로, 20~21절은 영적 전쟁으로, 그리고 앞으로 묵상할 20장은 주로 영적 전쟁의 관점으로 아마겟돈을 설명했다고 볼 수 있습니다. 즉, 육적 전쟁, 실제적인 전쟁이 일어날 때 동시에 공중에서도 예수님과 마귀 사이에 영적 전쟁이 일어난다는 의미입니다. 그러므로 이 말씀들을 세대주의적으로 해석해서는 안 됩니다. '아마겟돈은 언제, 어디서 일어날 전쟁인가' 이런 연구는 그만하라는 말입니다.

이단은 한 세대가 끝나고 다음 세대가 오는 때가 종말이라고 주장합니다. 성경의 예수를 잇는 새로운 인물, 즉 그들의 교주가 재림 예수라면서 이 땅에 종말이 임박했다고 세상을 현혹합니다. 이런 거짓 주장에 속지 마십시오. 마지막 때의 전쟁은 딱 한 번만 일어나고 끝나는 것이 아닙니다. 하나님의 자녀가 존재하는 모든 역사와 현장에서 끊임없이 일어나는 전쟁입니다. 그러다 최후의 심판, 최후의 전쟁이 임하여 비로소 끝납니다. 종말의 전쟁은 반드시 있습니다. 예수 그리스도께서 재림하시면 이 땅은 진정한 종말을 맞을 것입니다. 그러므로 모든 것을 육적으로만 보거나 반대로 영적으로만 보아서도 안 됩니다.

이 땅에 최후의 전쟁이 있겠지만 우리 인생에게는 죽음이 종말 아니겠습니까? 그러므로 나의 성화(聖化)를 위해 전쟁이 끊임없이, 반복해서 찾아옵니다. 그리스도의 재림도 심판 여정의 맨 마지막에 가서야 일어나는 일이 아닙니다. 인 재앙, 나팔 재앙, 대접 재앙의 끝마다 예수님이 등장하셨습니다. 즉, 재앙은 언제나 있지만 예수 그리스도께서 그때마다 나타나셔서 회복해 주신다는 것입니다.

12장에서 하늘에서 있을 곳을 얻지 못한 용이 땅으로 쫓겨납니다. 예수께서 십자가에서 죽으시고 부활하시고 승천하심으로 하늘의 전쟁에서 패한 용이 땅으로 쫓겨나 결박당합니다. 그러나 아직 죽은 것은 아닙니다. 13장부터는 용이 자신의 대행자인 두 짐승을 내세워서 성도들을 미혹하고 박해합니다. 이렇게 하나님을 대적하는 세력이 용, 두 짐승, 바벨론의 순서대로 등장합니다. 그런데 이들이 멸망할 때는 거꾸로 바벨론부터 시작하여 짐승, 용의 순서대로 심판당합니다. 즉, 마지막 때가 되면 사탄과 그 대행자가 함께 멸망한다는 것입니다. 주님이 적그리스도와 거짓 선지자를 동시에 생포하십니다.

그런데 본문을 다시 자세히 보세요. 17, 18절에는 전쟁에 대한 어떤 언급도 없습니다. 단지 시체가 되어 새에게 살을 먹히는 대적의 비참한 모습만 묘사할 뿐입니다. 그러다 19절 이후로는 그리스도께서 승리하신 내용만 짧게 언급합니다. 아마겟돈 전쟁이 막 시작됐는데 대적이 패했다는 이야기밖에 없습니다. 전쟁이라고는 하지만 전투의 상황은 전혀 묘사되지 않습니다. 그 이유가 무엇입니까? 마귀는 예수님의 적수가 아니라는 겁니다. 마귀는 예수님을 거스를 수는 있지만 예수님과 대등한 위치에서 전쟁할 수 있는 존재는 아닙니다. 적대적인 사이기에 전쟁이라고 표현한 것뿐입니다.

악의 세력이 총집결했지만 그리스도를 보자마자 무력해집니다. 처음부터 사탄은 주님의 싸움 대상이 아니었습니다. 이미 그리스도께서 이기신 싸움입니다. 적그리스도와 거짓 선지자가 끼리끼리 모여서 제멋대로 발악하더니 주님을 보자 제풀에 꺾입니다.

우리 삶도 그렇습니다. 예수 그리스도께서 나에게, 우리 가정에 들어오시면 분쟁이 일어납니다. 주님이 오셔서 아비 마귀에게서 난 거짓을 드러내 보여 주시니까 그때부터 전쟁과 갈등이 끊이지 않는 겁니다. 제가 성도들의 가족 구원을 위해서 얼마나 눈물로 기도합니까? 그런데 성도들 가족 중에 그런 저를 원수같이 여기는 사람이 그렇게 많습니다. 실제로 저를 해하겠다고 찾아온 분도 계셨습니다. 저를 딱 보고 말없이 가시더군요.

그러니 여러분, 너무 두려워하지 마세요. 육적 전쟁이 끊임없이 찾아오지만, 공중 권세 잡은 자와 주님이 싸우시면 결과는 뻔하지 않습니까? 주님이 나를 위해 싸워 주시기에 이미 이긴 전쟁입니다. 전쟁 때마다 기도하십시오. 나를 위해 싸워 주시는 주님은 우리의 기도를 토씨 하나 빼지 않고 다 기억하십니다. 우리의 기도가 얼마나 위력이 있는지 모릅니다.

하나님만 그리스도의 군대를 모으시는 것이 아닙니다. 귀신의 영도 마지막까지 자기 군대를 모읍니다. 그러나 방법이 다릅니다. 20절에 보니 거짓 선지자를 가리켜 '표적을 행하던 자', '표적으로 미혹하던 자'라고 합니다. 지난 13장에서도 둘째 짐승, 곧 거짓 선지자가 "이적을 행함으로 땅에 거하는 자들을 미혹한다"고 했습니다(계 13:14). 또한 첫째 짐승인 적그리스도의 일곱 머리 중 하나가 상하여 죽게 되었다가 상처가 낫자 "온 땅이 놀랍게 여기면서도 그를 따르더라"고 했습니다(계 13:3).

13장의 '이적'과 19장의 '표적'은 원어로 같은 단어 '세메이아($\sigma\eta\mu\epsilon\tilde{\iota}\alpha$)'입니다. 사탄이 자기 세력을 모으는 가장 효과적인 방법이 바로 '이적'입니다. 왜, 우리도 돈이나 미모, 지위가 생긴다고 하면 이적이라고 여기면서 어디든지 따라가지 않습니까?

그러나 아무리 대단한 표적을 행한대도 결국 두 짐승은 유황불 못에 던져질 운명입니다. 더구나 '산 채로' 던져진다는 것은 눈앞에 죽음이 닥쳐도 살아서는 회개하지 못한다는 뜻 아니겠습니까? 참 기가 막힙니다. 육이 된 자, 불택자는 이처럼 마지막까지 회개하지 않는 마귀에게 사로잡혀 사는 자들입니다.

사탄은 주님의 적수가 아니라고 했습니다. 따라서 우리가 무서워할 대상도 아닙니다. 그러나 할 수만 있다면 택함 받은 자들을 모두 미혹하려 드는 것이 적그리스도의 사명(?)이기에 우리는 끊임없이 깨어 있어야 합니다.

한 목자님이 "3대가 덕을 쌓아야 주말부부가 된다"고 합니다. 그만큼 행운이라는 뜻이겠죠. 이분도 주말부부인데 누구에게도 간섭 받지 않는 자유가 너무 좋아서 목자직도 내려놓고 싶답니다. 이게 정말 행운입니까? 거짓 선지자의 미혹에 나도 모르게 빠진 것은 아닙니까?

성경은 하나님과 사탄의 전쟁 기록이라고 할 수 있습니다. 팔복대로 살려는 나를 제일 방해하는 세력이 거짓 선지자입니다. 당장 서점만 가 보세요. 성공이 최고라고 외치는 거짓 선지자들의 책이 수두룩합니다. 예수를 믿으면 무조건 잘돼야 하고, 입시나 사업에 실패하는 것은 믿음이 없기 때문이랍니다. 우리가 다 아비 마귀에게서 난 자이기에 이런 말들이 그럴듯하게 들립니다. 다 따라갑니다. 그러나 그럴듯해 보여도 그들의 성공 복음은 삶을 변화시키지 못합니다. 가짜라서 그렇습니다. 놀랍게 여기면서도 따랐다가는 '꽝' 신자가 되는 겁니다.

반면에 그리스도는 '십자가'로 자신의 군대를 모으십니다. 거짓 선지자가 이적, 성공을 부르짖을 때 그리스도는 피 흘림으로, 죽어짐으로 자신의 군대를 모으십니다. 십자가는 단순히 죄 사함만을 가리키지 않습니다. 십자가는 인간의 죄를 공격하기에 보고만 있어도 너무 아프고 힘이 듭니다. 그러니까 예수 믿는 것은 장밋빛 환상이 아닙니다.

아무리 도덕과 윤리로 똘똘 뭉친 가정이라도 예수가 들어가면 분쟁이 일어나게 마련입니다. 예수를 통해 직면하기 싫은 인생의 죄를 보아야 하기 때문입니다. 많은 피를 흘려야 하고, 수치와 조롱을 당해야 합니다. 이것이 바로 아마겟돈 전쟁입니다. 천국에 가는 그날까지 이 전쟁을 반복해야 합니다. 십자가를 지며 내게 허락하신 전쟁을 치러야 합니다. 길고 지난하지만 이 전쟁을 통해 죄의 세력이 마침내 심판당할 것입니다. '십자가의 공격'으로 감추어졌던 오물의 실체가 드러나며 떨어져 나갈 것입니다.

구체적으로 십자가의 공격은 무엇입니까? 주께서 십자가의 말씀으로 감춰진 내 악을 드러내고, 보지 못한 내 죄를 보여 주며, 십자가 지는 길을 알려 주시는 것입니다. 실례로, 내가 결혼을 지키기 위하여 십자가 말씀에 순종해 죽어지는 것입니다. 그런데 내가 죽어진다고 상대방이 기뻐합니까? 참아야 할 일이 점점 더 많아집니다. 주님 때문에 수모를 참아야 합니다. 하지만 내 힘으로는 누구도 용서할 수 없습니다. 성령께서 내 안에 들어와 역사하지 않으시면 우리는 사탄의 밥이 될 수밖에 없습니다. 성령으로 내 십자가를 질 때 성령의 열매를 맺게 됩니다. 사랑과 희락과 화평과 오래 참음과 자비와 양선과 충성과 온유와 절제, 이 성령의 아홉 가지 열매는 십자가를 통과하지 않고는 결코 얻을 수 없습니다(갈 5:22~23).

우리들교회 목장보고서를 읽어 보면, 가정에서 어마어마한 십자가를 지고 계시는 집사님들이 한두 분이 아닙니다. 한 목자님은 아들이 나이가 마흔둘인데 결혼 생각도 않고 신앙생활 또한 나 몰라라 한답니다. 딸이라도 제대로 신앙생활 하면 좋으련만 딸마저 교회를 나왔다 안 나왔다 한다죠. 또 한 부목자님은 아들이 이혼당하여 혼자 산답니다. 한 목원 집사님은 아들이 이단 교회가 운영하는 기도원에 들어가 숙식하고 있답니다. 또 다른 집사님은 마흔 된 딸이 있는데 결혼도 못 하고 우울과 불안, 강박증에 시달린답니다. 그런데도 교회에 잘 나오지 않고, 씀씀이까지 헤퍼서 한 달 카드값이 200만 원 넘게 나온답니다. 이 딸을 평생 짊어져야 한다고 생각하니 정말 십자가가 따로 없다는 겁니다. 한 목자님은 남편이 백수 된 지 십 년째이고 서른여덟 살, 서른여섯 살 된 두 아들은 결혼도 못 하고 있답니다. 이 세 남자만 보면 답답해 미칠 지경인데, 밥 잘해 주고 함께 교회에 오는 것밖에 할 수 있는 게 없답니다.

생각만 해도 숨 막히는 식구들 아닙니까? 그러나 이렇게 함께 살아 내는 것만으로도 내 가족을 천국 큰 잔치로 초청하고 있는 줄 믿습니다. 여러분도 나의 가정에서부터 십자가를 지고 나아가십시오. 가정이 살아나야 교회가 살아나고, 사회가 살아나고, 나라가 살아나며,

온 세계가 살아납니다.

신앙생활은 치열한 싸움입니다. 우리는 어떠한 공로로 부름 받은 것이 아니요, 오직 주의 은혜로 부름 받았기 때문에 그리스도의 군대로 쓰임 받는 데까지 나아가야 합니다. 대단한 일을 해야만 그리스도의 군사가 아닙니다. 내가 도저히 참을 수 없는 일을 구원 때문에 참았다면 이미 나는 그리스도의 군대로 쓰임 받고 있는 겁니다. 겸손이라는 단어가 내게 붙었다면 주님이 이미 군사로 쓰시는 겁니다.

● 나는 심판 받을 이적을 좋아하는 무리입니까, 십자가 지는 그리스도의 군대입니까?

말씀을 붙잡으면 하나님의 큰 천국 잔치로 갑니다

그 나머지는 말 탄 자의 입으로부터 나오는 검에 죽으매 모든 새가 그들의 살로 배불리더라_계 19:21

19장에는 '하나님의 말씀'이 다양한 모습으로 등장합니다. 9절에서는 하나님의 참되신 말씀으로, 13절에서는 피 뿌린 옷을 입으신 주님의 이름으로, 15절에서는 만국을 치는 예리한 검으로, 21절에서는 말 탄 자의 입으로부터 나오는 검으로 묘사됩니다. 이는 곧 약속의 말씀이 사탄을 물리치는 최고의 비결이라는 것입니다. 빼앗아 갈 자

없는 하나님의 말씀이 내 속에 새겨지면 우리의 모든 전쟁은 승리의 전쟁이 됩니다. 약속의 말씀을 붙들 때 사랑할 수 없는 사람을 사랑하고, 용서할 수 없는 사람을 용서하며, 겸손과는 거리가 멀던 내가 겸손한 삶을 살게 됩니다.

남편이 하루아침에 세상을 떠난 참혹함이 저에게는 아마겟돈 전쟁이었습니다. 3차 세계대전이 나든, 세상일이 어찌 돌아가든 나와 무슨 상관이겠습니까? 물론 정말 상관없다는 게 아니라 당장 피부에 와닿는 문제가 우리에게 아마겟돈이라는 말입니다. 먼 나라 전쟁보다 내 남편, 내 아내, 내 자녀가 속 썩이는 게 더 전쟁 아닙니까? 그러니 아마겟돈 전쟁이 언제, 어디서 일어난다느니, 무슨 전쟁이 아마겟돈이라느니 떠드는 곳 좀 쫓아다니지 마십시오.

주님이 나를 위해 싸워 주셨기에 남편의 죽음이라는 참혹한 잔치 속에서 제가 천국의 큰 잔치를 맛보았습니다. "이 일이 공평하다" 하시는 주님의 말씀이 100% 인정되었습니다(겔 18:25, 29). 이것은 정말 알 자가 없는 비밀입니다. 주님과 서로 받은 이 기쁨은 정말 알 사람이 없습니다. 이런 비밀이 저에게 참 많습니다. 남편이야말로 유황불 못에 던져질 죄인이었는데 죽기 직전 주님을 영접했으니, 이 얼마나 은혜입니까! 과연 십자가는 지혜이고, 지혜는 타이밍입니다. 대적이 무너지면 참혹한 잔치도 하나님의 큰 잔치가 되는 것입니다.

우리들교회는 성도들의 폐업 예배를 종종 잔치처럼 드립니다. 폐업이라는 참혹한 잔치가 하나님의 큰 구원 잔치로 바뀌기를 바라는 마음으로 드리는 예배이지요.

예수님은 "내가 세상에 화평을 주러 온 줄로 생각하지 말라 화평이 아니요 검을 주러 왔노라"고 말씀하셨습니다(마 10:34). 오물로 곪은 내 안팎의 환부를 예리한 말씀의 검으로 수술하려니 날마다 고통입니다. 꼭 참혹한 잔치 같습니다. 그러나 주님이 쉬지 않고 수고하시며 마침내 나를 살려 내십니다. 하나님의 큰 구원 잔치로 나아가게 하십니다. 계시록만 보아도 그렇습니다. 죄인인 나를 인내해 주시며 마지막까지 구원하시려는 하나님의 사랑이 절절히 느껴지지 않습니까? 이 은혜의 말씀을 붙드십시오. 그러다 보면 나를 핍박하는 자 중에 열매가 생기기도 하고, 나의 오물도 점점 떨어져 나갑니다. 저절로 성화가 이루어지는 겁니다.

우리들교회 한 집사님 부부에게 참혹한 일이 일어났습니다. 에어컨 설치 기사인 이십 대 아들이 아파트 3층에서 실외기를 제거하다가 추락한 것입니다. 이 사고로 아들은 골절상과 뇌출혈로 인한 뇌 손상을 입었습니다. 곧바로 병원으로 이송하여 골절 수술은 마쳤지만 의식 없는 아들의 뇌 신경이 다시 연결되기만을 기약 없이 기다릴 수밖에 없었습니다.

당시 이 부부 집사님은 교회에서 양육훈련을 받던 중이었습니다. 그런데 양육훈련 마지막 날 이분들이 나누어 주신 간증이 얼마나 은혜였는지 모릅니다. 남편 집사님은 이 사고를 계기로 아들을 달리 바라보게 되었다고 하셨습니다. 아래는 남편 집사님의 고백입니다.

아들은 믿음이 별로 없었습니다. 그런데 사고 후 아들이 꼭 우리 가정에 보내 주신 예수님처럼 여겨집니다. 주님을 대하듯 아들을 잘 섬기고 싶습니다.

아내 집사님도 눈물로 고백하셨습니다.

지난주 목장예배에서 한 집사님이 자녀가 좋은 학교에 입학한 지 얼마 안 돼 휴학하고 정신병동에 입원했다고 하시면서 너무 속상해하셨습니다. 집사님의 나눔을 들으면서 '아유, 우리 아이가 저 집 아이 같지 않아서 감사하다. 어떻게 저런 아이를 키운담' 생각했습니다. 그런데 아들이 사고를 당하고 나니 이 일이 불현듯 떠오르더군요. 꼭 그 벌을 받는 것만 같아서 절로 회개가 되었습니다. 목장 식구의 아픔을 체휼하지 못하고 정죄만 했던 제 모습이 부끄러웠습니다. 아들이 저를 대신하여 심판을 받는 것만 같아 가슴이 너무 아픕니다. 그러나 이 일이 저주가 아니라 구원을 이루고자 주신 심판이라는 걸 압니다. 병실에 누워 있는 아들을 보며 날마다 회개합니다.

"하나님 아버지, 주님의 뜻대로 살지 못하고 내 뜻대로 안 되면 혈기 부리며 불순종했던 저를 용서해 주세요. 저의 죄만 물으시고 아들은 놓아 주세요."

그런데 이게 웬일입니까. 이렇게 부부가 서로 회개한 지 얼마 지나지 않아서 남편 집사님도 차량 추돌사고를 당한 것입니다. 목장예배에 가던 길이었는데 다행히 크게 다치지는 않았답니다. 이 와중에도 남편 집사님은 목장에 오겠다고 하면서 목자님에게 이런 문자메시지를 보냈다고 합니다.

하나님은 속지 않으시잖아요. 그래서 저에게 고난을 더 주시는 것 같아요. 더 회개하라고요. 제게 화평의 하나님만 찾지 말고 진노의 하나님을 두려워하라고 말씀하시는 것 같아요. 오늘 새벽에 큐티를 하면서 왜 심판과 구원이 같은 것인지 비로소 알게 되었어요. 십자가 고통 속에서 나와 함께 가자 하시는 주님의 사랑이 깨달아졌지요. 주님의 계획을 다 알 수는 없지만 '천부여 의지 없어서 손들고 옵니다' 하며 주님과 동행하고 싶어요. 믿음의 동역자가, 공동체가 왜 필요한지 알게 해 주셔서 감사합니다. 교통사고는 났지만, 병원에서 근육 이완제와 진통제를 처방 받은 후에 목장에 가겠습니다. 아들의 사건을 겪으면서 목장 공동체가 정말 소중하다는 걸 알았습니다. 그래서 아파도 갑니다. 할렐루야!

세상의 시각으로 보면 이보다 참혹한 잔치가 어디 있겠습니까. 그러나 두 분이 회개하면서 가니까 참혹한 잔치가 천국의 큰 잔치로 바뀌었습니다. 이야말로 강에서 바다로 나가는 적용 아니겠습니까.

회개를 거절한 자들에게는 참혹한 잔치, 심판의 잔치가 기다리고 있습니다. 그들이 끝까지 회개하지 못하는 것은 아비 마귀를 따라 거짓의 영에 사로잡혔기 때문입니다. 사탄은 이적으로 세력을 모으나 그리스도는 십자가로 군대를 모으십니다. 그러므로 사탄은 결코 예수 그리스도를 이길 수 없습니다. 오직 말씀을 붙드는 것만이 참혹한 잔치에서 하나님의 큰 천국 잔치로 옮겨 가는 길입니다. 그러니 십자가로 가까이 가서 말씀을 붙드십시오. 나의 십자가를 잘 지며 그리스도의 군사로 우뚝 서는 여러분 되기를 축원합니다.

- 내게 온 참혹한 사건은 무엇입니까? 그 사건을 통해 천국의 큰 잔치로 초청하시는 하나님의 사랑을 깨닫고 있습니까?

대단한 일을 해야만 그리스도의 군사가 아닙니다.
내가 도저히 참을 수 없는 일을 구원 때문에 참았다면
이미 나는 그리스도의 군대로 쓰임 받고 있는 겁니다.

우리들 묵상과 적용

저는 모태신앙인이지만 말씀이 안 들렸고, 아내는 말씀이 들려도 순종하지 못했습니다. 그래서 우리 부부는 믿음의 공동체에 잘 붙어 가고자 교회에서 양육훈련을 받았습니다. 그러던 어느 날, 에어컨 설치 기사인 21살 아들이 아파트 3층에서 실외기를 제거하다 추락했습니다. 아들은 다리 골절과 뇌출혈로 중환자실에 입원해 수술을 받았지만 인지 능력이 회복되지 않고 있습니다.

이 일로 우리 부부는 말씀이 들리면서 각자 자신의 죄를 돌아보게 되었습니다. 예전에 아내는 한 지체의 자녀가 좋은 대학에 입학했지만 정신 병동에 입원해 휴학하게 되었다는 나눔을 듣고 '내 아이가 그러지 않아서 감사하다'고 여겼다고 합니다. 그런데 아들이 사고를 당하자 그 아이의 허물을 정죄한 벌을 받는 것 같다고 고백했습니다. 저도 외국 주재 상사로 근무할 때 바람을 피운 적이 있었습니다. 당시 근무를 마치고 한국에 돌아왔을 때 아내는 교회 공동체에 그 일을 나누었고, 그 바람에 저는 부인하던 죄를 얼떨결에 시인했습니다. 우리 부부는 우리의 죄를 대신해 아들이 심판 받는 것 같아서 괴로워하며 하나님이 우리의 죗값만 물으시길 기도했습니다. 그러면서 아내는 지체의 자녀를 정죄한 죄를, 저는 바람피우고 숨기려 한 죄를 회개하게 되었습니다. 또한 우리 부부는 이 사고가 우리 가정의 구원을 위한

348

사건임을 깨닫게 되어(계 19:17), 예수님을 대하듯이 아들을 잘 섬기기로 다짐했습니다.

　　그런데 얼마 후에 저는 목장예배를 드리러 가던 중 교통사고를 당했습니다. 그날 말씀을 묵상하자, 하나님이 제게 화평의 하나님만 찾지 말고 진노의 하나님을 두려워하며 회개하기 원하신다는 걸 알게 되었습니다. 그동안 저는 작업복 입고 일하는 사람들을 무시했습니다. 아들에게 다른 일을 하라고 권한 것도 아들이 작업복 입는 것이 싫어서였습니다. 하나님이 그런 저를 성화시키시려고 심판을 통해 구원의 진정한 의미를 알려 주신 것입니다. 이 일로 저는 고통 중에도 함께 가자고 하시는 것이 주님의 사랑임을 깨닫고 편견을 회개하게 되었습니다.

　　그날 이후 저는 날마다 큐티하며, 퇴원 후 통원 치료를 받는 아들을 산책시키며 씻기고 있습니다. 또 아들의 인지 능력 회복을 위해 반복적으로 위치, 시간, 계절에 관해 질문하고 있습니다. 그러느라 세상 모임이 끊어져서 우울하기도 했지만, 목장예배와 하나님의 말씀으로 위로 받고 지혜를 얻으며 살고 있습니다(계 19:21). 고난을 통해 회개하게 하시며 참혹한 심판을 큰 천국 잔치로 바꿔 주신 하나님, 감사합니다.

영혼의 기도

하나님 아버지, 끊임없이 재앙을 이야기하는 말씀이 참 버겁게 느껴지기도 합니다. 그러나 주님이 우리를 사랑하여 주시는 말씀이라는 것을 알게 해 주옵소서. "재앙을 통해 회개하여 천국 잔치에 오라" 외치시는 주님의 음성이 들리게 하옵소서.

왜 그다지도 많은 사람이 회개를 거절하는지요. 가정마다 그런 사람이 한두 명은 꼭 있습니다. 그러나 그를 정죄하기보다 내 안에 있는 거짓의 영을 보기 원합니다. 책임 전가하고 위장하며 고집을 내세우는 내 모습을 보라고 식구들이 수고하고 있다는 걸 깨닫게 하옵소서. 아비 마귀를 따라 거짓되게 살아온 지난날을 회개하고 오직 주님만이 나를 다스려 주시기를 간구합니다. 이 땅에서 벌어지는 모든 전쟁에서 우리를 위해 사탄과 싸워 주시는 주님을 찬양합니다.

앉으나 서나 기도하면서 주님 때문에 사소한 것 하나라도 참았다면 이미 나는 그리스도의 군사인 줄 믿습니다. 결코 돌아오지 않는 자들도 있다고 하시는데, 이 길고도 지루한 전쟁에서 십자가 잘 지며 끝까지 주님 붙들고 나아갈 수 있도록 역사하여 주옵소서.

주님, 우리의 자녀들을 살려 주옵소서. 우리의 자녀가 예수 그리스도를 온전히 영접하여 신앙생활 잘 하고, 모든 병에서 놓임을 받고 믿음의 결혼을 하도록 역사하여 주옵소서. 그 안에 있는 마귀의 세력

들을 나사렛 예수의 이름으로 물리쳐 주시옵소서. 예수님 이름으로
기도드립니다. 아멘.

와! 할렐루야

초판 발행일 ǀ 2022년 8월 23일
지은이 ǀ 김양재

발행인 ǀ 김양재
편집인 ǀ 김태훈
편집장 ǀ 정지현
편집 ǀ 김수연 진민지 김윤현
표지 디자인 ǀ 임지선

발행한 곳 ǀ 큐티엠
주소 ǀ 경기도 성남시 분당구 판교공원로2길 22, 4층 큐티엠 (우)13477
편집 문의 ǀ 070-4635-5318   **구입 문의** ǀ 031-707-8781
팩스 ǀ 031-8016-3193
홈페이지 ǀ www.qtm.or.kr   **이메일** ǀ books@qtm.or.kr
인쇄 ǀ ㈜정현씨앤피
총판 ǀ ㈜사랑플러스 02-3489-4300

ISBN ǀ 979-11-92205-23-6 03230

큐티엠(QTM, Quiet Time Movement)은 '날마다 큐티'하는 말씀묵상 운동을 통해
영혼을 구원하고, 가정을 중수하고, 교회를 새롭게 하는 일에 헌신합니다.